Constância Lima Duarte

Imprensa feminina e feminista no Brasil

Volume 2
Século XX – 1900-1949

DICIONÁRIO ILUSTRADO

autêntica

Copyright © 2023 Constância Lima Duarte
Copyright desta edição © 2023 Autêntica Editora

Todos os direitos reservados pela Autêntica Editora Ltda. Nenhuma parte desta publicação poderá ser reproduzida, seja por meios mecânicos, eletrônicos, seja via cópia xerográfica, sem a autorização prévia da Editora.

EDITORAS RESPONSÁVEIS
Rejane Dias
Cecília Martins

REVISÃO
Bruni Emanuele Fernandes

CAPA
Alberto Bittencourt

PROJETO GRÁFICO DO MIOLO
Enrique Tavares

DIAGRAMAÇÃO
Waldênia Alvarenga

Dados Internacionais de Catalogação na Publicação (CIP)
(Câmara Brasileira do Livro, SP, Brasil)

Duarte, Constância Lima
    Imprensa feminina e feminista no Brasil : dicionário ilustrado : volume 2 : século XX : 1900-1949 / Constância Lima Duarte. -- 1. ed. -- Belo Horizonte : Autêntica, 2023.

    Bibliografia.
    ISBN 978-65-5928-198-5

    1. Imprensa - Brasil 2. Mulheres 3. Mulheres escritoras brasileiras 4. Mulheres na imprensa I. Título. II. Série.

22-117637   CDD-070.48347

Índices para catálogo sistemático:
1. Brasil : Mulheres na imprensa 070.48347

Aline Graziele Benitez - Bibliotecária - CRB-1/3129

APOIO

Belo Horizonte
Rua Carlos Turner, 420
Silveira . 31140-520
Belo Horizonte . MG
Tel.: (55 31) 3465 4500

São Paulo
Av. Paulista, 2.073,
Horsa I Sala 309 . Bela Vista
01311-940 . São Paulo . SP
Tel.: (55 11) 3034-4468

www.grupoautentica.com.br
SAC: atendimentoleitor@grupoautentica.com.br

Agradecimentos

Foram muitas as pessoas que, de diferentes formas, contribuíram para a realização desta pesquisa, entre elas:

Angela Laguardia, Augusto Coutinho, Carla Castro, Carlos Alberto Pimenta Lima, Cecília Maria Cunha, Dalva Aguiar Nascimento, Dinorah Carmo, Diva M. Cunha Pereira de Macêdo, Elizabeth Nasser (in memoriam), Eulália Duarte Barros, Eva Alterman Blay, Ívia Iracema Alves, Jacyntho Lins Brandão, Lizir Arcanjo Alves, Luzilá Gonçalves Ferreira, Maria Christina Lima, Maria Inês de Moraes Marreco, Maria Izabel Chumbinho, Maria Natalina Jardim (in memoriam), Maria Rizolete Fernandes, Maria Thereza Caiuby Crescente Bernardes, Míriam Lifchitz Moreira Leite (in memoriam), Nilceli Magalhães, Olívia Candeia Lima Rocha, Schuma Schumaher, Zahidé Lupinacci Muzart (*in memoriam*).

Agradeço também a Luana Tolentino pela contribuição no levantamento das fontes primárias, enquanto Bolsista de Apoio Técnico do CNPq e até o momento, além da alegria compartilhada a cada nova descoberta. Por fim, agradeço a Eduardo Assis Duarte pelo companheirismo amoroso de sempre.

Sumário

Introdução – Páginas avulsas de uma trajetória exitosa.....................9

Sumário em ordem cronológica 17

Verbetes – Dicionário ilustrado 21

Sumário em ordem alfabética 339

Referências..343

Acervos, arquivos, bibliotecas e sites pesquisados..........................347

Outras revistas, boletins e jornais.......................................349

Apresentação

Páginas avulsas de uma trajetória exitosa

> *Na reivindicação de justiça para a mulher, nenhum instrumento melhor de luta do que a imprensa feminina. Quantas mulheres são escravas e não sabem quais correntes as prendem! Quantas mulheres não conhecem as disposições do Código Civil brasileiro a seu respeito! [...] E como mostrar às mulheres que somente lutando, somente organizadas, somente unidas poderão livrar-se da pecha de irresponsáveis perante os atos que determinam a existência da mulher.*

> Momento Feminino, Rio de Janeiro (RJ), 5 dez. 1947.

É com sincera alegria que trago a público mais um desdobramento das investigações que realizo, desde a década de 1980, sobre a história das mulheres, a escrita de autoria feminina e o movimento feminista no Brasil. Foi a constatação de que a literatura, a imprensa e a consciência feminista foram surgindo praticamente ao mesmo tempo no país, ainda nas primeiras décadas do século XIX, e que jornais e revistas atuaram como os primeiros veículos a acolherem essa produção letrada, que impulsionou em mim o desejo de conhecer – ainda que fragmentariamente – a trajetória intelectual da mulher brasileira.

Desde então testemunho a rápida transformação por que passou a pesquisa nas últimas décadas. Se antes era preciso visitar pessoalmente os arquivos para ter acesso aos antigos jornais impressos – e ler diretamente suas páginas ou através de máquinas leitoras de microfilmes – hoje, com a revolução digital em curso, muitos acervos já disponibilizam os periódicos em suas plataformas, permitindo a consulta à distância.[1]

Considerando o material a que tive acesso desde o início do trabalho, em torno de quinhentas folhas feminino-feministas, ainda que pareça um número expressivo, penso que ele representa uma parcela dos periódicos que realmente foram produzidos, pois muitos outros

---

[1] Só que a internet está provocando um outro problema para quem pesquisa, quando, de repente, os endereços digitais, que foram um dia citados, simplesmente deixam de existir e desaparecem... Que fazer nesses casos?!

devem ter se perdido na memória do tempo, por falta de interesse ou conservação. E, dada a extensão do material, foi necessário fazer uma seleção e dividi-lo em três volumes.

No primeiro, relativo ao século XIX e publicado em 2016, estão 143 títulos de jornais e revistas que surpreendem pela larga amplitude alcançada no território nacional. No segundo volume, estão os publicados entre 1900 e 1949, num total de 100 periódicos. E, no terceiro, perfazendo 132 órgãos, estão os surgidos entre 1950 e 1999. Não deixa de ser curioso o fato de eles guardarem semelhanças entre si, apesar das décadas que os separam, pois, enquanto alguns defendem mais direitos para as mulheres – acesso à educação, ao trabalho e ao voto –; outros insistem na permanência de um comportamento conservador, em flagrante desacordo com o momento histórico. Mas, como essa dicotomia é parte intrínseca da construção cultural e discursiva da identidade feminina, optei – nos três volumes – por examinar o conjunto de periódicos, independentemente de se identificarem ou não com o ideário feminista, e terem sido ou não escritos e dirigidos por mulheres. Assim, os periódicos da primeira metade do século XX, agora apresentados, ora defendem o direito das mulheres de frequentar o espaço público, ora se empenham em convencê-las a se tornarem mães "perfeitas".[2]

Cito alguns a título de exemplo. Enquanto *A Voz Feminina* (Diamantina, 1900-1901), *O Feminista* (Maceió, 1902) e *Renascença* (São Paulo, 1923) se alinham entre os mais progressistas, outros, como *O Segredo da Belleza* (São Paulo, 1905), *O Copacabana* (Rio de Janeiro, 1907) e *Jornal das Moças* (Rio de Janeiro, 1914-1965), entre outros, limitam-se a veicular a ideologia patriarcal, como a educação visando apenas preparar a menina para seu papel social, além dos padrões de beleza e os espaços públicos que as leitoras podiam ocupar.

A emancipação intelectual, política e social da brasileira esteve, como se vê, desde o início à mercê de forças que ora a impulsionavam para a frente, ora a queriam estacionada na ignorância e na dependência. E através dos diferentes jornais, revistas e boletins aqui reunidos, podemos constatar como as contradições do século XIX permaneceram,

---

[2] Aliás, essa doutrinação teve início ainda no século XIX. E não deixa de ser irônico: a maternidade que vai permitir à mulher elevar seu *status* na família e na sociedade é o mesmo imperativo que vai contribuir para seu afastamento do espaço público. Simone de Beauvoir dirá que a maternidade sempre foi nosso *handicap;* e Elizabeth Badinter, que o amor materno ainda é um mito cuidadosamente construído para melhor manipular as mulheres.

em grande medida, nas primeiras décadas do século XX, assim como quão ideologicamente heterogêneo o feminismo podia se manifestar. Ainda que se apoiasse numa base comum de igualdade de direitos e de questionamento da dominação masculina, tal discurso revela-se ora católico, ora socialista, anarquista, marxista, burguês e mesmo proletário...[3] Estes impressos nos permitem também afirmar que a imprensa documenta o projeto feminista brasileiro, pois traz os nomes das protagonistas, as ideias e bandeiras que defendiam, além dos períodos de ascensão e declínio de cada vertente do movimento.

Na difícil tentativa de resumir as modalidades de periódicos reunidos nesse segundo volume, proponho o seguinte arranjo, mesmo sabendo que ele não dá conta da rica variedade dos impressos.

Jornais manuscritos

Inicio com os surpreendentes "jornais" manuscritos que a pesquisa revelou. O primeiro, surgido no Rio de Janeiro, em janeiro de 1900, intitulava-se *O 'Sexo'* e trazia como subtítulo "Órgão Imparcial Crítico e Literário Consagrado ao Belo Sexo". Só que o responsável – Silvino Rolim – ao se referir às mulheres o faz de forma sarcástica, nomeando o sexo feminino de infiel e manipulador de homens apaixonados... Ou seja, os homens seriam "pobres" vítimas das mulheres, o que não vale a pena comentar agora.

Já *A Esperança* (1903-1909) e *O Sonho* (1905-1909) pertencem a outra categoria de periódicos. Criados por jovens professoras da cidade de Ceará-Mirim, interior do Rio Grande do Norte, contaram com a colaboração de outras jovens que também estreavam na literatura, algumas escondidas em pseudônimos. Apesar da aparente singeleza do material, imagino como essas iniciativas foram importantes para as jovens que residiam em pequenas cidades, sendo valiosas em experiência editorial e literária.

Jornais escolares

Em meio aos periódicos bem diagramados e impressos em tipo grafias, encontram-se alguns criados por colegiais para abrigar reflexões

---

[3] Na segunda metade do século XX, mais que nunca o feminismo se torna plural, adquire novas configurações e se manifesta lésbico, negro, indígena, ecológico, asiático, muçulmano, trans, radical, protestante, ou quantas mais expressões tiverem as mulheres.

sobre a prática educativa e incentivar vocações literárias através da divulgação de poemas, contos, crônicas. Um deles foi *O Nata* – cujo subtítulo era "Literário, Esportivo, Crítico e Noticioso", criado por estudantes do Grupo Escolar Barramanense, de Barra Mansa-RJ, em 1925. O nome escolhido provavelmente pretendia dizer que ali estava a elite, o escol, o que havia de melhor na escola.

Outro exemplo: a revista *Pétalas*, criada pela direção do Colégio Coração de Jesus para divulgar informes sobre a instituição e incentivar a produção literária das alunas e professoras, que circulou em Florianópolis pelo largo período de 1933 a 1961. Muitas de suas colaboradoras tornaram-se depois conhecidas escritoras e jornalistas, e o sucesso do periódico entre as estudantes e o corpo docente motivou a criação de outro com o mesmo nome – *Pétalas* (1945-1948) –, destinado às crianças das primeiras séries.

Tais documentos nos permitem também conhecer a rotina escolar no regime de internato e o que as jovens planejavam para depois de formadas. Ainda que muitos impressos pareçam amadorísticos e sem elaboração estética, penso que seu valor não reside na aparência ou literariedade das publicações, mas no incentivo pioneiro que davam às jovens enquanto espaço para veiculação de seus pontos de vista.

Revistas femininas

Já as chamadas revistas femininas estão entre os impressos que mais tomaram para si a responsabilidade de normatizar a conduta do "segundo sexo", principalmente através da divulgação de textos calcados na religião e de poemas, contos e novelas permeados de romantismo e ensinamentos moralistas. Coube a elas contribuir decisivamente para o fortalecimento da propagada "mística feminina",[4] mantendo-se indiferente às conquistas em curso em muitos países. Dentre tantos títulos, cito *Penna, Agulha e Colher* (Florianópolis, 1917-1919); o semanário carioca *Jornal das Moças* (Rio de Janeiro, 1914-1965); *Fon-Fon!* (1907-1958), *A Cigarra* (1914-1975) e *Alterosa* (1939-1964), entre outras, muitas outras.

---

[4] A expressão criada por Betty Friedan, e título de seu livro mais conhecido – *Mística feminina* (publicado em 1963 nos EUA, e traduzido para o português em 1971), considera a fixação da mulher enquanto dona-de-casa, sobretudo nas décadas de 50 e 60, como responsável por cercear sua liberdade humana, profissional e criativa.

Apesar da modernização industrial em curso, as mudanças no cotidiano feminino aconteciam devagar: se por um lado a Segunda Guerra Mundial ampliou o campo de trabalho para as mulheres, por outro, o sistema educacional brasileiro de então contribuía para atrasar a educação feminina, ao "recomendar", na Reforma do Ensino de 1942, que as estudantes não deviam frequentar escolas mistas. Como o ensino secundário em sua vasta maioria era misto, restava às jovens continuar o estudo apenas no âmbito do Curso Normal, que, por sua vez, não lhes dava acesso ao ensino superior.

Fotonovelas

As fotonovelas são um caso à parte, não só por circularem em todo o país, terem grandes tiragens e serem acessíveis às jovens de classe média e baixa, mas principalmente pela nefasta competência que tiveram em manipular gerações de mulheres com ideias românticas, alienando-as de seu tempo, tanto como os *hits* cinematográficos da época. As histórias de amor em quadrinhos, inicialmente desenhadas, depois fotografadas, inclusive com participação de artistas e cantores conhecidos, tinham em comum protagonistas ingênuas, apaixonadas, dependentes dos companheiros. O fato de as histórias criarem um mundo em que o amor sempre vence deve ter induzido muitas leitoras a buscarem em seu cotidiano situações assim idealizadas e fantasiosas.

Além das fotonovelas, as revistas traziam literatura de qualidade duvidosa, reportagens mitificando artistas de cinema, rádio e teatro, e ainda horóscopo e receitas. Também não faltava a seção de cartas supostamente enviadas pelas leitoras, que alguém respondia dando conselhos. A primeira foi *Grande Hotel*, surgida em 1947, quase tradução literal da francesa *Grand Hotel*, logo seguida de *O Idílio*, em 1948. O sucesso foi tal, que impulsionou o surgimento de inúmeras outras na segunda metade do século, como *Capricho* (1952), *Querida* (1954), *Sétimo Céu, Ilusão, Contos de Amor* (1958), e *Romance Moderno* (1969). O movimento feminista, a revolução de costumes, a ditadura militar, enfim, tudo que explodia no Brasil e no exterior naquelas décadas, era simplesmente ignorado por essas revistas.[5]

---

[5] Curiosamente, apesar do enorme sucesso junto ao público leitor, as fotonovelas costumam ser desvalorizadas pelos pesquisadores, jornalistas e até pelas editoras, vistas como "de pouca importância" e apenas "leitura de mulher".

Imprensa sufragista

A defesa do sufrágio já havia sido levantada em periódicos do século XIX; não custa lembrar: *O Sexo Feminino* (1873-1889), de Francisca Senhorinha da Mota Diniz; e *A Família* (1888-1897), de Josefina Álvares de Azevedo, entre outros. E continuou no novo século a partir mesmo de seu primeiro ano, 1900. *A Voz Feminina*, publicado em Diamantina-MG, no primeiro editorial assim deixou registrado: "Estamos em uma dessas épocas de transição em que as ideias tendem a renovar. Constitui hoje uma questão séria no mundo social – a mulher. Questiona-se, pensa-se, medita-se se ela deve ser emancipada, se deve ter os mesmos direitos que os homens. Luta do sim e do não! Lutemos pelo primeiro!". Nesse mesmo ano, o *Myosotis*, de Araguari-MG, registrou um protesto quando a Reforma Eleitoral de 1905 negou o voto feminino: "Continuará ainda para o ano de 1906 a ser a mulher alijada das urnas, só por falta de uma simples interpretação da lei? Só muita desídia ou má vontade do Congresso se pode dever tão grande injustiça!".

Alvorada, de Penedo-AL, em 1910, foi outro incansável na defesa do voto e da participação das mulheres no mercado de trabalho e na política. Assim como a *Revista Feminina*, de São Paulo-SP, que circulou entre 1914 e 1936, defendeu o voto, o trabalho fora do lar e divulgou as conquistas das mulheres em outros países. Torna-se ainda imperioso citar *Tribuna Feminina* (Rio de Janeiro, 1917-1924), que sob a responsabilidade de Leolinda Daltro, fundadora do Partido Republicano Feminino, considerava o sufrágio fundamental para a plena incorporação das mulheres ao mundo público.

Toda esta introdução se fez necessária para citar o *Boletim da Federação Brasileira para o Progresso Feminino*, fundada em 1921 no Rio de Janeiro por Bertha Lutz, e filiada à Aliança Internacional pelo Voto Feminino, que logrou construir uma atmosfera nacional propícia à luta pelo voto. Mas, como tantas outras lutas, também essa sofreu revezes e contradições. Dou três exemplos. A revista *Fon-Fon!*, que fez sucesso no Rio de Janeiro de 1907 a 1958, manteve sempre uma postura ambígua, ora defendendo ora condenando o voto. Já a feminista Maria Lacerda de Moura, em seus livros e também na revista *Renascença* (São Paulo-SP, 1923), por vezes criticou o sufrágio por achar que não era necessário à emancipação. Mas Iveta Ribeiro, editora do *Brasil Feminino* (Rio de Janeiro-RJ, 1932), legítimo porta-voz de propaganda do Integralismo fascista junto às mulheres, foi ardorosa defensora do voto. Atente-se à contradição...

Por fim, o Dicionário

Neste segundo volume, os periódicos elencados estão apresentados por ordem cronológica de publicação, tendo em vista o público a que se destina – estudantes, professores e pesquisadores do periodismo e da história intelectual da mulher. Os verbetes contêm, sempre que possível, o subtítulo, o nome do editor ou editora, a cidade de origem, a tipografia, as datas do primeiro e último números, a proposta editorial, o formato gráfico e a relação dos principais colaboradores e colaboradoras. Trazem ainda os exemplares examinados e sua localização, as referências bibliográficas, quando existem, e algumas notas explicativas no rodapé.

Foi mantida a grafia original apenas nos títulos e nomes das e dos jornalistas, enquanto os subtítulos e a transcrição de editoriais, poemas e artigos tiveram a ortografia atualizada. A extensão dos verbetes varia principalmente em função de se ter tido ou não acesso aos originais e a fontes de informação. Enquanto alguns periódicos estão acessíveis à pesquisa, e até possuem um volume razoável de estudos, outros podem ser conhecidos apenas pelo registro que receberam de outros pesquisadores. E nem todos os verbetes trazem comentários críticos sobre o jornal e seu conteúdo. Em muitos casos, era tão óbvio, que se fazia desnecessário observar o quanto era conservador ou se pregava a emancipação. Ao final, estão listados os acervos, arquivos e bibliotecas visitados durante a pesquisa e a bibliografia consultada e/ou utilizada.

As palavras da editora de *Momento Feminino* que abrem esta apresentação são definitivas, a meu ver, ao julgar o importante e decisivo papel que a imprensa desempenhou ao longo da trajetória intelectual da mulher. Retomando a metáfora do *iceberg* mencionada no primeiro volume do século XIX, pode-se dizer que também os periódicos do século XX são a face visível de um vasto universo de papel construído para as leitoras, destinado a informá-las sobre as transformações históricas e sociais em processo, conscientizá-las de seus direitos e, por que não, distraí-las da rotina de seus afazeres cotidianos. Alimentado por fontes primárias raras ou de difícil acesso, este dicionário almeja incentivar e ser um guia norteador de novas pesquisas. Pretende, também, preencher lacunas que persistem acerca da busca empreendida pela mulher brasileira por seus direitos e pela construção de uma identidade para além das amarras patriarcais.

Junho 2023

Sumário em ordem cronológica

O 'Sexo', Rio de Janeiro (RJ), 1900 23

A Voz Feminina, Diamantina (MG), 1900-1901 25

A Camélia, Campinas (SP), 1900 29

A Violeta, Belo Horizonte (MG), 1900 31

Filhinha, Caetité (BA), 1900-1901 34

Myosotis, Araguari (MG), 1900-1905 36

A Violeta, Rio de Janeiro (RJ), 1900 39

A Mulata, Rio de Janeiro (RJ), 1901 41

A Abelha, Rio de Janeiro (RJ), 1901 42

O Feminista, Maceió (AL), 1902 45

O Astro, Baturité (CE), 1902 49

A Borboleta, Curvelo (MG), 1902 51

O Lyrio, Recife (PE), 1902-1904 54

Revista Pernambucana, Recife (PE), 1902-1904 60

O Botão do Lyrio, Recife (PE), 1903 62

A Esperança, Ceará-Miriam (RN), 1903-1909 64

Rosal, Maceió (AL), 1903 69

A Vóz Maternal, São Paulo (SP), 1903-1910 71

A Jurity, São Paulo (SP), 1904 74

Borboleta, Teresina (PI), 1904-1906 77

Anima e Vita, São Paulo (SP), 1905 80

O Segredo da Belleza, São Paulo (SP), 1905 83

O Sonho, Ceará-Mirim (RN), 1905-1909 86

Altair, Rio de Janeiro (RJ); Recife (PE), 1905-1908 88

Album Chic, Recife (PE), 1906 91

A Estrella, Baturité (CE); Aracati (CE), 1906-1921 92

Fon-Fon!, Rio de Janeiro (RJ), 1907-1958 95

O Copacabana, Rio de Janeiro (RJ), 1907-1912 99

Cri-Cri, Recife (PE), 1908 103

A Grinalda, Recife (PE), 1908 105

A Vida Elegante, Rio de Janeiro (RJ), 1909 108

A Violeta, Belo Horizonte (MG), 1909 112

A Flor, Penedo (AL), 1909 115

O Leque, Vassouras (RJ), 1909-1910 118

A Paladina/A Paladina do Lar, Salvador (BA), 1910-1917 120

Alvorada, Penedo (AL), 1910 124

O Myosote, Arraial (PE), 1910-1912 128

Mundo Feminino, São Paulo (SP), 1910-1920 132

O Mensageiro do Lar, São Paulo (SP), 1910-1927 133

O Léque, Joinville (SC), 1911 135

A Faceira, Rio de Janeiro (RJ), 1911-1917 137

O Binóculo, Sapucaia (RJ), 1911-1913 139

Brasil Moda, São Paulo (SP); Paris (FR), 1912-1926 141

A Voz da Liga Católica das Senhoras Baianas/A Voz, Salvador (BA),
   1913-1920 144

Revista Feminina, São Paulo (SP), 1914-1936 146

Rio em Flagrante, Rio de Janeiro (RJ), 1914 151

A Cigarra, São Paulo (SP), 1914-1975 154

Jornal das Moças, Rio de Janeiro (RJ), 1914-1965 158

Via-Láctea, Natal (RN), 1914-1915 164

A Vida de Minas, Belo Horizonte (MG), 1915 169

A Palavra, Manaus (AM), 1915 173

O Alfinete, Natal (RN), 1915 175

A Violeta, Cuiabá (MT), 1916-1950 177

Revista da Semana, Rio de Janeiro (RJ), 1916-1955 183

Penna, Agulha e Colher, Florianópolis (SC), 1917-1919 187

Tribuna Feminina, Rio de Janeiro (RJ), 1917-1924 190

Futuro das Moças, Rio de Janeiro (RJ), 1917-1918 293

A Pétala, Barbacena (MG), 1918 197

Nosso Jornal, Rio de Janeiro (RJ), 1919-1922 199

Vida Doméstica, Rio de Janeiro (RJ), 1920-1962 203

A Cigana, São Paulo (SP), 1922-1967 206

Revista para Trabalho de Senhoras Baptistas,
   Rio de Janeiro (RJ), 1922-1967 209

Frou-Frou..., Rio de Janeiro (RJ), 1923-1925 211

Renascença, São Paulo (SP), 1923 216

Vida Capichaba, Vitória (ES), 1923-1960 221

Menina e Moça, São Paulo (SP), 1924 225

O Collegial, São João del Rei (MG), 1924-1925 226

Vida Feminina, Recife (PE), 1925 229

Unica, Rio de Janeiro (RJ), 1925-1927 233

O Nata, Barra Mansa (RJ), 1925-1926 237

A Escola Doméstica, Natal (RN), 1925-1926 239

Jornal das Moças, Caicó (RN), 1926-1932 241

Modearte, São Paulo (SP), 1927-1929 245

Revista Elo, Rio de Janeiro (RJ), 1927-1929 248

Yara, Belo Horizonte (MG), 1927 250

A Andorinha, Campinas (SP), 1929 253

Sacré Coeur de Marie, Belo Horizonte (MG), 1929-1933 256

P'ra Você, Recife (PE), 1930-1950 259

Brasil Feminino, Rio de Janeiro (RJ), 1932-1937 262

Silhueta, Belo Horizonte (MG), 1932 267

Senhorita X!..., Rio de Janeiro (RJ), 1932 271

Boa Nova, Rio de Janeiro (RJ), 1932-1940 274

Pétalas, Florianópolis (SC),1933-1961 277

Luzes Femininas, Rio de Janeiro (RJ), 1934 278

Boletim da FBPF, Rio de Janeiro (RJ), 1934-1937 279

Walkyrias, Rio de Janeiro (RJ), 1934-1961 284

Anuário das Senhoras, Rio de Janeiro (RJ), 1934-1958 288

O Bebê, Belo Horizonte (MG), 1935-1938 293

Cinco Pr'as Dez, Belo Horizonte (MG), 1935-1940 296

O Collegial, Araguari (MG), 1935-1937 299

Carioca, Rio de Janeiro (RJ), 1935-1954 300

Lux, Belo Horizonte (MG), 1935-1936 304

Rubicon, Barbacena (MG), 1936-1952 306

Alterosa, Belo Horizonte (MG), 1939-1964 311

Novidades, Belo Horizonte (MG), 1939-1945 316

Presença, Salvador (BA), 1945-1948 319

Grande Hotel, Rio de Janeiro (RJ), 1947-1984 323

Momento Feminino, Rio de Janeiro (RJ), 1947-1956.........................326

O Idílio, São Paulo (SP), 1948-1977 332

Jangada, Fortaleza (CE), 1949-1954...335

VERBETES
Dicionário ilustrado

O SEXO

Num. 4 — **Anno I**

Orgão imparcial, critico e litterario, consagrado ao bello sexo da Capital da Republica

Direcção de S. Rotim

Insistir, reagir, agir para possuir

Capital Federal da Republica dos E. U. da America do Sul, Domingo 29 de Abril de 1900

A chegada do Ellrei vapor D. Carlos Elle???

Está no nosso porto pouco distante da Fortaleza de Sª Cruz, o cruzador ellrei D. Carlos, primeiro vaso de guerra da marinha portugueza e rei de Portugal.

Elle está ahy, e traz a bordo o general Francisco Cunha, encarregado por S. M. Elldelissima, a representar aquella veterana terra, nas grandes festividades do quarto centenario do descobrimento do Brasil, esta grande patria de Colombo e de Tiradentes.

Mas... o General Cunha? Sim! portugal, o avosinho que Napoleão quis quebral-o para o verdadeiro alcance das suas glorias. — Napoleão, nunca vencido, sim, portugal, não pahreceido.

E são cheios de contentamentos no nosso rico solo, os portuguezes, alegres, muitos, alegres, todos, muitos tantos, cahindo, todos cahidos, nollo, todos nollos, almirado, todos almirados, babá, todos, bebin, finalmente, p'ra não mais amolar-nos, dissemos á redacção — os senhores Lusitanos, estão contentes, porque nunca assistiram em dias de sua longa existencia, uma festividade, como a presente do quarto centenario.

Centos de seus estrangeiros, e portuguezes, esperam elles no porto General Osorio, ancuriosada desesperadamente, á entrada do incomparavel vaso O colosso.

E muitos d'elles exclamam.

O rei de portugal, está a chegar-e porem, já está á demorarrse!

A Carlos, bem bisão, o Governo vai silvar, bem trazer-nos á Felicidade!

E mira, e a Largo de Glorias, será rebatizado por — praça Pedro Cabral?

Honra aos portuguezes...........

Camarguinho

A mulher.

Malvado sexo — possesso racional.

Desgraçado! seductor do homem! Sim! meus callegas e companheiros de martyrios, a mulher, esse sexo que se chama feminino, é a nossa verdadeira desgraça.

O homem, tudo faz pela mulher, e ellas nada pelo homem, se é estudante, abandona os livros, a sua unica esperança, se é commerciante, ou arte commerciante, deixam as suas casas, abandonam os seus empregos, se é funccionario, diz com seu imaginado ao desgraçado sexo: hoje, não vou á repartição, vou ver a pequena!

Nas esquinas, n'este momento, contado, que essa tal pequena, vem trazer o seu completo aniquilamente!

E se o homem contrae nupcias com uma senhorita do alto lá, por amal-a, e se depositou-lhe inteira confiança quando alheavam-se e não gosavam-se, ella vem ser a sua principal desgraça!

Sahem os maridos, faz-lhe carinhos á presencia, porem, resando o credo para retirat-o, ou para sucumbil-o, porque o amado querido, que amou-a antes de illudir ao pobre marido, está a esperal-o com o coupé, para irem ao theatro, e depois ao leito.

E faz o homem de um instrumento

O 'Sexo'

1900

Em 29 de abril de 1900, circulou no Rio de Janeiro (RJ) o quarto número de *O 'Sexo'* (com aspas simples), pequeno jornal manuscrito em folha de papel almaço, sob a responsabilidade de Silvino Rolim, que trazia como subtítulo "Órgão Imparcial Crítico e Literário Consagrado ao Belo Sexo". Como no site da Hemeroteca Digital Brasileira da Biblioteca Nacional só existe esta edição, não foi possível ter informações sobre o primeiro número, nem de sua periodicidade. Se tiver sido mensal, deve ter surgido ainda em janeiro. O cabeçalho trazia uma inscrição, no mínimo, intrigante: "Insistir, reagir, agir para possuir". E, disposto de um lado a outro da página, lia-se o seguinte: "Belas – Donzelas; Vê-las – Obtê-las".

Mas o jornal não trata só de "sexo". Na primeira página, um texto trata ironicamente das comemorações do quarto centenário do descobrimento do Brasil, e registra a morte do Marechal Floriano Peixoto, aos 61 anos.

Nas páginas seguintes, destaca-se um texto, sem assinatura e dirigido aos homens, que se refere às mulheres de forma bem irônica e maldosa. Talvez a intenção fosse fazer graça para as leitoras, mas é pouco provável que se tenha obtido êxito nisso, haja vista o tom ferino das críticas. Vale a pena conferir:

A Mulher

Malvado sexo! Péssimo racional!...
Desgraçado! Sedutor do homem!,..
Sim! Meus colegas, e companheiros de martírios, a mulher, esse sexo que se chama feminino, é a nossa verdadeira desgraça.
O homem tudo faz pela mulher, e elas nada pelo homem; se é estudante, abandona os livros, a sua única esperança; se é comerciante, ou anticomerciante, deixam as suas casas, abandonam os seus empregos; se é funcionário, diz consigo imaginando no desgraçado sexo: hoje não vou a repartição, vou ver a pequena!...

Não imagina, nesse momento, coitado, que essa tal pequena vem trazer o seu completo aniquilamento!

E se o homem contrai núpcias com uma senhorita do alto lá, por amá-la, e se depositou-lhe inteira confiança quando se olhavam e não se gozavam, ela vem ser a sua principal desgraça!

Falseiam os maridos, faz-lhe carinhos na presença, porém, rezando o credo para retirá-lo, ou para sucumbi-lo, porque o amado querido, que amou antes de iludir o pobre marido, a está esperando com o cupê para irem ao teatro, e depois ao leito.

E faz o homem de um instrumento!

Muitas das vezes o pobre marido está no seu cuidadoso trabalho, julgando na fidelidade de sua mulher, e ela em casa lhe atraiçoando!

E ainda existem homens, como prova da verdade vejamos os nossos anais, e já nos servem de histórias; milhares de rapazes de todas as artes têm procurado a mansão da eternidade.

Por causa da infidelidade da mulher!

Desgraçado! Sedutor do homem!...

(O 'Sexo', Rio de Janeiro, ano I, n. 4, p. 1, 29 abr. 1900.)

O sexo feminino, para o autor, seria infiel, manipulador de homens apaixonados e, consequentemente, não mereceria o amor que "inocentes" homens lhe dedicam. Assim, eles seriam, na verdade, vítimas das artimanhas femininas. Ao final, consta a informação de que esse texto teria continuidade, mas, como não foram encontradas outras edições, não foi possível conhecer seu desfecho.

Relendo o lema do periódico – "Insistir, reagir, agir para possuir" – e as palavras que se seguem – "Belas – Donzelas; Vê-las – Obtê-las" –, é possível interpretá-las como um padrão de comportamento (bem pouco enigmático) para os homens adotarem ao agir no ato da sedução e controle das donzelas... Se fossem outros os tempos, as jovens teriam afirmado que "Não é não!" e feito valer a sua vontade.

Fonte: O 'Sexo', Rio de Janeiro, ano I, n. 4, 29 abr. 1900, em formato digital, no site da Hemeroteca Digital Brasileira da Biblioteca Nacional.

A Voz Feminina
1900-1901

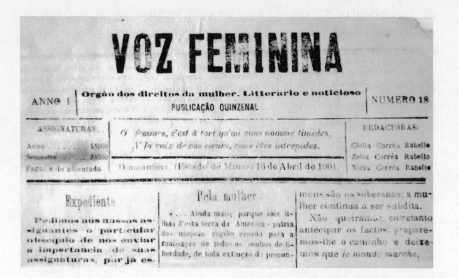

O periódico *A Voz Feminina* foi fundado em 21 de abril de 1900, em Diamantina (MG), por três moças de uma tradicional família da cidade – Clélia, Zélia e Nícia Corrêa Rabello,[1] responsáveis pela redação e diagramação do jornal. De publicação quinzenal, ele tinha quatro páginas, e as assinaturas anuais e semestrais custavam 4$000 e 2$000, respectivamente. No alto da primeira página, a epígrafe em francês – "*Ô femmes, c'est à fort qu'on vous nomme timides. À la voix de vos coeurs, vous êtes intrepidez*" – encorajava as leitoras a não aceitar

---

[1] Nícia Corrêa Rabello (1883-1962), nascida em Diamantina, foi poetisa admirada na cidade, casando-se em 1910 com Júlio Corrêa Mourão, com quem teve dez filhos. Clélia Corrêa Rabello, conhecida como Naná, era sua irmã. Casada com David Gomes Jardim, passou a assinar Clélia Jardim, e teve uma filha: Maria Consuelo Jardim (1906-2006). Admiradora do Partido Comunista, ela foi responsável por organizar a primeira marcha pelo voto feminino em Diamantina. No encerramento do Ano Internacional da Mulher, recebeu o título de precursora do movimento feminista. (Cf. site Nossa Gente Genealogia. Disponível em: www.nggenealogia.com.br). Não foram encontradas informações sobre a Zélia.

o rótulo de tímidas e frágeis.[2] O subtítulo – "Órgão dos Direitos da Mulher, Literário e Noticioso" – deixava explícito seu primeiro objetivo: reivindicar direitos para as mulheres.

O periódico discutia política – internacional e nacional – e defendia a igualdade entre mulheres e homens, principalmente no que se referia à educação e ao sufrágio. Trazia, ainda, notas sociais, uma seção literária, uma de correspondência e, em um espaço menor, receitas culinárias. Além de circular em Diamantina, possuía correspondentes em outros municípios, como Teófilo Otoni, Curvelo, Ouro Preto e na capital Belo Horizonte.

Segundo Kelly Cristina Nascimento (2006), estudiosa do periodismo feminino, Clélia, Zélia e Nícia Corrêa Rabello estavam conscientes da importância do momento político em que viviam e atentas às conquistas femininas em outros países. Daí acreditarem que a consolidação de uma sociedade moderna e democrática só seria possível com a emancipação das mulheres.

No editorial do primeiro número, reproduzido pelo jornal *O Município*, de Diamantina, 8 de maio de 1900 (*apud* NASCIMENTO, 2006, p. 127), encontra-se que:

> Estamos em uma dessas épocas de transição em que as ideias tendem a renovar. Constitui hoje uma questão séria no mundo social – a mulher. Questiona-se, pensa-se, medita-se se ela deve ser emancipada, se deve ter os mesmos direitos que os homens. Luta do sim e do não! Lutemos pelo primeiro.

Como *O Sexo Feminino* de Francisca Senhorinha havia feito três décadas antes, também *A Voz Feminina* defendia a independência da mulher e, ao mesmo tempo, valorizava os deveres domésticos. A representação feminina encontrada no periódico de Diamantina era a da mulher emancipada a partir das imagens de esposa, mãe, dona de casa e trabalhadora. Nos demais exemplares, o título do periódico ganhou o artigo e ficou sendo *A Voz Feminina*.

> A mulher precisa educar-se, precisa instruir-se para fazer a felicidade do lar e principalmente para ganhar a vida independente de como o homem ganha. Não é isto menosprezar a sua missão

---

[2] Numa tradução de Zahidé Lupinacci Muzart: "Oh, Mulheres, é errado chamá-las tímidas. A ouvir seus corações, vocês são intrépidas". Ou: "Oh, Mulheres, é errado chamá-las tímidas. No fundo de seus corações, vocês são intrépidas".

no lar e a felicidade doméstica, que só ela é capaz de fazer [...].
Se víssemos nesta independência qualquer abalo para a ordem
doméstica [...] abandonaríamos desde já nossas opiniões [...].
(*A Voz Feminina*, Diamantina, 20 mar. 1901 *apud* NASCIMENTO,
2006, p. 131.)

Durante a pesquisa foi localizado um exemplar bastante deteriorado de 16 de abril de 1901, no Acervo do Instituto do Patrimônio Histórico e Artístico Nacional (IPHAN) em Diamantina, que nos permitiu ratificar o caráter político e emancipacionista que norteava a publicação, comprovado pelo artigo "Pela Mulher", assinado por Clélia Rabello:

> Ainda mais porque sois filha desta terra da América-pátria das utopias, região criada para a realização de todos os sonhos de liberdade, de toda extinção de preconceitos, de toda conquista moral. A terra que realizou a emancipação do homem há de realizar a emancipação da mulher. A terra que fez o sufrágio universal não tem o direito de recusar o voto da metade da América. E este voto é o nosso.
> Para que um governo seja democrático, é necessário que todos que estejam sob seu domínio possam também agir sobre ele. Ou então tudo é absolutismo. Para ter liberdade de um povo é evidentemente necessário que seja o seu governo criado pelo sufrágio e vontade de todo ele. Mas se apenas uma metade pode agir livremente, a outra agirá automaticamente; só a primeira é livre, a segunda, escrava. São dois povos em um mesmo país: um livre e independente que conforme sua vontade reina sobre o segundo. Os homens são os soberanos; a mulher continua a ser súdita.
> (*A Voz Feminina*, Diamantina, ano I, n. 18, p. 1, 16 abr. 1901.)

A lucidez da articulista impressiona, assim como seu pensamento sobre o direito ao voto. Num momento em que eram raras as mulheres sufragistas, e mais raros ainda os países que concediam esse direito,[3]

---

[3] O Brasil poderia ter sido o primeiro país no mundo a conceder o voto à mulher, pois, em 1891, 31 constituintes assinaram a emenda do deputado federal Saldanha Marinho, conferindo o voto às brasileiras. Mas Epitácio Pessoa, depois de eleito presidente da República, retirou seu apoio à emenda apenas dez dias após subscrevê-la. E a Nova Zelândia tornou-se o primeiro país a conceder o sufrágio feminino, em 1893, graças ao movimento vitorioso liderado por Kate Sheppard (1847-1934). O segundo foi a Finlândia, em 1906.

é surpreendente verificar o quanto de utopia havia no ideário das primeiras feministas.

Não foi possível saber até quando o jornal circulou.

Fontes: *A Voz Feminina*, Diamantina, ano I, n. 18, 16 abr. 1901, em formato impresso, no Instituto do Patrimônio Histórico e Artístico Nacional (IPHAN).

NASCIMENTO, Kelly Cristina. *Entre a mulher ideal e a mulher moderna: representações femininas na imprensa mineira – 1873-1932*. 171 f. 2006. Dissertação (Mestrado em História) – Programa de Pós-Graduação em História, Faculdade de Filosofia e Ciências Humanas, Universidade Federal de Minas Gerais, Belo Horizonte, 2006.

A Camélia
1900

Em 3 de junho de 1900 surgiu na cidade de Campinas, interior de São Paulo, *A Camélia*, "Periódico Literário Dedicado ao Belo Sexo", sob a direção de Pedro Paulo Thomaz de Oliveira. Com periodicidade quinzenal e quatro páginas, era impresso na Tipografia Minerva, localizada à Rua Doutor Campos Salles, n. 28, e podia ser adquirido através de assinaturas nos seguintes valores: 7$000 (anual) e 4$000 (semestral).

No editorial do primeiro número, o redator apresenta o jornal às leitoras nos seguintes termos:

> Na arena do jornalismo campineiro, vem ocupar hoje um modesto lugar esta pequenina folha dedicada ao belo sexo, consagrada às moças formosas, que são o encanto, o enlevo desta terra feliz. Pequeno, embora, no formato, como a flor de onde ela tira o nome – *Camélia* –, sem pretensões altaneiras, vaidosas, porque para isso seria preciso que viesse de um outro centro, onde o talento e a ilustração pudessem, como um foco de luz, iluminar a estrada que Ela tem de atravessar. [...]
> Mas, assim como a *Camélia*, mimosa flor, não vive sem o bafejo da aragem e as gotas de orvalho fresco da manhã, esta folha,

Camélia pálida, não pode viver sem a simpatia e proteção das formosas jovens, criaturas celestes lançadas por Deus no seio deste éden campineiro.

E essa simpatia e proteção nós, como redatores desta folha, nutrimos a lisonjeira esperança de que Ela possa merecer agora e sempre das gentis e ilustradas jovens campineiras.

(*A Camélia*, Campinas, ano I, n. 1, p. 1, 3 jun. 1900.)

Conforme anunciado no subtítulo, as folhas do periódico dedicavam-se exclusivamente à literatura. Nesta edição, Lázio Nocar, Pery, Olavo Pinto e Leopoldo Seixas publicaram textos que reforçam os atributos tidos como ideais para as mulheres da época: a doçura, a fragilidade e a beleza: "Flores são as mulheres que amamos ou que nos desprezam, mas que são belas, amáveis, sedutoras..." (*A Camélia*, n. 1, p. 1-2, 3 jun. 1900).

Chama também atenção o "Concurso de Beleza" divulgado pelo jornal. Embora fosse destinado ao público feminino, os dizeres do convite eram dirigidos aos leitores, sinalizando que as participantes deveriam contar com o consentimento dos pais ou maridos para participar.

Concurso de Beleza

É com o máximo prazer que comunicamos aos nossos caros leitores que brevemente pretendemos organizar um concurso de beleza feminil por meio da votação entre os assinantes da nossa folha, devendo ser estampado na primeira página d'*A Camélia* o retrato da Senhorita que for mais votada.

Todos aqueles que amarem a estética e souberem discernir o Belo do Feio não devem deixar de assinar *A Camélia*, a única que teve a feliz ideia, desse tentâmen [esforço] de cujo êxito não duvidamos.

Para o pleito que se vai ferir, a plêiade brilhante da mocidade campineira terá, mais uma vez, ocasião de evidenciar o seu nunca desmedido amor à estética, à formosura.

Toda a correspondência poderá ser dirigida a esta Redação, Rua Campos Salles, n. 28.

(*A Camélia*, Campinas, ano I, n. 1, p. 1, 3 jun. 1900.)

Esta foi a única edição localizada do periódico.

Fonte: *A Camélia*, Campinas (SP), ano I, n. 1, 3 jun. 1900, em formato microfilme no Acervo de Periódicos Raros da Biblioteca Nacional.

A Violeta

1900

É bem provável que *A Violeta* tenha sido o primeiro periódico publicado na cidade de Belo Horizonte (MG) que tinha as mulheres como público-alvo. Surgido em 14 de julho de 1900, sob a responsabilidade do "Club das Violetas", o jornal trazia como lema "Viver é Vibrar". Com formato 27,5 por 21 centímetros, quatro páginas, colunas variadas e tiragem de 100 exemplares, o primeiro número foi impresso nas oficinas do *Diário de Minas*. A edição seguinte saiu pela Imprensa Oficial em papel de cor violeta, para lembrar a flor que dava nome à publicação.

Como não foram localizados exemplares, as citações e informações aqui transcritas foram obtidas nos registros de Joaquim Nabuco Linhares (1995), Maria Céres Castro (1997) e Kelly Cristina Nascimento (2006). Segundo Céres, o jornal era "cultivado por um grupo de jardineiros do Ideal para as senhorinhas que enchem os salões do Club [das Violetas] de espírito e graça" e pretendia ser principalmente uma distração para as leitoras. Completando, Kelly Cristina Nascimento observa que alguns artigos podiam ser considerados verdadeiros "guias de moda", tal o tom utilizado, como esse que se segue:

A Moda

Como La DONNA – do Rigoleto – a moda deve ser MOBILE QUAL PIUMA AL VENTO para agradar às cabecinhas ávidas de novidades das nossas gentis patrícias sempre prontas a estrear uma blusa feita pelo último figurino ou a arregaçar os vestidos com a *donaire* da parisiense que vem pintada no derradeiro número do PETIT ECHO. E, vamos lá, minhas senhoras, por mais graves e severas que sejamos, experimentamos sempre tal qual sensação de gozo ao sentirmo-nos vestidas com certa elegância e portadoras da nossa TOILETTE de uma novidade qualquer. Ora é uma gaze crespa, que colocada sobre a nobreza ou cetim atenua o lustro forte da seda, mas deixa na transparência dos fios, perceber-se a cor e conhecer-se delicadamente, com o requinte de que é excelente a seda ou o cetim, que está meio encoberto. Ora é uma greguinha, *hauté noveauté*, de lantejoulas e vidrilhos,

que à luz das lâmpadas elétricas parecem miríades de pedrarias expostas e brilham quase tanto como os olhos das senhoritas formosas que passeiam ufanas pelos braços dos cavalheiros no salão do nosso Club... O que queremos é a novidade seja ela qual for, e por isso somos considerados eternamente crianças grandes!...
(*A Violeta*, Belo Horizonte, ano I, 9 set. 1900 *apud* NASCIMENTO, 2006, p. 100.)

O emprego de caixa alta e de palavras estrangeiras, principalmente francesas em se tratando de moda feminina, com certeza era um recurso para chamar a atenção das leitoras e também para exibir erudição. Além disso, há que se destacar a infantilização da mulher, bem como o incentivo ao consumo e à futilidade da moda.

Em outra coluna, encontra-se uma crítica ao atraso da moda mineira, ao compará-la à do Rio de Janeiro e à de São Paulo, nesses termos:

[...] venho protestar contra o descaso com que é tida a moda em Belo Horizonte. É lastimável que nossa capital tão opulenta e garrida na arquitetura dos seus edifícios e casas tão belamente emoldurados pela Natureza que se esmerou em conceder-lhes um céu translúcido lindíssimo e os mais formosos golpes de vista na ondulação das colinas e no majestoso das montanhas não possa ombrear com o Rio e com a Paulicéia no que diz respeito à moda. Ignoro os motivos que levam as formosas senhoritas deste abençoado pedaço de Minas a desprezar o *chic*, a elegância, o *smartismo* em oposição às suas colegas fluminenses e paulistanas, tão caprichosas em suas *toilettes* que pompeiam elegantes na Rua do Ouvidor, ou na rua 15 de Novembro, por volta das 3 horas da tarde.
É imprescindível que esse elemento civilizador não continue desprezado como tem sido aqui, e a sua adoção será motivo de júbilo para o cronista que aprecia imenso a [...] policromia que costumam ser os *canotiers* [chapéu de palha] floridos a nos relembrarem *bouquetes* ambulantes o *tic* especial que tem, que tão bem calha a senhoritas vivazes e travessas.
(*A Violeta*, Belo Horizonte, ano I, set. 1900 *apud* NASCIMENTO, 2006, p. 103.)

Pelo exposto, a moda era o único "elemento civilizador" que as mulheres deveriam seguir sem pestanejar. Mas, veremos em outros periódicos, elas também serão criticadas se se preocuparem muito com ela...

Não são conhecidos os ou as responsáveis pela publicação, nem a sua continuidade.

Fontes: CASTRO, Maria Céres *et al. Folhas do Tempo: imprensa e cotidiano em Belo Horizonte, 1895-1926.* Belo Horizonte: UFMG; Associação Mineira de Imprensa; Prefeitura Municipal de Belo Horizonte, 1997. p. 33-34.

LINHARES, Joaquim Nabuco. *Itinerário da Imprensa de Belo Horizonte: 1895-1954.* Belo Horizonte: Fundação João Pinheiro; Centro de Estudos Históricos e Culturais, 1995.

NASCIMENTO, Kelly Cristina. *Entre a mulher ideal e a mulher moderna: representações femininas na imprensa mineira – 1873-1932.* 171 f. 2006. Dissertação (Mestrado em História) – Programa de Pós-Graduação em História, Faculdade de Filosofia e Ciências Humanas, Universidade Federal de Minas Gerais, Belo Horizonte, 2006.

Filhinha

1900-1901

Pouco se sabe sobre *Filhinha* – "Órgão dos Interesses do Belo Sexo Sertanejo" –, que circulou em Caetité (BA) entre 1900 e 1901. É digno de nota o fato de o periódico ser destinado "às Jovens do Sertão", designação desconhecida até então na imprensa feminina. Segundo os pesquisadores Alfredo de Carvalho e João Nepomuceno Torres (2007, p. 214), o periódico tinha como responsável João Gomes, diretor do jornal *A Penna* (1897-1903), outro jornal de Caetité também destinado ao sexo feminino.

Em *Mulheres escritoras na Bahia* (1999), de Lizir Arcanjo Alves, encontra-se a transcrição de um poema de Priscila Spínola, publicado em 10 de agosto de 1901 em *Filhinha*. O tom romântico, próprio das jovens da época, aliado à idealização da pureza e inocência da mulher, sobressai nos versos:

> Eu sonhei que divagando
> Em um risonho jardim,
> Encontrei gentil menina,
> Oh! Que meigo serafim!
>
> Tinha dourados cabelos,
> Lábios da cor de rubim,
> Os olhos azuis e vivos
> Faces de róseo cetim.
>
> Trajada de brancas vestes,
> Meu Deus! Como era formosa!
> E tinha a fronte cingida
> Por uma coroa de rosa!
>
> Ali colhia sozinha
> Muito alegre e distraída,
> Os formosos *miosótis*,
> Flor por ela mui querida.
>
> Então dirigi-me à fada
> Pedindo-lhe não fugisse,

E prosternada aos seus pés,
Com voz trêmula lhe disse:

Quem és tu, ó linda fada?
Responde! Tem clemência!...
E retorquiu-me sorrindo
Eu me intitulo a – *Inocência*.
(*Filhinha*, Caetité, ano 2, n. 8, 10 ago. 1901 *apud* ALVES, 1999, p. 238.)

Não foram encontrados exemplares do periódico nos acervos consultados.

Fontes: ALVES, Lizir Arcanjo. *Mulheres escritoras na Bahia: as poetisas 1822-1918*. Salvador: Étera, 1999.

CARVALHO, Alfredo de; TORRES, João Nepomuceno. *Anais da Imprensa da Bahia – 1º Centenário 1811-1911*. 2. ed. Salvador: Instituto Geográfico e Histórico da Bahia, 2007.

Myosotis
1900-1905

Idealizado por um grupo de jovens de Araguari (MG), tendo à frente Elfrida Goulart,[4] *Myosotis* começou a circular em 1900. O sucesso da publicação pode ser comprovado por sua relativa longevidade – pois o exemplar encontrado traz a data 9 de agosto de 1905 –, pelo capricho das vinhetas que adornavam as páginas e, principalmente, pelas ideias progressistas que divulgava.

Dentre os textos presentes nessa edição, destaco um que saúda Leodegária Brazilea de Jesus,[5] conhecida escritora de Goiás, pela passagem de seu aniversário:

> Não podia o *Myosotis* deixar passar despercebida a data natalícia de uma de suas mais dedicadas colaboradoras que mais se interessam pela existência dessa folha. É com a maior expansão da alma que registramo-la, enviando à querida amiga os nossos efusivos parabéns pelo fato auspicioso de seu aniversário. (*Myosotis*, Araguari, p. 1, 9 ago. 1905.)

Através dele foi possível saber que Leodegária estudou no Colégio Sant'Ana, em Goiás Velho, que sua vocação literária teria surgido ainda jovem e que tinha um livro de poemas pronto para ser publicado. Ao final, transcreve o poema "Penso em ti", da autoria da aniversariante.

Na segunda página, um texto intitulado "Salve *Myosotis*" e assinado por Emília Magalhães, de Pará de Minas, enaltece o trabalho realizado por Elfrida Goulart à frente do periódico e sua contribuição para a emancipação feminina.

---

[4] Sobre a jornalista Elfrida Goulart, foi possível saber que era filha de Tertuliano Goulart e Maria Otília de Amorim Goulart e que foi casada com Augusto Carneiro.

[5] Nascida em Caldas Novas (GO), Leodegária de Jesus (1889-1978) residiu no Espírito Santo, em São Paulo, no Rio de Janeiro, no Amazonas e em Minas Gerais, tendo falecido em Belo Horizonte (MG). Foi responsável, ao lado de Cora Coralina, pelo jornal *A Rosa* em 1907, em Goiás. Publicou, entre outros livros, *Coroa de lírios* (1906) e *Orquídeas* (1928). Mereceu estudos de Basileu Toledo França, no livro *Poetisa Leodegária de Jesus* (1996); e de Darcy França Denófrio, em *Lavra dos Goiases III – Leodegária de Jesus* (2001).

Estamos em pleno dia 1º de julho! Quão arrebatadora é a aurora de hoje, ela guarda em seu misterioso seio uma data gloriosa! Aniversário da *Myosotis*!

Quatro anos de árdua luta! Quatro anos de trabalhos e sacrifícios! Quatro anos de verdadeira glória!

A intrépida e corajosa heroína que tomou a si a espinhosa e brilhante missão de defender os direitos da mulher brasileira, a quem abraço afetuosamente e felicito do mais íntimo do meu coração, é a simpática e inteligente senhorita Elfrida Goulart!

E a ti, ó grácil *Myosotis*, as flores, tuas companheiras, acompanham-me num abraço altivo, pela tua útil existência. [...] Sorrindo está a natureza e a vida pela liberdade do sexo frágil!

E um lindo e meigo anjo aparece no espaço cercado de uma alegre grinalda de orvalhadas rosas, trazendo o estandarte nacional em que se lê esta inscrição: "Viva a senhorita Elfrida Goulart! Viva a *Myosotis*! Viva a emancipação da mulher".

Assinado: Emília Magalhães.

(*Myosotis*, Araguari, p. 2, 9 ago. 1905.)

Também colaboraram nesta edição: Estrellita Junior, com o poema "O seu casal"; Leodegária de Jesus, com "Meditando"; e Frida, com "Conversa sem pretensão", que reflete sobre o ciúme masculino: "No ciúme, sem dúvida alguma, há muito preconceito hereditário e de tradição. Sem dúvida, o orgulho de selvagem, e uma sensibilidade de degenerado. Uma mistura de violência de fera e de cruel fraqueza" (*Myosotis*, p. 2, 9 ago. 1905).

As reflexões sobre o poder da mulher estão presentes em vários momentos, como no texto intitulado "A mulher ainda", de F. do Nascimento, do qual transcrevo um pequeno trecho:

Não há o que o homem empreenda em que a mulher direta ou indiretamente não influa de um modo poderoso.

É assim que se pode dizer que a mulher por si só é capaz de revolucionar o orbe, porque ela é a força, o coração e a inspiração.

(*Myosotis*, Araguari, p. 3, 9 ago. 1905.)

Na quarta e última página, encontram-se diversas notas, entre elas uma sobre a Reforma Eleitoral de 1905, que negou o voto às mulheres. O protesto é firme: "Continuará ainda para o ano de 1906 a ser a mulher alijada das urnas, só por falta de uma simples interpretação da lei? Só muita desídia ou má vontade do Congresso se pode dever tão grande injustiça!" (*Myosotis*, Araguari, p. 4, 9 ago. 1905).

Em outra, encontra-se um elogio ao *Escrínio*, periódico editado por Andradina de Oliveira[6] em Porto Alegre, que revela como as notícias sobre as conquistas femininas circulavam, bem como a eficácia da rede que as jornalistas estabeleciam entre si.

> Deste importante órgão feminista rio-grandense nos foram enviados diversos números pela sua ilustre diretora, a notável escritora Andradina de Oliveira.
>
> Contém estes números importantes artigos literários, científicos, biográficos e uma variedade enorme de matérias noticiosas e de interesse gerais.
>
> Em nosso arquivo de preciosidades literárias figura agora esta esplêndida coleção de *Escrínio*, cuja remessa agradecemos penhoradas.
>
> (*Myosotis*, Araguari, p. 4, 9 ago. 1905.)

O elogio ao jornal *O Escrínio*, de feição nitidamente combativa, revela a identificação das jovens responsáveis pelo *Myosotis* com o ideário feminista.

Não é conhecida a continuidade do periódico.

Fonte: *Myosotis*, Araguari, ano V, 9 ago. 1905, em formato impresso, no Acervo da Casa de Rui Barbosa, no Rio de Janeiro.

---

[6] Nascida em Porto Alegre em 1870 e falecida em São Paulo em 1935, Andradina de Oliveira atuou como professora, escritora e jornalista. Em Bagé, fundou *O Escrínio* (1898-1910), depois transferido para Santa Maria e Porto Alegre, que obteve ampla repercussão entre os periódicos feministas do seu tempo. Publicou diversos romances, dramas, conferências, contos e literatura infantil.

A Violeta

1900

Em 1º de setembro de 1900, o Rio de Janeiro (RJ) ganhava mais um periódico intitulado *A Violeta*, apresentado como "Órgão Literário Dedicado ao Belo Sexo". A redação localizava-se à Rua do Hospício, n. 178. Com quatro páginas e quatro colunas, o jornal era dirigido por Gaudêncio Cardoso e se dedicava exclusivamente à literatura. Através de assinaturas anuais (4$000) e semestrais (2$000), as leitoras tinham acesso a textos variados em verso e em prosa. A publicação quinzenal contava, ainda, com a colaboração de Antônio Soares (redator-chefe), A. Silvares (secretário) e Carlos Moraes F. (gerente).

No texto de abertura da segunda edição, a única a que tivemos acesso, o editor pede desculpas às leitoras pelos erros cometidos no número anterior, comprometendo-se a melhorar a qualidade da publicação:

A Violeta

Com quanto que o nosso primeiro número tivesse saído com alguns erros, não deixamos de ser aplaudidos por diversas pessoas dedicadas ao belo sexo, desculpando essas mesmas pessoas os erros do nosso primeiro número, pois como principiantes e noveis jornalistas, estamos sujeitos a tal fim. [...]
O próximo número da *Violeta* apresentar-se-á sob novo aspecto.

Tomamos esta resolução no intuito não só de melhorar nosso jornal, imprimindo-lhe estética, como de melhor servir aos nossos amigos e assinantes, que com tanta bondade tem-nos animado, infundindo-nos coragem e alento para continuar a cumprir a tarefa que nos impusemos.
(*A Violeta*, Rio de Janeiro, n. 2, p. 1, 15 set. 1900.)

Dentre textos assinados por Basílio Seixas, Vandoclés e Bonitinho, foi publicado o poema "Fujamos!", um exemplo do romantismo tardio e da imagem fragilizada e essencialista que se cultivava das mulheres.

Vem comigo, minha linda flor mimosa
Por este imenso oceano navegar,
Eu cantarei das canções a mais formosa
Nas belas e esplêndidas noites de luar.
[...]
Cantarei o teu porte tão airoso,
Teu pé pequenino e gracioso,
E os teus lábios cantarei também.
Venha, não tardes; se não foge-me a vida,
Anda depressa a meus braços ter, querida,
Para irmos juntos, por este mar além!...
(*A Violeta*, Rio de Janeiro, n. 2, p. 3, 15 set. 1900.)

Em outro poema de Anthenor Thibau, intitulado "Prece", há a reiteração da visão endeusada da mulher:

És a deusa dos meus sonhos
Tens no meu peito um altar;
Podes fazer-me risonhos
Os dias desta existência
De que és a divina essência?
(*A Violeta*, Rio de Janeiro, n. 2, p. 4, 15 set. 1900.)

Não foram encontradas outras edições nem informações sobre a continuidade do jornal.

Fonte: *A Violeta*, Rio de Janeiro (RJ), ano I, n. 2, 15 set. 1900, em formato digital, no acervo da Hemeroteca Digital Brasileira da Biblioteca Nacional. Disponível em: www.hemerotecadigintal. bn.br. Acesso em: 11 nov. 2015.

A Mulata

1901

Intitulado "Órgão dos Interesses Femininos", *A Mulata* surgiu no Rio de Janeiro (RJ) em 15 de janeiro de 1901, dirigido por Álvaro Senese, C. Beto e C. Riso. Apresentava formato 38 por 28 centímetros e era impresso na Tipografia Aldina, conforme consta na ficha catalográfica do Acervo de Obras Raras da Biblioteca Nacional (BN) do Rio de Janeiro.

Intrigada pelo curioso e inusitado título, fiz diversas solicitações junto à BN sobre o periódico, sem sucesso. A Divisão de Informação Documental da Fundação Biblioteca Nacional respondeu, em 22 de outubro de 2009, que o mesmo "encontrava-se em péssimas condições físicas, o que impossibilitava sua reprodução. E que, para digitalizar ou microfilmar, era necessário antes restaurar o periódico e não havia previsão de quando isto seria possível".

Em nova consulta, realizada em 7 de dezembro de 2016, o funcionário da Coordenadoria de Publicações Seriadas da Biblioteca Nacional informou que o periódico não se encontrava mais na base de dados, e que provavelmente teria sido encaminhado para restauração. Mas – completou –, em alguns casos, nem a restauração dava conta de recuperar o jornal. Desde então, não foi possível obter mais nenhuma informação a seu respeito. E as tentativas para localizar exemplares do periódico em outras bibliotecas não tiveram êxito.

Mesmo assim, deixo aqui o registro de sua existência, desejando que outras pesquisas tenham mais sorte e possam conferir o mérito dessa publicação.[7]

Fonte: Site da Biblioteca Nacional. Disponível em: www.bn.br. Acesso em: 27 jan. 2015.

---

[7] Com o título *O Mulato ou O Homem de Cor*, circularam no Rio de Janeiro cinco edições desse periódico, de 14 de setembro a 4 de novembro de 1833, sob a direção de Francisco de Paula Brito, considerado fundador da imprensa negra no Brasil. Pelo visto, a partir mesmo do título, pode-se conjeturar não haver nada em comum entre as duas iniciativas.

A Abelha
1901

A Abelha – "Folha Literária e Recreativa" – foi editada quinzenalmente no Rio de Janeiro (RJ), a partir de 1º de setembro de 1901, pela poetisa Ernestina Fagundes Varella e sua irmã Maria Luiza Fagundes Varella e Silva.[8] Tinha o formato de 38 por 28 centímetros, e a redação situava-se na Praça da República, n. 6.

Na apresentação do periódico, as redatoras tentam esclarecer os limites de sua atuação e de seu feminismo, nestes termos:

---

[8] Ernestina e Maria Luiza eram irmãs do poeta Fagundes Varela. Dentre as publicações de Ernestina Fagundes Varela, constam *Poesias religiosas* (1876), *Cantos religiosos* (1878) e *Mosaico poético* ([s.d.]).

Folha redigida e dirigida por senhoras, *A Abelha* que hoje aparece não vem adstrita a programa preestabelecido, mas tratará de todos os assuntos de utilidade pública, e especialmente dos que dizem respeito a mulher.

Não queremos dizer com isto que quebraremos lanças em prol da emancipação política da mulher, bonita utopia que o bom senso e a razão tem esconjurado para sempre!

Pugnaremos, sim, pela liberdade da mulher, uma liberdade relativa, a livre posse de sua personalidade, mas uma personalidade ilustrada e enobrecida pelo estudo e pelo trabalho. [...]

As colunas de *A Abelha* estarão francas àquelas dentre as nossas patrícias que quiserem ampliar o círculo de sua atividade, afirmando as brilhantes qualidades com que foi dotada a mulher brasileira. [...]

(*A Abelha*, Rio de Janeiro, ano 1, n. 1, p. 1, 1º set. 1901.)

Dentre as diversas seções, como "Horticultura e Jardinagem", "Instrução primária" e "Economia doméstica", constata-se o empenho da folha em defender a escolarização das mulheres, dotá-las de informações úteis e esclarecê-las sobre as novas orientações de ordem higienista. No trecho que se segue, as donas de casa recebem instruções sobre como proteger seus lares de doenças.

Há entre nós um péssimo costume. Reservarmos o melhor aposento da casa para a sala de visitas, e isto para o termos fechado, ornado como uma capela, para o prazer dos estranhos, sacrificando por eles o nosso bem estar e de nossa família. [...]

É bom que nos lembremos que é no quarto de dormir que passamos grande parte de nossa vida.

Seco, limpo, arejado e claro deve ser o quarto de dormir, tendo por única mobília o leito e a indispensável mesa de cabeceira. [...]

A salubridade de uma casa não depende unicamente do ar e da luz. É necessário que seja edificada em terreno seco e ventilado, longe de charco e águas estagnadas, devendo, por esse motivo, haver o maior cuidado na escolha da habitação. [...]

Assina: Martha

(*A Abelha*, Rio de Janeiro, ano 1, n. 1, p. 1-2, 1º set. 1901.)

A literatura foi contemplada através do folhetim *O drama de uma alma*, da escritora portuguesa Guiomar Torresão; da lenda oriental "A rainha de Sabá", assinada por Helena Rubini; e ainda por poemas de Fagundes Varella e Ernestina Varella.

Não podia faltar, também, uma coluna sobre moda. A novidade é que o texto critica a "obrigação" imposta pelos modistas, e chama a atenção das leitoras para o bom senso na escolha dos modelos.

Moda

Eis o tirano de todos os tempos!
Falemos dele. O seu despotismo manifesta-se em todas as camadas sociais, o rico e o pobre, o nobre e o plebeu, o sábio e o ignorante, todos rendem seu preitozinho a esse imperioso senhor. [...]
É muito bom, muito cômodo mesmo termos às nossas disposições modelos, figurinos de vestidos, de penteados, mas é de bom senso procurar aqueles que convêm à nossa idade, à nossa posição social e à nossa fisionomia. [...]
(*A Abelha*, Rio de Janeiro, ano 1, n. 1, p. 3, 1º set. 1901.)

A quarta página era reservada aos anúncios de papelaria, tipografia, colégios, dentistas, perfumarias, livrarias e venda de pianos, entre outros. Ao final, encontra-se o seguinte aviso: "Temos a honra de declarar aos nossos bons e amáveis leitores que o formato com que este jornal se apresenta não será o formato definitivo. Aumentará nos seguintes números".

Como não foram localizadas outras edições, não foi possível verificar se a promessa foi cumprida.

Fonte: *A Abelha*, Rio de Janeiro (RJ), ano 1, n. 1, 1º set. 1901, em formato digital no Acervo da Hemeroteca Digital Brasileira da Biblioteca Nacional. Disponível em: www.memoria.bn.br. Acesso em: 23 jan. 2018.

O Feminista
1902

Em 9 de fevereiro de 1902, as leitoras de Maceió (AL) tiveram acesso a um "Órgão de Propaganda da Emancipação da Mulher", cujo título era *O Feminista*. Com quatro páginas, três colunas e sem seções fixas, a publicação veio comprovar o fortalecimento do movimento feminista naquele início de século, cujas ideias se espalhavam rapidamente pelo país através da imprensa.

No texto de apresentação, a editora, que não se identifica,[9] defende com surpreendente ênfase o direito à educação e ao trabalho remunerado para as mulheres.

Minhas Senhoras,

> É a vós e aos vossos direitos que se dedica *O Feminista*. Nele encontrareis um defensor, um protetor para as vossas ideias altaneiras de EDUCAÇÃO E TRABALHO. [...]
> Trabalhar pelo engrandecimento da Mulher brasileira é uma ideia que todo brasileiro deve abraçar. No nosso meio não faltam inteligentes cabeças.

---

[9] Schuma Schumaher sugere, em *Gogó de Ema* (2004, p. 52), que a responsável pela iniciativa e produção do jornal tenha sido Marie Annette, autora de artigos que revelam um firme pensamento feminista, o que é bem provável.

Mas que pena! Todas, quase entregues ao abandono da indiferença que cresta, que aniquila! [...]

E se assim não fosse, que excelentes artistas teríamos entre as senhoritas de Alagoas!

Maldito preconceito social, que embota os talentos e amordaça as vocações. A Mulher não nasceu somente para amar e sofrer. [...]

É preciso trabalhar, minhas ilustres patrícias, para que a época do Renascimento chegue também para vós! [...]

Não vos faltam aptidões, não vos faltam talentos. Cultivai com esmero o vosso espírito, e então esses rostos nitidamente simpáticos, em vez de resplandecerem somente sob a elegância dos toucados, terão uma dupla coroa, a da Beleza e a do Gênio, que é mais atrativa e valorosa. [...]

A natureza nada negou à Mulher. Portanto, trabalhai, minhas ilustres patrícias pela Educação e pela Inteligência.

TRABALHAI!

(*O Feminista*, Maceió, ano I, n. 1, p. 1, 9 fev. 1902.)

Dentre as colaborações femininas estão poemas e crônicas de Júlia Lopes de Almeida[10] e Rosália Sandoval,[11] além de artigos defendendo a causa feminina. Em "A emancipação da mulher", por exemplo, Alice Bastos lembra nomes de brasileiras e estrangeiras importantes para a divulgação do feminismo, e aproveita para lamentar que o movimento ainda não tenha crescido no país como deveria.

Há já algum tempo que a causa da emancipação feminina tão egregiamente defendida por espíritos de eleição na Europa e nos Estados Unidos ecoou no Brasil como uma nota alvissareira para os nossos destinos sociais. Aqui estão os nomes gloriosos de D. Nísia Floresta Brasileira Augusta, porta-estandarte da nova ideia, Narcisa Amália, Júlia Lopes de Almeida, Presciliana Duarte e tantas outras sacerdotisas das letras para comprovarem a adesão franca e sincera que a ligaram a essa brilhante cruzada.

---

[10] Júlia Lopes de Almeida (1862-1934) foi uma escritora, cronista, teatróloga e abolicionista brasileira. Apesar de ter sido uma das idealizadoras da Academia Brasileira de Letras, não foi aceita como membro por ser mulher. Mais informações em: VIEIRA, Marly Jean de A. P. *Do privado ao público: Júlia Lopes e a educação da mulher.* 156 f. 2003. Dissertação (Mestrado em Literatura) – Programa de Pós-Graduação do Departamento de Teoria e Literaturas, Universidade de Brasília, Brasília, 2003.

[11] Rosália Sandoval (1884-1956), nascida em Maceió (AL), usou o pseudônimo de Rita de Abreu em muitos poemas que publicou nos jornais de sua época.

Mas infelizmente (e dizemos isto com mágoa) a ideia emancipacionista não tomou entre nós as proporções que era de se esperar, e não desceu da atmosfera superior em que pairam os intelectuais para espalhar-se entre o povo, disseminando os seus princípios fecundos, penetrando cérebros e corações num arrojado ardor de propaganda que está a exigir tão momentosa questão. [...] Ela não reclama senão os seus legítimos direitos, as prerrogativas que as suas qualidades de ser física e socialmente completa estão a exigir. [...]
Tudo pela paz e pelo amor, tudo pela regeneração dessa *eterna menor*, deve ser o lema da nossa bandeira de combate que eu quisera que as senhoras alagoanas defendessem com a mesma intrepidez e ardor cívico de Marie Annette.
(*O Feminista*, Maceió, ano I, n. 1, p. 3, 9 fev. 1902.)

Na mesma edição, em "Cartas a lápis", longo texto dirigido a um homem, Marie Annette tece duras críticas à legislação brasileira, que, segundo ela, "torna a mulher incapaz de governar a si mesma, de dispor de seus bens" e a submete à necessidade de "concordância marital" para que possa exercer qualquer cargo público.

Já Edina Mendonça[12] afirma que os principais obstáculos enfrentados pela mulher na busca da emancipação seriam dois: o sistema capitalista e a opressão masculina. Merece ser transcrito um trecho de "Os dois sexos":

Convém lembrar aos adversários da emancipação que o período de força já passou: o que há no mundo, cavado pelo egoísmo capitalista ou pela miséria dos necessitados, é o problema da competência.
Tem por ventura o homem medo da nossa competência? Se não tem, para que perturba a marcha evolutiva da nossa aspiração? Se têm prova que não somos nem fracas, nem servis, nem ineptas; ou que não viemos ao mundo para a exclusiva função venturosa da maternidade.
(*O Feminista*, Maceió, ano I, n. 1, p. 2, 9 fev. 1902.)

As reflexões dessa autora estão sintonizadas com o pensamento mais avançado de seu tempo e revelam o quanto o movimento femi-

---

[12] Não foram encontradas informações sobre Edina Mendonça, Alice Bastos e Marie Annette, apesar das pesquisas realizadas.

nista alcançava adeptas mesmo em cidades menores e afastadas dos grandes centros.

Não foram encontradas informações quanto à continuidade do jornal.

Fontes: *O Feminista*, ano I, n. 1, 9 fev. 1902, em formato impresso, no Acervo da Biblioteca Ana Maria Popovic, da Fundação Carlos Chagas de São Paulo.

O Feminista, ano I, n. 1, 9 fev. 1902, em formato microfilme no Acervo de Periódicos Raros da Biblioteca Nacional.

SCHUMAHER, Schuma. *Gogó de Ema: a participação das mulheres na história do Estado de Alagoas*. Rio de Janeiro: REDEH, 2004.

O Astro

1902

Fruto da parceria entre as irmãs Amélia Alencar e Olga Alencar, *O Astro* – "Bimensário, Noticioso, Literário e Artístico" – surgiu em 1º de março de 1902, na cidade de Baturité (CE). Impresso em 34 por 24 centímetros na Tipografia do Município, a folha contava com a colaboração de diversas jovens que nela publicaram crônicas, poemas, textos religiosos e notas sociais. O exemplar avulso custava 400 réis, e a assinatura semestral, 1$000.

Na terceira edição, de abril de 1902, as editoras divulgaram na primeira página a coluna "O que dizem de nós", contendo as notas de outros jornais sobre seu periódico. *A Gazetinha*, de Fortaleza, por exemplo, havia feito o seguinte registro:

> Escrito em linguagem simplesmente dulçurosa, *O Astro* põe em relevo o talento de duas intrépidas batalhadoras que, muito embora os obstáculos que se antepõem aos obreiros da imprensa, vêm com o facho da inteligência e da razão difundir a luz nas trevas da ignorância. Registrando a visita do novel amiguinho, desejamos-lhe vida longa num caminho juncado de flores para atingir as culminâncias de seu ideal.
> (*O Astro*, Baturité, n. 3, p. 1, abr. 1902.)

Os demais periódicos também tecem elogios à iniciativa das jovens, consideradas por todos como "gentis", "amáveis" e "inteligentes". Além de pensamentos e registros de aniversários, a edição traz, ainda, dois poemas – "Não mereço", de Carlos Rocha, e "O Astro" – sem assinatura; e três textos em prosa – "A preferência de Lair", de Cleópatra d'Nysse; "O cofre das rosas", de Gaúcha; e "Tarde e Noite", de Targino Soares.

Na edição de número 18, de dezembro de 1902, além de um texto sobre festas natalinas que ocupa o espaço do editorial, temos um poema e uns textos pretensamente românticos que nada acrescentam à literatura ou à reflexão das leitoras. Aliás, nenhum texto nas edições examinadas se ocupa de questões relacionadas à condição feminina, limitando-se a reproduzir um vocabulário ultrapassado, cenas idealizadas da natureza, assim como da mulher.

Mas, curiosamente, poucos anos depois Amélia e Olga Alencar fundarão, em 26 de julho de 1904, com Alba Valdez, Maria A. F. Portugal, Aurelinda Simões e Júlia Moura, a Liga Feminista Cearense, considerada a primeira agremiação feminina de fins culturais da cidade

Não foi possível saber até quando o periódico sobreviveu.

Fontes: *O Astro*, Baturité, n. 3, abr. 1902 e *O Astro*, Baturité, n. 18, dez. 1902, em formato impresso, acervo pessoal de Cecília Maria Cunha.

O Astro, Baturité, n. 1, 1º mar. 1902 e *O Astro*, Baturité, n. 5, 30 abr. 1902, em formato digital, no Acervo de Periódicos Raros da Biblioteca Nacional. Disponível em: www.bn.br. Acesso em: 27 jan. 2015.

CUNHA, Cecília Maria. *Além do amor e das flores: primeiras escritoras cearenses*. Fortaleza: Expressão Gráfica e Editora, 2008.

A Borboleta

1902

A *Borboleta* surgiu em 1902, na cidade de Curvelo (MG), com a proposta de ser um "Órgão Literário Dedicado ao Belo Sexo", conforme anunciado em seu subtítulo. Com edições semanais, o jornal editado por Maria Pinheiro Lima e Anna Pinheiro Lima apresentava quatro páginas, duas colunas e era vendido através de assinaturas mensais por $500.

Ao que tudo indica, o primeiro número foi publicado ainda em março, uma vez que alcançou a terceira edição em 12 de abril. Nesta edição, um texto assinado por Madame Sirey incentiva o aprendizado da economia doméstica como pressuposto para a boa organização do lar e da família.

> A economia doméstica oferece cópia de predicados quase todos bem-postos nos méritos das Senhoras: – ordem, previdência, limpeza, amor ao trabalho, saber experimentar de tudo que diz respeito à ciência de governar. Esta última excelência é absolutamente necessária às damas.
> Deve a mãe de família saber fazer de tudo que ordena, porque não há aí posição social que a defenda de ser um dia quem faça os seus cozinhados, bruna seu bragai,[13] e varra a sua casa.

---

[13] "Bruna seu bragai": lustre ou aprimore sua vestimenta.

A natureza fê-la ama, mestra e enfermeira de seus filhos. Desdenhar tais esmiúças e deveres que sobredouram o valimento das senhoras é prova de educação ruim e alma de baixa conta. (*A Borboleta*, Curvelo, mês I, n. 3, p. 3, 12 abr. 1902.)

Em 3 de maio de 1902, era impressa a edição de número cinco, que traz o texto "Educação do belo sexo", que ressalta a importância da instrução feminina, devendo esta incluir, também, o estudo de literatura, ciências e artes.

> Não é bastante o preparo adquirido nos colégios, aonde aprende-se unicamente pequenas noções, ou princípios necessários para empreendimento de mais vastos estudos, os quais somente poderão ser desenvolvidos nos gabinetes de leitura.
> Entendemos que a leitura de livros escritos por autores de nomeada é um elemento poderoso para complemento da educação de uma moça.
> Quando o romance não tem por assuntos banalidades amorosas, mas sim tendo por base fatos históricos, conhecimentos de diversos ramos da ciência, as artes e a Religião, a sua leitura incontestavelmente não somente deleita, como fortifica e enriquece o espírito, não ficando também em olvido a música que vem suavizar, às vezes, ávidos raciocínios que o livro a isto força. [...]
> Felizmente em nossa pátria vão sendo desterradas as doutrinas de nossos antepassados que privavam inteiramente da educação literária as suas filhas de modo a arrastá-las somente aos labores culinários e domésticos.
> Felizmente nos dias que correm as nossas patrícias já vão se dedicando ao jornalismo laborando artigos literários bem apreciáveis e derramando desta arte docemente com suas palavras de candura a instrução por todas as classes sociais.
> Oxalá que este gosto e esta tendência não esfriem em sua marcha progressiva o talento e a moralidade que lhes faltam.
> (*A Borboleta*, Curvelo, mês II, n. 3, p. 3, 3 maio 1902.)

A quarta página foi reservada à literatura. Sob o título "Escrínio poético", encontram-se três poemas: um de Júlia Maria da Costa, um do Dr. J. J., Teixeira e outro de J. P. Soares. Concordo com Zahidé Lupinacci Muzart (2003, p. 226) quando ela afirma que, ao lado da luta por direitos, a imprensa foi de fundamental importância para a divulgação da produção literária de autoria feminina. O poema "Fantasia", de Júlia Maria da Costa, é um exemplo disso.

> A bela e pálida imagem
> Que te sorri fulgurante,
> É a miragem querida
> De teu sonhar delirante.
>
> É vago aroma que foge
> Como do órgão a voz,
> Ou como o vento noturno,
> Entre folguedos – a sós.
>
> É onda, é vento, é perfume,
> É luz, é sombra, é palor;
> É o respiro indolente
> Da meiga cândida flor.
> [...]
>
> Não a maldigas na terra,
> Não a procures no céu;
> Deixa-a fugir entre prantos,
> Envolta sempre num véu.
> [...]
>
> Acorda, chama por ela,
> Verás que é tudo mentira;
> Que é tua a sombra que fica
> E que tua alma delira.
> (*A Borboleta*, Curvelo, mês II, n. 5, p. 4, 3 maio 1902.)

Não foram encontrados exemplares após maio de 1902.

Fontes: *A Borboleta*, Curvelo, mês I, n. 3, 12 abr. 1902; e *A Borboleta*, Curvelo, mês II, n. 5, 3 maio 1902, em formato microfilme no Acervo de Obras Raras da Biblioteca Nacional.

MUZART, Zahidé Lupinacci. Uma espiada na imprensa de mulheres no século XIX. *Revista Estudos Feministas*, Florianópolis, v. 11, n. 1, p. 225-233, jan.-jun. 2003.

O Lyrio
1902-1904

1.º Anno   Recife, 5 de Novembro de 1902   Numero 1

Revista Mensal

Redactora-chefe—Ex.ma S.ª D. Amelia Freitas Bevilacqua.
Redactora-secretaria—Ex.ma Sr.ª D. Candida Duarte Barros
Redactoras—Ex.mas Sr.as Dr.ª Maria Augusta Freire, D. Edwiges Sá Pereira, D. Belmira Villarim, D. Adalgisa Duarte Ribeiro e D. Luiza Ramalho.

Duas palavras

Calma e reflectidamente, depois de considerar diversas circumstancias, deliberamos fundar esta revista, que se apresenta replecta de verdadeiros mimos litterarios, para servir de mensageira do talento de nossas patricias annunciando que a mulher pernambucana tambem ama o Bello e sabe elevar-se nas multiplas variações d'esta arte divina.

O nosso intuito, o que felizmente conseguimos, fôra derruir os terriveis castellos onde se abrigavão a modestia de nossas patricias, e apresentar ao publico mimosos rebentos de cerebros femininos, que teem a melodia divina de uma harpa Eolea.

O Lyrio surge, porém surge inebriado de olores magicos, bafejado por uma atmósphera de estridentes applausos, applausos que partem do amago do coração d'aquelles que desejão ver desfraldado o estandarte da democracia feminina.

Amanhã, se elle n'uma apotheose de benção penetrar no Capitolio scientifico da humanidade, conduzido triumphalmente pelos admiradores dos grandes feitos, entre lagrimas sorridentes diremos apenas, fazendo parte d'esse cortejo mirifico—a mulher pernambucana assim fazia jús pelo seu talento.

Alcebiades Lima.
Cintra Luiz.

O LYRIO

Pernambucanas distinctas, tomamos a liberdade de apresentar-vos o LYRIO, um botão ainda, que mal começa a viver, tão fragil e pequenino para supportar os ardores deste sol de verão, quente e abrasador, que irradiando, com a sua fulgurante e immensa labareda reseca os prados, mata as florinhas delicadas, entris-

Em 5 de novembro de 1902, Amélia de Freitas Beviláqua[14] trouxe a público pela primeira vez na capital pernambucana *O Lyrio*, uma revista mensal com dez páginas em papel acetinado, bem diagramada e ilustrada, inclusive, com retratos de escritoras. Na capa, sempre estava o sumário e um poema. A redação situava-se na Rua do Lima, n. 54, e a venda era feita através de assinaturas: 2$000 por trimestre e 4$000 por semestre.

O primeiro número foi confeccionado na Imprensa Industrial, à Rua Visconde de Itaparica (hoje, do Apolo), n. 49/51, e os demais na Tipografia A Província, situada à Rua do Imperador, n. 19. Os clichês eram confeccionados em Portugal e na Itália. Em poucos meses, a revista ampliou sua distribuição, graças ao empenho das colaboradoras residentes no Rio de Janeiro, em São Paulo e em Salvador, e também no exterior, como em Montevidéu, Buenos Aires e Paris.

Embora o primeiro editorial afirmasse que o periódico não possuía "pretensões literárias", a revista foi um importante veículo de expressão e divulgação da produção literária de escritoras nordestinas e também de outras regiões. Dentre tantas, destacam-se Rosália Sandoval,[15] Ignez Sabino,[16] Francisca Clotilde,[17] Ana Nogueira,[18] Alba Valdez,[19] Úrsula

---

[14] Amélia Carolina de Freitas Beviláqua (1860-1946), piauiense, foi bacharela em Direito, escritora, jornalista e pioneira na luta pelos direitos das mulheres no Brasil. Casada com Clóvis Beviláqua, jurista e membro da Academia Brasileira de Letras, foi a primeira mulher a se candidatar à Academia, com o apoio do marido, que, após o impedimento da candidatura da esposa, deixou de frequentar a instituição. É atribuída a ele a seguinte frase: "Lá fora deixo o meu chapéu e a minha bengala. Onde minha mulher não pode entrar, eu também não entrarei!". Amélia Beviláqua publicou diversos livros de poesia, ficção e ensaios.

[15] Rosália Sandoval (1884-1956), nascida em Maceió (AL), assinou parte de sua obra poética com o pseudônimo Rita de Abreu. Uma de suas últimas publicações foi *Preces à humanidade*, de 1954.

[16] Ignez Sabino (1853-1911), poetisa, contista, romancista, memorialista e biógrafa nascida em Salvador (BA), destacou-se na luta pelos direitos femininos. Além de intensa participação na imprensa, publicou *Mulheres ilustres do Brasil* (1899), contendo notas biográficas de mulheres brasileiras, entre outros.

[17] Francisca Clotilde Barbosa de Lima (1862-1935), cearense, escritora, educadora e jornalista, participou ativamente das campanhas abolicionista e pela emancipação feminina. Publicou, entre outros: *Coleção de contos* (1897) e *A divorciada* (1902).

[18] Ana Nogueira Batista (1870-1967), também cearense, foi casada com o poeta Sabino Batista, um dos fundadores da Padaria Espiritual. Colaborou nos principais periódicos de Fortaleza, como *A Quinzena*, *O Pão* e *A República*. Publicou um único livro de poemas: *Versos*, em 1964.

[19] Alba Valdez (1874-1962), cearense, foi professora, jornalista, contista, cronista, memorialista, biógrafa e romancista. Fundou a Liga Feminista Cearense (1904) e

Garcia,[20] Edwiges de Sá Pereira[21] e Maria Augusta Freire,[22] que aí publicaram poemas, contos, crônicas, traduções, artigos sobre a luta das mulheres, notas sociais e passatempos.

Ainda no primeiro editorial, intitulado "A instrução da mulher", Amélia Beviláqua solicita o apoio não só das jovens pernambucanas para a recém-criada revista, mas também o das senhoras, das mães e dos cavaleiros, nos seguintes termos:

> Pernambucanas distintas, tomamos a liberdade de apresentar-vos *O Lyrio*, um botão ainda, que mal começa a viver, tão frágil e pequenino para suportar os ardores deste sol de verão, quente e abrasador, que irradiando com a sua fulgurante e imensa labareda resseca os prados, mata as florinhas delicadas, entristece a própria mangueira, e cresta a nossa pele.
>
> Recebei-o em vossos braços, mimosa leitora, guardai-o na sombra perfumosa do vosso seio. Amai, acariciai o jovem *Lyrio*, incerto e vacilante, neste caminho de vida tortuosa e difícil! Não o deixeis naufragar à falta de arrimo.
>
> [...] Senhoritas gentis, entre o vosso minúsculo dedal, a vossa tesourinha de costuras, vossas fitas e os vossos estudos, reservai um cantinho para o *Lyrio*. Abrigai-o em vosso seio, ele é inocente e puro como vossas almas diáfanas e amorosas. [...]
>
> Cavalheiros ilustres, não olheis de sobrancelhas carregadas para esta florinha que desponta. [...] Protegei-a, animai-a! Não a desencorajeis, porque ela é o símbolo da fé, a verdade concentrada na alma da mulher brasileira, que é vossa mãe, vossa irmã e vossa esposa.
>
> (*O Lyrio*, Recife, ano I, n. 1, p. 1-2, 5 nov. 1902.)

---

participou de associações de Fortaleza, como Centro Literário, Boêmia Literária e Iracema Literária.

[20] Úrsula Barros de Amorim Garcia (1865-1905) nasceu em Aracati (CE), mas residiu também no Rio Grande do Norte e em Pernambuco. Poetisa, cronista e ensaísta, foi membro da Liga Feminista do Ceará. Parte de sua obra poética encontra-se em *O livro de Bela*, de 1901.

[21] Edwiges de Sá Pereira (1884-1958), pernambucana, foi jornalista, poetisa e ativista feminista, a primeira mulher a integrar a Academia Pernambucana de Letras, em 1920 e representante da Federação Brasileira pelo Progresso Feminino (FBPF) em Pernambuco. Publicou *Eva militante* e A *influência da mulher na educação pacifista do após-guerra*, entre outros.

[22] Maria Augusta Freire (1872-?), escritora pernambucana, formou-se em Direito em 1889 e usou seus conhecimentos jurídicos em defesa dos direitos das mulheres. Como exímia charadista, colaborou em diversos jornais e almanaques literários, brasileiros e portugueses.

São inúmeros os artigos empenhados em esclarecer as mulheres de sua condição subalterna e oprimida, decididos em contribuir para dar fim à cultura patriarcal que tratava as mulheres como "segundo sexo". Tal intento foi assim traduzido por Maria A. Meira de V. Freire, na edição de 5 de novembro de 1902:

> Com a mágoa que dilacera o meu peito, vejo que ainda se acham arraigados entre nós os preconceitos que nos tempos da barbárie escravizavam a Mulher. Há ainda quem pense, no alvorecer do século XX, que a mulher deve ser eterna escrava do Homem, e que não deve ter a pretensão de libertar-se das peias que há tanto tempo a martirizam.
> (*O Lyrio*, Recife, ano I, n. 1, p. 2, 5 nov. 1902.)

No segundo número, de 10 de dezembro de 1902, Amélia Cavalcanti publicou o texto "Espartilho", que revela o quanto a colunista estava bem informada. Segue um trecho de seu artigo:

> Não há moda mais absurda, nem mais prejudicial à saúde das moças do que o espartilho, o qual antigamente foi instrumento de tortura, e certo imperador decretou que usassem como padrão de infâmia as mulheres condenadas a penas corpóreas.
> O espartilho desfigura o corpo das jovens que, no intuito vão de se tornarem mais elegantes, não trepidam em martirizar as carnes para obterem uma cintura de anel. É uma vaidade louca que a muitas tem custado a vida; é um gozo insensato que mais parece um suicídio.
> (*O Lyrio*, Recife, ano I, n. 2, p. 2, 10 dez. 1902.)

O Lyrio reivindica, em praticamente todas as suas edições, o direito à educação integral – da primária à superior – como condição para a mulher se emancipar. No texto "A instrução da mulher", por exemplo, que é de uma atualidade exemplar, Maria A. Meira de V. Freire[23] exige que os dirigentes da Nova República atentem para esta importante questão.

---

[23] A pernambucana Maria Augusta Meira de Vasconcelos Freire (1872-1942), pioneira na luta pelo voto feminino no Brasil, formou-se aos 17 anos na Faculdade de Direito do Recife, ao lado de Delmira Secundina da Costa, Maria Fragoso e Maria Coelho da Silva, mas não exerceu a advocacia. Casada com Mário Freire, intelectual e conhecido charadista, dedicou-se à literatura, ao jornalismo e participou de debates

Depois que a República foi proclamada, todas as instituições do país passaram por transformações radicais. [...]

Há um descuido, um erro que o governo tem praticado e que continua aferrado a ele. Quero me referir à instrução pública, principalmente à instrução da mulher. [...]

Atente bem o poder público para estas verdades; não é admissível economia quando se trata de instrução; precisamos mais de escolas do que de quartéis, de professores que de soldados. [...]

Eduque-se a infância, instrua-se a mulher e medite-se sempre no quanto de sabedoria encerra este pensamento: "Abrir escolas é fechar prisões".

Assinado: Maria A. Meira de V. Freire.

(*O Lyrio*, Recife, ano I, n. 2, p. 1-2, 10 dez. 1902.)

À medida que as edições avançam, *O Lyrio* adquire mais leitoras, não só nas capitais como em pequenas cidades nordestinas e nortistas, que se manifestam através de cartas à redação, sempre com elogios e reiterando o importante papel da revista em suas vidas. Em 11 de dezembro de 1903, por exemplo, Diva Bacelar escreve de Brejo, no Maranhão, e faz a seguinte declaração:

> Quanto me sinto orgulhosa por ver que em nosso país já temos escritoras exímias, como as dignas redatoras do *Lyrio*, a quem peço que trabalhem pela civilização da mulher, que leguem digno berço à geração que vem.
>
> A leitura do *Lyrio* me veio dar maior seiva, mais vida e ânimo para o estudo, pois a pujança de seus artigos e suas belas composições são como hinos cheios de acordes em que domina o puro e que convidam para o trabalho.
>
> (*O Lyrio*, Recife, ano II, n.13-14, p. 5, 11 dez. 1903.)

Segundo Luiz do Nascimento (1969, p. 83-88), a revista de Amélia Beviláqua foi publicada regularmente até junho de 1904, quando circulou seu número 20. Depois de uma curta interrupção, foi lançada em setembro a edição 21, a última de que se tem notícia.

---

pelos direitos das mulheres através dos jornais *Diário de Pernambuco* e *Jornal do Recife*. Sua carta ao ministro Cesário Alvim questionando os fundamentos para o indeferimento do alistamento eleitoral das mulheres repercutiu vivamente entre as feministas e na imprensa.

Fontes: *O Lyrio*, Recife, ano I, n. 1, 5 nov. 1902; e *O Lyrio*, Recife, ano I, n. 2, 10 dez. 1902, em formato microfilme no Acervo de Periódicos Raros da Biblioteca Nacional.

O Lyrio, Recife, coleção com 14 edições de 1902 e 1903, em formato impresso no acervo pessoal de Constância Lima Duarte, doada por Luzilá Gonçalves Ferreira.

MENDES, Algemira de Macêdo. *A imagem da mulher na obra de Amélia Beviláqua*. Rio de Janeiro: Caetés, 2004.

MÍCCOLIS, Leila. *Mulheres da Belle-Époque e suas parcerias textuais Lyrio-Líricas*. Disponível em: http://literaciareteses.blogspot.com.br/2010_07_04_archive.html. Acesso em: 17 out. 2022.

NASCIMENTO, Luiz do. *História da Imprensa de Pernambuco (1901-1915)*. Recife: Imprensa Universitária da Universidade Federal de Pernambuco, 1969. v. VII. Disponível em: http://www.fundaj.gov.br/geral/200anosdaimprensa/historia_da_imprensa_v07.pdf. Acesso em: 26 set. 2012.

Revista Pernambucana
1902-1904

Com redação localizada à Rua Cruz Cabugá, n. 12, a *Revista Pernambucana* surgiu na cidade de Recife (PE), em 15 de novembro de 1902, dedicada principalmente à política e à literatura. Dirigida por Olímpio Fernandes e Getúlio do Amaral, era impressa na Tipografia da Imprensa Industrial, até seu número 7, quinzenalmente, passando depois a ser mensal. Tinha o formato 33 por 22 centímetros, doze páginas e na capa, em papel colorido, trazia a fotografia de uma personalidade. Era vendida através de assinaturas – 10$000 por ano, 5$000 por semestre e 3$000 por trimestre – e publicava anúncios diversos.

A revista possuía um número considerável de colaboradores, dentre eles Teotônio Freire, Clóvis Beviláqua, Carlos Porto Carreiro, Artur Orlando, Augusto de Oliveira, Eliodoro Balbi, Ernesto de Paula Santos, Arthur Bahia, Eugênio de Sá Pereira, Domício Rangel, Caitano de Andrade, Manuel Duarte, Mendes Martins, Júlio Barjona, Bruno Barbosa, José de Matos e Silva e Luiz Tavares Lira. Dentre as colaboradoras, destacava-se Edwiges de Sá Pereira, respeitada poetisa cujos poemas eram sempre elogiados por seus pares.

Para Izabelle Lúcia de Oliveira Barbosa (2012), apesar de o corpo editorial ser majoritariamente masculino, a revista defendia a emancipação e a instrução femininas, ainda que com algumas restrições. Na edição 8 e 9, de 1902, por exemplo, Demóstenes de Olinda divulga a sua opinião a respeito.

> E agora que, em toda parte, se fala na emancipação da mulher, da bela metade do gênero humano, não nos parece fora de propósito lançar um golpe de vista, embora rápido, sobre semelhante assunto, digno sem dúvida de algumas reflexões. Sem dificuldade dá-se a uma mulher o título de rainha do baile, mas nega-se-lhe o direito de pensar, de se instruir, de ser, em suma, rainha do espírito, título a que tem incontestável direito desde que lhe sejam abertas as portas da cultura intelectual. [...]
> Eis por que pensamos que a instrução das nossas patrícias deve ser mais vasta, fato capaz de modificar o aspecto dos nossos salões. Não se conclua do que acabamos de avançar ser o nosso ponto de vista a emancipação da mulher, levado às suas últimas consequências. Não, absolutamente não, o nosso modo de pensar é outro muito diverso, visamos, apenas, o levantamento do nível intelectual da mulher, cujo poder natural recato, com uma cultura mais solicita, nada perderão.
> (*Revista Pernambucana*, Recife, n. 8-9, p. 117, 1902.)

Segundo Luiz do Nascimento (1969), a publicação terminou em julho de 1904. Apesar de não terem sido encontrados exemplares nos acervos e arquivos consultados, dada a sua importância fica aqui o registro.

Fontes: BARBOSA, Izabelle Lúcia de Oliveira. Mulheres e direitos políticos nas revistas recifenses de 1900-1930. In: ENCONTRO REGIONAL DE HISTÓRIA – OFÍCIO DO HISTORIADOR: ENSINO E PESQUISA, 15, Rio de Janeiro. *Anais...* Rio de Janeiro: APUH, 2012. Disponível em: http://www.encontro2012.rj.anpuh.org/resources/anais/15/1338517185_ARQUIVO_ARTIGOANPUH-RIO2.pdf. Acesso em: 17 jul. 2019.

NASCIMENTO, Luiz do. *História da Imprensa de Pernambuco (1901-1915).* v. VII. Recife: Imprensa Universitária da Universidade Federal de Pernambuco, 1969. Disponível em: http://www.fundaj.gov.br/geral/200anosdaimprensa/historia_da_imprensa_v07.pdf. Acesso em: 26 set. 2012.

O Botão do Lyrio
1903

O Botão do Lyrio foi impresso pela primeira vez em Recife (PE) em 21 de fevereiro de 1903. Com redação sediada à Rua do Lima, n. 54, apresentava periodicidade mensal, formato de 13½ por 11 centímetros e quatro páginas em papel *couché* com os textos dispostos em duas colunas. O grupo de redatoras era quase o mesmo da revista *O Lyrio*: Amélia Beviláqua, Maria Augusta Freire, Edwiges de Sá Pereira, Belmira Vilarim, Úrsula Garcia, Francisca Clotilde, Santina Potiguaré, Rita Cintra Costa, Francisca Isidora e Elisa de Almeida Cunha, entre outras.

Embora informasse que seria uma publicação mensal, o segundo (e último número) foi impresso em 5 de novembro de 1903, somente oito meses após sua estreia. Nessa edição, um pequeno texto à guisa de editorial assim se dirigia aos leitores:

> Amados leitores, aqui está o segundo *Botão do Lyrio*! Ele representa o esforço enorme das suas delicadas jardineiras, entre as quais ocupo mui humilde lugar. No meio acanhado em que vivemos, é muito significativo este segundo rebento do nosso amado *Lyrio* que vai fazer um ano que espalha o seu perfume! Um ano de existência em uma revista literária e redigida pela Mulher é muito expressivo! Que ele continue a florir e que nós jardineiras, com todo o carinho, cuidemos dele.
> Away!!

Assinado: Maria Augusta Meira V. Freire.
(*O Botão do Lyrio*, Recife, ano 1, n. 2, p. 1, 5 nov. 1903.)

A palavra da língua inglesa, adjetivo ou advérbio, com que a colunista termina seu texto – "Away" – significa distante ou longínquo. Com certeza expressava um voto de confiança de que a publicação iria longe, ou seja, teria uma longa existência.

Nesta edição, encontra-se ainda uma nota, dirigida aos leitores do outro periódico que elas editavam, para justificar o atraso da publicação:

> Em consequência da demora havida no preparo de diversos clichês encomendados a Lisboa, não foi possível publicar hoje o número 13 do *Lyrio*. Antes de dezembro, porém, daremos impreterivelmente os dois números, de novembro e dezembro, reunidos numa edição especial e ilustrada, para comemorar o aniversário da fundação desta revista.
> (*O Botão do Lyrio*, Recife, ano 1, n. 2, p. 1, 5 nov. 1903.)

Poemas de Santina Potiguare ("O Botão do Lyrio"), Luiza Ramalho ("Talvez"), Rita Cintra ("No ocaso"), e Francisca Clotilde ("O sonho de Colombo"), entre outros, foram publicados nesse número.

Fontes: *O Botão do Lyrio*, Recife, ano 1, n. 2, 5 nov. 1903, em formato impresso no acervo pessoal de Constância Lima Duarte, gentilmente cedido por Luzilá Gonçalves Ferreira.

NASCIMENTO, Luiz do. *História da Imprensa de Pernambuco (1901-1915)*. v. VII. Recife: Imprensa Universitária da Universidade Federal de Pernambuco, 1969. Disponível em: http://www.fundaj.gov.br/geral/200anosdaimprensa/historia_da_imprensa_v07.pdf. Acesso em: 26 set. 2012.

A Esperança

1903-1909

Entre 1903 e 1909, as professoras Dolores Cavalcanti e Izaura Carrilho estiveram à frente de *A Esperança*, jornal manuscrito de quatro páginas, precursor da imprensa feminina de Ceará-Mirim (RN).[24] Ao longo de seis anos, o periódico contou com a colaboração de Maria Carolina de Araújo Maciel, Etelvina e Madalena Antunes, Ida Ribeiro Dantas, Julieta Mariz, entre outras jovens que preferiram preservar sua identidade, usando pseudônimos para assinar seus contos, poemas ou textos em prosa.

No editorial da primeira edição, de 25 de março de 1903, as editoras esclarecem o que as levou a criar o jornal.

---

[24] Com certeza *A Esperança* incentivou o surgimento de outras folhas femininas manuscritas na região. Em Ceará-Mirim, surgiu *O Sonho* (1905-1909), de Adelle de Oliveira. Em Caicó (RN), circularam *A Distração*, de Alzira Monteiro, Quininha Gurgel e Maria Bezerra e *A Infância*, produzida por Tudinha Nobrega, ambas em 1909. Apesar da aparente singeleza dos periódicos, é preciso considerar o quanto representaram para estas jovens em experiência literária, editorial e administrativa.

Impelidas por puros e santos sentimentos nos lembramos de escrever esta folha (que nem título de jornal merece) para ser lida somente pelas pessoas amigas.

Não nos julgamos com capacidade de escrever artigos para serem lidos pelo público, esperamos que a generosidade dos nossos pacientes leitores desculpará todos os erros de redação e ortografia etc. que acharem na humilíssima folha que começamos hoje.

Neste rico e ao mesmo tempo tão pobre Ceará-Mirim, nossa pátria adorada, não existe distração, por este motivo procuramos esta, tão inocente e lucrativa.

Julgamos que nenhum título sentaria tanto como este – *A Esperança*.

Jamais teremos a intenção de ofender a quem quer que seja em nossa ingênua folha que, como já dissemos, é apenas uma distração. [...]

Desejamos, pois, agradar aos que se dignarem ler esta folha pobre de inteligência, mas rica de vontade.

(*A Esperança*, Ceará-Mirim, n. 1, p. 1, 25 mar. 1903.)

A postura humilde e ingênua das jovens editoras, tão perceptível nos primeiros números do periódico, vai se transformar à medida que os anos passam e elas acumulam experiência no trato literário. E fica o registro da necessidade de as jovens se reunirem para fazer algo útil para si mesmas e para a sociedade, a partir mesmo do título do periódico, que projeta a "esperança" de novos tempos para as jovens do interior brasileiro.

Considerando sua importância no contexto da imprensa potiguar, e para melhor conhecer a condição feminina no nordeste brasileiro do início do século XX, *A Esperança* foi objeto de estudo de Otêmia Porpino Gomes (1999, p. 64), que assim definiu a publicação:

> *A Esperança* [...] pode ser visto como um micro jornal, de periodicidade mensal, de caráter idealista e amador, onde o conteúdo sobrepunha-se à forma. Podemos ressaltar as suas funções de divulgador das produções culturais locais e promotor de intercâmbio entre as leitoras. Por não ter um projeto editorial definido, suas matérias versavam sobre uma variedade de temas e estilos, a maioria voltada para as questões religiosas, intimistas ou ligadas às questões da educação. Boa parte dessas matérias eram colaborações recebidas dos leitores. À medida que conquistava mais leitoras e colaboradoras, o jornal fazia modificações

na estrutura editorial, sempre criando novas seções literárias, informativas e de lazer.

A receptividade das leitoras pode ser verificada através das seções "Carta a uma Amiga", "Carta Aberta" e "Colaborações", destinadas às correspondências e às colaborações enviadas pelas leitoras, a exemplo da mensagem assinada por Julieta Alcosta e publicada em 15 de agosto de 1907:

> Tenho já tão grande amor [por] *A Esperança*, que quero vê-la sempre atraente e variada, sadia e alegre.
> Sei que me falta o talento de uma Haydée ou duma Nair, a inspiração de uma Eunice, mas concorrerei sempre na medida de minhas fracas forças intelectuais para a vida e o brilho de tão precioso jornalzinho. [...] Subscrevo-me com prazer vossa colaboradora e criada admiradora.
> (*A Esperança*, Ceará-Mirim, ano V, n. 41, p. 1, 15 ago. 1907.)

A periodicidade mensal desejada pelas redatoras nem sempre foi possível manter. A falta de material, o acúmulo de atividades e as críticas de uma sociedade que não via com bons olhos o fato de mulheres se expressarem contribuíram para que *A Esperança* deixasse de ser impressa regularmente.

Em 7 de fevereiro de 1907, um texto na primeira página traduzia o sentimento de incerteza em relação ao prosseguimento do jornal, enquanto reafirmava o propósito de continuar informando e entretendo as moças de Ceará-Mirim:

> O nosso jornalzinho, obscuro, humilde e fraco, mas por nós tão querido, venceu risonho e sereno o ano que findou e, sereno e risonho entra a percorrer o ano que há pouco surgiu, e oxalá chegue a dezembro sem desfalecimento. [...] Que importam críticas vãs de espíritos que não nos compreendem ou louvores que não desejamos [...], se apenas visamos aqui uma diversão para o nosso espírito?
> (*A Esperança*, Ceará-Mirim, ano IV, n. 35, p. 1, 7 fev. 1907.)

Embora por diversas ocasiões as editoras afirmassem que a folha tinha como pretensão apenas a distração, questões de ordem política, como o aniversário da Proclamação da República (*A Esperança*, Ceará-Mirim, ano VI, n. 55, p. 1, 1909), e sociais, a exemplo da luta pela instrução feminina, também faziam parte do programa do periódico. Em um extenso artigo publicado na edição de 15 de abril de 1909, Nair defende o direito à instrução, em oposição ao pensamento conservador que relegava às mulheres apenas as funções de mãe e esposa e negava sua participação na esfera pública.

A Educação da Mulher

Seguindo o mais banal e falso preconceito que circula nas rodas sociais, a mulher quase nenhuma influência exerce nos destinos da humanidade.

Por quê? Porque a sua missão limita-se unicamente ao desempenho dos deveres domésticos, porque só nesta atmosfera pura e balsamizada deve ela respirar.

Não precisa, outrossim, ilustrar-lhe o espírito, dizem, porque também isto pode desviá-la do fim para que nasceu, ou porque a ilustração da mulher é um elemento meramente supérfluo. [...]

Não, a mulher deve cultivar o espírito como o coração. Inimigos do progresso e da virtude são os que apregoam que ela deve ser ignorante, são os que entendem que só assim ela se dedica pela família. [...]

Propague-se a ideia luminosa da educação intelectual da mulher, rasgue-se o véu da ignorância, não para desviá-la da virtude, mas para que ela seja útil à Pátria, à sociedade e à família.

(*A Esperança*, Ceará-Mirim, ano VII, n. 59, p. 3, 15 abr. 1909.)

Em 25 de março de 1909, *A Esperança* atingiu o número 58 e completou seis anos de existência, marca realmente expressiva para uma publicação manuscrita, de poucos recursos e destinada exclusivamente ao sexo feminino. A data foi merecidamente motivo de comemoração:

Que fulgentíssima data! Guarda para nós, as da *Esperança*, uma infinidade de recordações queridas, como saudoso nos é recordá-las hoje.

Foi a 25 de março de 1903 que escrevemos o primeiro número de *A Esperança*. Ao relembrarmos agora esse dia que já vai longe admiramos a perseverança que tivemos, alimentando uma ideia tão pequenina em si, mas que tão grande seria se o coração humano encontrasse a suspirada fonte onde exaurisse a sede de suas aspirações, isto é, se nos fosse dado realizar o desejo que temos de tornar *A Esperança* um jornalzinho proveitoso, risonho, instrutivo, defensor

e propugnador de todas as causas nobres, belas e santas!
(*A Esperança*, Ceará-Mirim, ano VI, n. 58, p. 1, 25 mar. 1909.)

O último manuscrito conhecido é de 21 de novembro de 1909.

Fontes: Coleção de 50 exemplares do jornal *A Esperança*, Ceará-Mirim (RN), em formato impresso no acervo pessoal de Constância Lima Duarte.

GOMES, Otêmia Porpino. *Imprensa feminina: o jornal* A Esperança *(1903-1909)*. 1999. Dissertação (Mestrado em Educação) – Centro de Ciências Sociais Aplicadas, Universidade Federal do Rio Grande do Norte, Natal, 1999.

Rosal
1903

Com o subtítulo "Dedicado à Mulher Alagoana", *Rosal* surgiu na cidade de Maceió (AL) em 1903, tendo como redatoras Rosália Sandoval (1876-1956), Rita Souza e, como diretor, Themístocles Machado. Tinha quatro páginas e periodicidade bimensal.

O único exemplar localizado – n. 2, de 31 de agosto de 1903 – traz na primeira página a seguinte dedicatória: "À memória querida de Cyridião Durval – o saudoso poeta dos *Accordes*". Na seguinte, divulga uma sucinta biografia do homenageado pelo aniversário de sua morte, ocorrida em 18 de agosto de 1895.

Mas em um artigo intitulado "A nossa emancipação", Rita Souza justifica a proposta do pequeno jornal e declara, dirigindo-se principalmente aos leitores homens:

> Acho deveras curioso e francamente não posso traduzir o riso que assoma aos lábios dos antifeministas – de quase todos os homens em geral quando pronunciamos a frase – *emancipação da mulher*. Não posso traduzir, digo, porque nada vejo de risível no desejo que todas temos, latente ou manifesto, de ver melhoradas as nossas condições.
> (*Rosal*, Maceió, ano I, n. 2, 31 ago. 1903.)

Entre as contradições mais frequentes dos homens, ela aponta o fato de considerarem a mulher uma "eterna criança" e ainda assim lhe darem importantes responsabilidades. E continua em sua argumentação:

Desejamos é que se nos faça justiça. Queremos é a nossa independência. E havemos de consegui-la, esperamos. Ride, não importa. Julgai-nos utopistas ou talvez nada receando da nossa fraqueza, superficialidade e ignorância, causas que muito de propósito achais que não devemos remover, e acreditais que o vosso domínio está para sempre absoluto. Aguardemos o futuro. (*Rosal*, Maceió, ano I, n. 2, 31 ago. 1903.)

A apologia ao feminismo e a preocupação em responder aos que eram contrários à emancipação é comovente. A autora não só exige "que se nos faça justiça" como projeta para o futuro a realização de suas profecias: "Aguardemos o futuro".

A edição traz ainda os poemas "Teu sorriso", de Adélia Casado, e "Quadro", de Rosália Sandoval, e o texto em prosa "Lágrimas de saudade", de Maria Eulália.

Fonte: *Rosal*, Maceió, ano I, n. 2, 31 ago. 1903, em formato impresso no Acervo de Periódicos Raros da Biblioteca Nacional.

Dicionário Ilustrado: Volume 2 – Século XX (1900-1949)

A Vóz Maternal

1903-19010

A Vóz Maternal tem a sua redacção nas officinas typographicas da Associação Feminina Beneficente e Instructiva na Ladeira do Piques n. 21, onde se acha o Asylo e Créche. O preço da assignatura annual é 2$000.

"A VOZ MATERNAL"

Nesta crise penosa que atravessamos, em que todos procuram restringir as suas despesas, apprehensivos pelo dia de amanhan, nos é grato registar a nobresa e altruismo das nossas benemeritas associadas e dignos bemfeitores, os quaes não se tem recusado a estender as suas mãos piedosas para a educação da infancia desvalida, e soccorro das viuvas e orphams amparadas no Asylo e Créche. Muitos têm feito a beneficencia com o sacrificio, não medindo o que fazem, mas derramando o bem numa valia illimitada, porque dão ás vezes do necessario, tirado das suas modestas despesas. Já aos poucos o nosso Estado vae imitando a liberalidade e a protecção que se dispensa á educação do povo na America Septentrional, onde até as meninas se quotisem para protegerem os estabelecimentos pobres que ministram a educação.

Alli, sem ser preciso viver na abundancia, o sexo feminino contribue enormemente para o progresso da instrucção, comprehendendo ser esse o mais santo dever de caridade e patriotismo.

E realmente, a mais bella caridade não é a que tura productiva de que a collectividade tira o mais soberbo resultado, vendo accentuar de anno para anno a sua prosperidade.

Aqui tambem cheia de satisfação registamos o facto de varias alumnas da Eschola Modelo da Luz e 1.° Grupo Eschola do Braz, offerecerem, por intermedio de suas dignas professoras, os lindos trabalhos de suas delicadas mãosinhas á bem da educação das creanças pobres. Como é commovedora esta dadiva das pequeninas educandas ás creancinhas desvalidas que tambem se estão educando! Aquelles que beneficião aos pobres têm a certeza de que o bem cahido das suas mãos, qual balsamo suave, vae enxugar muitas lagrimas, ou instillar nas creanças uma educação que as encaminhe para o bem; ha para o que beneficia um jubilo da consciencia intima que sorri; ha a convicção de que ficam chovendo as bençams dos que foram soccorridos. Assim, pois, graças á constante generosidade das nossas dignas socias e bemfeitores, as Escholas Maternaes, o Asylo e Créche, o Lyceu, as Escholos Nocturnas, e brevemente as Aulas Profissionaes, estão prestando immenso bem ás classes pobres.

Ao concluirmos, felicitamos a todos, desejando-lhes um novo anno prospero e feliz, e ao mesmo tempo endereçamos-lhes a supplica de não abandonarem a sagrada tarefa de concorrerem com os seus esforços e auxilios para o bem dos nossos

A *Vóz Maternal* circulou na cidade de São Paulo (SP) durante os anos de 1903 a 1910, sob a direção da escritora Anália Franco Vasconcelos.[25] O jornal começou com quatro páginas, depois passou para

---

[25] Anália Franco (1853-1919), romancista, teatróloga, jornalista e poetisa, como praticante da Doutrina Espírita criou inúmeros estabelecimentos chamados de "Casa Maternal" para receber crianças necessitadas de abrigo. Entre 1898 e 1901,

71

oito, mas manteve sempre o formato 48 por 66 centímetros. A redação funcionava na Ladeira do Pique, n. 21.

Como "Órgão da Associação Feminina Beneficente e Instrutiva" (AFBI), o periódico se ocupava principalmente da divulgação do trabalho realizado pela AFBI, seu estatuto, projetos educacionais, balancetes da associação, e em defender as crianças e a emancipação das mulheres. Criada por Anália Franco em 1901, e dirigida por ela até sua morte, em 1919, a AFBI foi responsável pela criação de mais de uma centena de instituições no Estado de São Paulo, entre escolas maternais, asilos, creches, liceus e escolas noturnas, tanto para crianças abandonadas e órfãs quanto para mulheres e mães solteiras.[26]

Através dos editoriais e artigos que assinava, pode-se compreender a especificidade da militância de Anália e o conceito moderno de feminismo em que acreditava. Segundo ela, era necessário dar instrução e educação às mulheres mais necessitadas, inclusive amparando-as na maternidade, para que tivessem condições de superar as desigualdades social e econômica em que viviam.

Na edição número 2, de 1º de janeiro de 1904, por exemplo, entre poemas, trechos de romance e notícias da repercussão do periódico e da criação da AFBI, um artigo de Anália Franco, intitulado "A mulher na Inglaterra", elogia o feminismo inglês justamente por sua atuação junto às mulheres pobres. O texto termina afirmando que "O número de *Clubs* de Mulheres, Institutos, Sociedades de todo o gênero é considerável na Inglaterra, e a essa união e perseverança é que deve o feminismo inglês o lugar saliente que ocupa na Europa" (p. 3). Em outros artigos, a redatora defende a necessidade da educação intelectual da mulher, e critica os povos que se consideram adiantados, mas não dão atenção a isso.

Em estudo sobre o periódico, Samantha Correa-Lodi (2009) destaca esta reflexão de Anália Franco sobre a educação como condição para o progresso da sociedade:

> O mais organizado sistema de educação não poderá operar transformações súbitas do mal ou do bem, mas podemos aspirar a um

---

foi responsável pela circulação do periódico *Álbum das Meninas*, revista literária e educativa dedicada às jovens brasileiras.

[26] A diretoria da Associação era assim constituída: presidente – D. Anália Franco; vice-presidente – D. Felicidade Macedo; tesoureiras – D. Antonina de Almeida e D. Ernestina Ferreira; e secretárias – D. Elisa de Abreu e D. Carmelitana Arantes.

progresso sensível, dedicando nossos esforços em prol duma causa justa e humanitária, tal como a educação na infância.

(*A Vóz Maternal*, São Paulo, ano I, n. 6, p. 3, 1º maio 1904.)

Mas o trabalho empreendido por Anália Franco e suas companheiras não foi bem compreendido por todos. Na edição de 1º de dezembro de 1904, a última conhecida, ela expressa no editorial seu desencanto pelas calúnias que a Associação recebia por parte de pessoas que não reconheciam o real objetivo do trabalho.

Há já decorrido um ano de existência de nossa humilde *A Voz Maternal*. Este número é o primeiro da segunda fase que vai encetar da sua existência inglória, é verdade, mas não de todo inútil. *A Voz Maternal* revela apenas um mal formulado sonho, embora, de justiça em favor da educação das classes desprotegidas. [...] De quantas injustiças não tem sido vítima, de espíritos incapazes de abnegação, mas que por isso duvidam dos sacrifícios dos outros? Até aqueles que, pela santa doutrina que dizem professar de paz e amor, [...] não têm poupado doestos à Associação, atribuindo-lhe intuitos que ela não tem, ora filiando a Associação Feminina Beneficente e Instrutiva à seita Protestante, ora ao Espiritismo, e finalmente à Maçonaria [...].

(*A Vóz Maternal*, São Paulo, ano II, n. 11, p. 1, 1904.)

Ainda assim, mesmo enfrentando dificuldades materiais e maledicências, o periódico resistiu até 1910.

Fontes: *A Vóz Maternal*, ano I, n. 2, 1º jan. 1904; ano I, n. 3, 1º fev. 1904; ano I, n. 4, 1º mar. 1904; ano I, n. 5, 1º abr. 1904; ano I, n. 7, 1º jun. 1904; ano I, n. 8, 1º jul. 1904; ano I, n. 9, 1º ago. 1904; ano I, n. 10, 1º set. 1904; ano I, n. 12, 1º nov. 1904; e ano II, n. 1, 1º dez. 1905, em formato digital no acervo da Fundação Carlos Chagas.

CORREA-LODI, Samantha. *Anália Franco e sua ação socio-educacional na transição do Império para a República (1868-1919)*. 180 f. 2009. Dissertação (Mestrado em Educação) – Faculdade de Educação, Universidade Estadual de Campinas, Campinas, 2009.

Imprensa feminina e feminista no Brasil

A Jurity

1904

ESCOLA MODELO COMPLEMENTAR CAETANO DE CAMPOS. — 2º. ANNO.

A JURITY

PUBLICAÇÃO MENSAL

Redactoras chefe: — *Lavinia Meirelles e Romualda C. Dias.*

ANNO I. | S. Paulo, 20 de Setembro de 1904. | NUM. I.

Jurity

Eil-a, queridas collegas, que de seus trinos suaves embalsama os nossos magestosos sertões.

Cançada de repetir os mesmos gorgeios, quer ella tambem tomar parte no progresso de sua querida patria, e vem pedir-vos minhas gentis e illustres estudantes, novas musicas.

Novos gritos e saudações patrioticas para o despontar da aurora; para os campos perfumados, para as horas brilhantes do sol! Novas notas melancolicas e doces para o declinar do dia, hora suave do crepusculo.

Quer novos cantos para convidar suas collegas, as avezinhas, afim de festejar a natureza; novos cantos para sentir suas faltas! quer muitos e muitos cantos para ensinar aos habitantes das florestas tudo o que vós, minhas queridas, apprendeis de vossos dignos professores. Tudo a Jurity quer saber; Historia Patria, Geographia, Gramatica, Geometria, Arithmetica, Francez, Algebra, Gymnastica, Desenho, Lições de civilidade, tudo quer saber.

Foi incumbida pelos habitantes das florestas para vir procurar perto de vós os elementos de civilisação que lá faltam.

Não tenhais receio, queridas collegas, a Jurity nada sabe, mas quer muito aprender, por isso pede-vos muita paciencia e desculpas se não for algumas vezes muito attenciosa ás vossas lições.

Faço os maiores votos para que a nossa gentil «Jurity» seja muito feliz entre nós, que apprenda muito e muito, que approveite bem de vossas lições, afim de que tambem as suas avesinhas do Brasil, sejam as primeiras do mundo.

Viva a Jurity, que pensou tão bem em vir visitarnos! Viva!...

S. Paulo, 20 de Setembro de 1904.

Romualda C. D.

CUMPRIMENTOS

Que palavras havemos de usar para expressar o immenso jubilo que faz palpitar tão docemente o nosso coração, quando a aurora de 12 de Setembro inunda de luz o pallido horizonte, annunciando um dia de galas, de festa e de alegria.

A natureza toda garrida; esbelta e risonha, num amplexo fraternal, saúda o nosso provecto Inspector Sr. Arnaldo Barreto.

Uma data tão cheia de glorias, tão memoravel, não pode passar desapprecebida pela *Jurity*, que reconhecida e jubilosa, aqui deixa exarados os mais sinceros e cordeaes cumprimentos ao muito digno e conspicuo Inspector Sr. Arnaldo Barreto.

Os tres exilados

Banidos cruelmente da Patria que idolatravam, cumpriam sua pena em terras longiquas tres infelizes. Accusados do mesmo crime e condemnados ao mesmo supplicio eram os tres inseparaveis.

Soffreram juntos, amaram-se do mesmo modo, soccorriam-se mutuamente, o quanto permittiam as circumstancias, compartilhavam da mesma sorte.

Certa noite, passado já muito tempo de sua vida amargurada, estavam numa casinha toscamente construida por elles, conversando sobre o viver nostalgico que levavam distante do que lhes era tão caro como a vida — a Patria.

Um silencio sepulchral envolvia a terra, entrecortado pelo ciciar das folhas e pelo zephiro frio que soprava.

Desolados choravam o seu Paiz que estremeciam, a mãe e a familia que idolatravam.

Batem de repente á porta. Era um amigo que não esperavam tornar a vel-o. Este viera enchel-os de satisfação, pois n'outro dia ia conduzil-os á Patria, e restituil-os á familia.

De facto, no dia seguinte, os tres proscriptos deixavam o exilio, lugar de supplicio.

Dias depois entravam na bahia de sua terra natal, depois de atravessar os profundos pegos do oceano o impellidos por ventos galernos em vez dos tormentos do mar revolto.

Amileda

Tomando o nome de uma pequena ave, *A Jurity* foi lançada em 20 de setembro de 1904, na cidade de São Paulo (SP), por iniciativa das alunas do segundo ano da Escola Complementar Caetano de Campos. Dirigida por Romualda C. D. e Lavínia Meirelles, a folha trazia artigos sobre história, literatura, música, educação e moda, ficando a última página destinada a humor, anedotas e pensamentos.

A redação localizava-se à Alameda Barão de Limeira, n. 1, e a impressão era feita na Tipografia Imaculado Coração de Maria. De periodicidade mensal, tinha quatro páginas, três colunas e formato 24 por 33 centímetros. Defensora da instrução feminina, incentivava seu público a cultivar o hábito da leitura, pois considerava os livros "a chave de todas as ciências", além de possibilitar "o engrandecimento do Brasil" (*A Jurity*, n. 1, p. 4, 20 set. 1904).

No artigo de apresentação, Romualda C. D. anuncia com entusiasmo a chegada do periódico.

> Ei-la, queridas colegas, que de seus trinos suaves embalsama os nossos majestosos sertões. [...]
> Tudo a *Jurity* quer saber; História Pátria, Geografia, Gramática, Geometria, Aritmética, Francês, Álgebra, Ginástica, Desenho, Lições de civilidade, tudo quer saber. [...]
> Faço os maiores votos para que a nossa gentil *Jurity* seja muito feliz entre nós, que aprenda muito e muito, que aproveite bem de vossas lições, a fim de que também as nossas avezinhas do Brasil sejam as primeiras do mundo.
> Viva a *Jurity*, que pensou tão bem em vir visitar-nos! Viva!...
> (*A Jurity*, São Paulo, ano I, n. 1, p. 1, 20 set. 1904.)

No primeiro número, foram publicados textos das senhoritas Anileda, Maria B. Pinto, C., Gertrudes da Silva Camargo, Jenny Leme e I. Aguirre. Do escritor Casimiro de Abreu foi publicado um poema com o mesmo nome do jornal – "Jurity". Conforme consta na apresentação, assuntos políticos e históricos também eram de interesse das estudantes, o que se confirmou com a publicação do texto "Sete de Setembro de 1822", saudando a Independência do Brasil.

> Sois livres brasileiros! Raiou o dia em que deveis aparecer à face do mundo com o nome de uma nação! Cairão por terra os grilhões que há tantos anos pesavam nos vossos corações! [...]
> É hoje o dia de teu triunfo, ó Brasil! É também destes heróis que com tanto valor verteram seu sangue pela tua salvação, que o nome entrelaçado com o da Liberdade abençoados passarão de séculos em séculos, de geração em geração!
> (*A Jurity*, São Paulo, ano I, n. 1, p. 2, 20 set. 1904.)

A edição número 2, datada de 12 de outubro de 1904, apresentou novidades: as leitoras foram brindadas com as seções "Pensamentos",

"Coluna humorística" e "Coisas da moda", além de textos traduzidos e em língua francesa. Dentre as colaboradoras, estavam Jovina Bueno de Camargo, Saloia, Joanna dos Santos, Etelvina Branco, Hercília Pina, R. C. D., Florita, Jenny Leme e Solita.

Não foram encontradas informações quanto à continuidade de *A Jurity*.

Fonte: *A Jurity*, São Paulo, ano I, n. 1, 20 set. 1904; e *A Jurity*, São Paulo, ano I, n. 1, 12 out. 1904, em formato digital, no site do Arquivo Público do Estado de São Paulo. Disponível em: http://www.arquivoestado.sp.gov.br/site/. Acesso em: 20 mar. 2013.

Dicionário Ilustrado: Volume 2 – Século XX (1900-1949)

Borboleta

1904-1906

Entre os anos de 1904 e 1906, circulou em Teresina (PI) o jornal *Borboleta*, provavelmente o primeiro de redação exclusivamente feminina no estado.[27]

---

[27] Em 1888, havia circulado em Teresina o periódico *A Borboleta* – "Mimo ao Belo Sexo", dirigido por homens, que não faz referência à condição de vida das mulheres. Ao contrário, a idealização da figura feminina nos poemas e artigos só contribuíram para reiterar sua dependência e fragilidade.

Sua fundadora, Luísa Amélia de Queiroz,[28] tinha como colaboradoras Alayde Burlamaqui, Helena Burlamaqui e Maria Amélia Rubim.

Editado mensalmente, publicava notas sociais, poesias e artigos de interesse da mulher. Durante seu primeiro ano, a folha circulou manuscrita, passando a ser impressa, no segundo ano, nas oficinas do jornal *O Piauí*. O título escolhido é sugestivo, uma vez que as borboletas são símbolo de transformação, felicidade, beleza e também da efemeridade da natureza e renovação.

Segundo Olivia Candeia Lima Rocha (2011, p. 97), estudiosa da história das mulheres no Piauí, "o restrito número de periódicos de redação feminina e a curta duração desses nas primeiras décadas do século XX relacionam-se às dificuldades de publicação na época". No artigo "Escritas desejantes: deslocamentos de fronteiras", a ensaísta afirma que o jornal *Borboleta* representou "a criação de um espaço que passa a permitir que mulheres instruídas, pertencentes a um estrato social privilegiado e a uma elite cultural, pudessem defender o acesso feminino à instrução".

E ilustra transcrevendo o texto "O adorno da mulher", de Alaíde Burlamaqui.

> A mulher, como todos sabem, deve ser instruída, não só porque a instrução lhe dá mais realce como também porque a habilita para todos os misteres da vida, para o bom desempenho dos deveres que lhe são inerentes. Muitos pensam que a mulher deve esmerar-se mais na educação doméstica, eu porém não penso assim, acho que ela não deve conquistar títulos que não estejam ao seu alcance, mas deve estudar e trabalhar muito com o fim de ter certos conhecimentos seguindo assim o exemplo de Maria Amália Vaz de Carvalho, Júlia Lopes de Almeida, Inês Sabino e tantas outras, que têm sabido se impor pela sua vasta ilustração. A instrução é a base da vida, a mulher instruída tem entrada franca em toda parte, e finalmente a instrução é um tesouro que todos devem buscar.
> (*Borboleta*, Teresina, p. 1, 29 dez. 1905.)

---

[28] Luiza Amélia de Queiros Brandão (1838-1898), uma das primeiras poetisas piauienses, publicou poemas em jornais, revistas e, ainda, os livros *Flores ocultas* (1875) e *Georgina* (1894). É patrona na Academia Piauiense de Letras, na Academia Parnaibana de Letras e na Academia de Letras da Região de Sete Cidades.

O periódico cumpriu o importante papel de abrir espaço para as jovens publicarem textos literários, e também refletirem sobre os papéis sociais destinados às mulheres, ampliando seus horizontes.

Fontes: CANDEIA, Olívia. Escritas desejantes: deslocamentos de fronteiras. Disponível em: http://www.wwc2017.eventos.dype.com.br/fg7/artigos/O/Olivia_Candeia_Lima_Rocha_33.pdf. Acesso em: 29 set. 2021.

ROCHA, Olívia Candeia Lima. *Mulheres, escrita e feminismo no Piauí (1875-1950)*. Teresina: Fundação Cultural Monsenhor Chaves, 2011.

Anima e Vita
1905

Em 1905, surgiu em São Paulo (SP) a revista *Anima e Vita*, redigida em italiano, sob a responsabilidade de Ernestina Lesina.[29] Sua proposta era divulgar as reivindicações da mulher operária e conscientizá-la

---

[29] Ernestina Lesina (séc. XX), imigrante italiana socialista, residiu em São Paulo na primeira década do século XX. Oradora brilhante, defendia com vigor a emancipação da mulher e da classe operária.

de seus direitos trabalhistas.[30] Tinha formato 24 por 32 centímetros, oito páginas, duas colunas, vinhetas elaboradas e a ilustração de uma mulher com uma criança junto ao título. A redação situava-se na Rua do Rosário, n. 21, e a publicação era impressa na Tipografia Maré & Monti, na Rua Quintino Bocaiúva, n. 46.

Seu primeiro número veio a público em 1º de janeiro de 1905, e trazia, entre outros artigos, "La guerra e lo Spirito Religioso", "Educazione Morale" e "Veritá, ul nostro romanzo di Zola". Este último, assinado por Giuseppina Motta, divulga o escritor naturalista Émile Zola, que não costumava ser recomendado às jovens daquela época.

Do extenso editorial do primeiro número, intitulado "Il nostro programma", transcrevemos o trecho inicial:

> Il nostro programma non é vasto quanto lo potrebbe essere, dato il numero grande di cose e di scopi buoni cui rivolgiamo um pensiero di conquista.
>
> Il nostro programa é molto breve, anche perché abbiamo sempre avuto la convinzione che quando si fanno molte promesse, dificilmente si possono mantenere.
>
> Lanciamo al pubblico la nostra piccola rivista colla serena speranza ch'ella abbia a diventare molto grande e, come ora, sempre libera palestra alle idee moderne; ma senza alcuna pretesa e senza rumori di gran cassa per raccomandarla. Ella deve raccomandarsi da sé al pubblico, poichê per lui la facciamo ed a lui ci rivolgiamo per l'aiuto ed il consiglio che le deve dar VITA, dopo che noi le abbiamo dato, com molto entusiasmo, l'ANIMA.[31]
>
> (*Anima e Vita*, São Paulo, ano I, n. 1, p. 1, jan. 1905.)

---

[30] Segundo Caroline Gonçalves (2013, p. 80): "Do período de 1879 até 1927 foram registrados cerca de 42 jornais que circularam na língua italiana na cidade de SP, dentre eles anarquistas e socialistas, tais como: *Avanti!, la Battaglia, Germinal, La Barricata*. Já em língua portuguesa, na mesma região da cidade de SP, foram em torno de 70 jornais de 1876 a 1923: *O Amigo do Povo, O Chapeleiro, O Livre Pensador, A Terra Livre, A Plebe* etc.".

[31] Na tradução de Dalva Aguiar Nascimento: "O nosso programa não é tão vasto quanto poderia ser dado o grande número de coisas e bons escopos para os quais direcionamos um propósito de conquista. / O nosso programa é bem conciso, mesmo porque sempre tivemos a convicção de que quando se faz muitas promessas, elas dificilmente podem ser mantidas. / Lançamos ao público a nossa pequena revista com a serena esperança de que ela venha a se tornar muito grande e, como agora, seja um espaço de livre exercício para as ideias modernas, sem ter, todavia, nenhuma pretensão e rufar de tambores para recomendá-la. Esta deve recomendar-se por si mesma ao público, pois é por ele que a realizamos e é a ele que nos dirigimos para a ajuda e o conselho que lhe deve dar VIDA, depois de lhe termos dado, com muito entusiasmo, a ALMA".

Neste trecho, Ernestina Lesina convoca as mulheres à luta pela regulamentação do trabalho feminino e em defesa dos direitos das trabalhadoras e dos trabalhadores. Coerente com o mais avançado pensamento político de seu tempo, ela considerava de vital importância promover a educação da mulher para que pudesse ser dona dos próprios desejos e da própria vida, sabedora da atitude paternalista que vigorava entre os operários com relação às companheiras. E ainda reproduzia artigos publicados na imprensa italiana, alguns de nomes bem conhecidos, como Anna Kulischioff, Ada Negri, Maria Giudice, Clara Zetkin e Gina Lombroso, entre outras.

Segundo Caroline Gonçalves (2013, p. 109), "o *Anima e Vita* utilizou-se do discurso pedagógico para informar, educar e instruir os trabalhadores, destacando a condição feminina e chamando a atenção para as condições de vida da mulher, abarcando temas como o alcoolismo, casamento, amor livre e anticlericalismo".

Além de promover o empoderamento feminino, o anarcofeminismo incentivou a formação de ligas operárias e a luta pela redução das jornadas de trabalho. Em 1906, Lesina criou com outras mulheres a Associação das Costureiras, que, ao longo de sua existência, deflagrou diversas greves, apesar da repressão dos patrões e da polícia. O jornal *Terra Livre*, de 25 de julho de 1906, divulga o manifesto assinado pelas costureiras Maria Lopes, Teresa Cari e Tecla Fabri, companheiras de Lesina, protestando pelo abuso das dezesseis horas de trabalho e das condições degradantes do trabalho noturno impostas pelos patrões.

Anima e Vita circulou semanalmente de 1º de janeiro a 30 de julho de 1905, num total de trinta números, mas apenas cinco estão disponíveis, em formato microfilme, no Arquivo Edgard Leuenroth. São eles: n. 12-13, n. 21, n. 24-25 e n. 30.

Fontes: *Anima e Vita*, São Paulo, ano n.1, n. 1, jan. 1905, em formato impresso na Biblioteca do Instituto Histórico Geográfico de São Paulo.

Anima e Vita, São Paulo, cinco exemplares digitalizados no Arquivo Edgard Leuenroth: n. 12-13, n. 21, n. 24-25, n. 30.

GONÇALVES, Caroline. *Ernestina Lesina e o* Anima e Vita: *trajetórias, escritos e a luta das mulheres operárias (inícios do século XX, São Paulo)*. 184 f. 2013. Dissertação (Mestrado em História) – Pontifícia Universidade Católica do São Paulo, São Paulo, 2013.

MARTINS, Ana Luiza. *Revistas em revista: imprensa e práticas culturais em tempos de República, São Paulo (1890-1922)*. São Paulo: Edusp: FAPESP, 2008.

O Segredo da Belleza
1905

O Segredo da Belleza foi uma publicação mensal da *Gazeta das Famílias*, que circulou em São Paulo (SP) em 1905, dirigida por José de Paula Queiroz Junior, também redator-chefe e proprietário. Impressa na Rua da Liberdade, n. 123, tinha quatro páginas, quatro colunas e no cabeçalho trazia a ilustração de uma mulher rodeada de flores. O nome era o mesmo de um cosmético comercializado pelo diretor, o que justifica a surpreendente tiragem de 25 mil exemplares e o fato de esse produto ser o único anunciado no periódico.

Imprensa feminina e feminista no Brasil

O primeiro editorial, de 1º de setembro, assim informava os objetivos da publicação:

> Duas palavras apenas, e ficará feita, como é de praxe, a sua apresentação.
>
> Folha que se destina às famílias; que almeja a subidíssima honra de circular entre elas, sempre acariciada jovialmente por todos; *O Segredo da Belleza* há de ser para o lar, onde a vida quieta e resfolegada permitirá melhor que no burburinho das ruas, apreciar seus modestos serviços, uma folha aurifulgente de ideal e de utilidade. [...]
>
> *O Segredo da Belleza* envidará os maiores esforços a fim de poder espargir constantemente por todos os santuários da mulher, um ensinamento são, emancipado de preconceitos nocivos que afetam o espírito e adequado a gerar-lhe no sentimento desejos puros e afeições desprendidas, e, na inteligência, concepções elevadas e pensamentos chistosos e nobres.
>
> (*O Segredo da Belleza*, São Paulo, ano I, n. 1, p. 1, 1º set. 1905.)

O periódico aceitava colaboração mediante algumas condições: a autora precisava informar seu local de origem e, caso usasse pseudônimo, identificar-se para o editor.

Em um extenso artigo intitulado "Deficiência da educação da mulher no lar e na escola", Mathilde D. de Delfino chama a atenção das mães para a necessidade de escolherem bem a escola de suas filhas, para que elas sejam realmente preparadas para a futura função materna. Segundo a autora,

> A alma da menina é como uma adormecida, uma força cega [...] que necessita, como é consequente, de luz para que no futuro desperte ao chamado dos seus transcendentes destinos, e dê uma direção segura, acertada, para que sua existência se deslize sem obstáculos [...].
>
> Assim decorrem os anos até que chega à idade em que a menina necessita cultivar o espírito, e para esse fim enviam-na à escola. A mãe, porém, em vez de escolher um estabelecimento modelo de educação, conforma-se com qualquer; basta que o frequentem tais ou quais educandas pertencentes à alta sociedade. [...].
>
> Conviria, pois, a bem da sociedade, que se fundassem estabelecimentos de educação onde se preparasse a mulher para ser mãe, ensinando-lhe, qualquer que seja a sua condição, desde a

84

mais rude tarefa doméstica até o mais elevado conhecimento intelectual, que é um poderoso auxiliar da educação moderna, proporcionando-lhe teoricamente na escola o que tivesse aplicação no lar, sob a direção carinhosa da mãe.

(*O Segredo da Belleza*, São Paulo, ano I, n. 1, p. 1-2, 1° set. 1905.)

O artigo resume a visão conservadora da revista: a menina deve ser preparada desde cedo para ser mãe, e mesmo os conhecimentos adquiridos na escola devem estar voltados para melhor habilitá-la a esse papel. Também fazia parte de *O Segredo da Belleza* a publicação de romances, poemas e contos românticos em que as personagens femininas são sempre puras, delicadas e angelicais, enfim, bem distantes das mulheres reais.

O cosmético que dá nome ao periódico se faz presente logo no primeiro número, ilustrado com a imagem de uma jovem bonita e acompanhado do seguinte texto:

A brancura, a flexibilidade, a transparência e o acetinado da pele deve ser o mais acariciado ideal da moça ou senhora educada e de tratamento. [...]

E é por isso que não vacilamos em aconselhar às moças e senhoras da boa sociedade brasileira que imitem as gentilíssimas parisienses no desvelo e mesmo exagerado capricho que empregam no tratamento de sua mimosa cútis, pois que o bom gosto e o empenho de ser belas não deve ser predicado exclusivo das filhas do país onde irradia a civilização e o progresso para todo o mundo.

(*O Segredo da Belleza*, São Paulo, ano I, n. 1, p. 4, 1° set. 1905.)

Assim, pode-se concluir que o segredo da beleza feminina consistiria, segundo a publicação, não apenas numa educação que preparasse a jovem para a maternidade, mas também no uso de determinado produto que iria torná-la mais bela e em pé de igualdade com as parisienses, o modelo a ser seguido.

Nesta edição colaboraram Fontoura Xavier, Latino Coelho e Silvio de Almeida. Não foram encontradas informações sobre a continuidade da publicação.

Fontes: *O Segredo da Belleza*, São Paulo, ano I, n. 1, 1° set. 1905, em formato impresso no Instituto Histórico Geográfico de São Paulo.

O Segredo da Belleza, São Paulo, ano I, n. 1, 1° set. 1905, em formato digital no site do Arquivo Público do Estado de São Paulo. Disponível em: http://www.arquivoestado.sp.gov.br/. Acesso em: 28 jan. 2013.

O Sonho
1905-1909

Provavelmente incentivada pelo sucesso de *A Esperança*, de suas conterrâneas, em 7 de setembro de 1905 Adelle de Oliveira[32] lança em Ceará-Mirim (RN) outra folha manuscrita apenas com colaboração feminina: *O Sonho*. Mas a ausência de exemplares nos acervos e arquivos pesquisados nos impede de conhecer os editoriais das primeiras edições, bem como o desenvolvimento desta iniciativa.

Segundo Edna Maria Rangel de Sá Gomes (2009, p. 176), estudiosa da trajetória intelectual de Adelle de Oliveira, embora residisse no interior, a redatora mantinha-se informada dos acontecimentos políticos de sua época. Em 2 de fevereiro de 1908, por exemplo, ela publica um artigo com duras críticas à Lei 1.860, que tornava obrigatório o serviço

---

[32] Adelle Sobral de Oliveira (1884-1969) nasceu em Villar, próximo de Ceará-Mirim (RN). Criança, transferiu-se com a família para Belém do Pará, onde estudou as primeiras letras. Ao retornar, foi professora, dona de escola, poetisa e jornalista atuante. Seus poemas foram reunidos em 2002, por Ciro Tavares, seu sobrinho, no volume *Álbum de versos antigos*.

militar para os homens, alegando o fato de as mulheres ficarem abandonadas e sem recursos enquanto os maridos serviam ao Exército:

> [...] a mulher, não sei se devido à sensibilidade que a caracteriza, sente-se involuntariamente levada aonde apresente um grito de agonia, de mágoa ou de desespero. E a Lei do Serviço Militar Obrigatório há de gerar infortúnios. Que será da mulher paupérrima que o esposo se ausenta e somente à custa de supremos esforços podia sustentar os filhinhos e não os trazer nus? [...] Ante as ideias desencontradas que lhe passaram no cérebro, quem sabe se vencerá? Dizem que a mulher é fraca! Mas, no entanto, inventam para ela novas penas a fim de ver seus sentimentos nobres e altivos se amesquinham e se avultam ante a dor cruciante de um filhinho que se entorse na agonia da fome.
> (*O Sonho*, Ceará-Mirim, 2 fev. 1908 *apud* GOMES, 2009, p. 176.)

Na edição 9, de 7 de setembro de 1908 (*apud* GOMES, 2009, p. 174), encontra-se um texto alusivo ao aniversário do periódico que aproxima a Independência do país com o gesto de Adelle de Oliveira ao criar seu jornal.

> No dia 7 de hoje, em que o Brasil, pelo heroísmo de seus filhos, dedicados defensores da liberdade, quebrou nas legendárias margens do Ipiranga a ignóbil peia de ferro que se chamou jugo português, [...] no dia de hoje, surgiu num recanto do Brasil o interessante periódico *O Sonho*, como valiosa homenagem a tão grande data. *O Sonho* comemora hoje mais um aniversário de sua vida, graças aos esforços de inteligentes redatoras, principalmente Adelle de Oliveira, cuja abnegação voltada à causa do simpático periódico comprova a superioridade do seu espírito de eleita e o patriotismo de seu coração cheio de bondade santa.
> Assinado: Leonor

Segundo a pesquisadora, nas três últimas edições foram encontrados textos de autoras de Recife e Belém do Pará. Se se consideram as dificuldades e a efemeridade das publicações dedicadas ao sexo feminino na época, especialmente de periódicos manuscritos, *O Sonho* teve uma longevidade considerável, pois apenas encerrou suas atividades em 1909, cinco anos após sua estreia.

Fonte: GOMES, Edna Maria Rangel de Sá. *Adelle de Oliveira: trajetória de vida e prática pedagógica (1900-1940)*. 209 f. 2009. Tese (Doutorado em Educação) – Programa de Pós-Graduação em Educação, Universidade Federal do Rio Grande do Norte, Natal, 2009.

Altair
1905-1908

A primeira edição de *Altair* de que se tem notícia traz a data 21 de fevereiro de 1906, correspondendo ao ano II do jornal. "Dedicado à produção literária de autoria feminina", tinha o formato 16 por 11 centímetros, quatro páginas, duas colunas e era impresso na Tipografia da

Agência Jornalística Pernambucana, em Recife (PE). As responsáveis pela iniciativa foram as irmãs Floriza (1896-1946) e Doris Theresa Beviláqua (1888-1970), filhas do casal Clóvis e Amélia Beviláqua.

É provável que o título *Altair* tenha sido justificado nas primeiras edições. E ele faz algum sentido se lembramos seu significado: de origem árabe, é "aquele que voa", "a estrela mais brilhante da constelação da Águia", ou "a 12ª estrela mais brilhante no céu noturno". Sua escolha talvez revele o desejo das jovens editoras de verem seu periódico alçar longos voos.

Segundo Luiz do Nascimento, em *História da Imprensa de Pernambuco* (1969, p. 161-162), encontra-se registrado na apresentação da edição de 21 de fevereiro que "Por algum tempo, o modesto *Altair* viveu na doce obscuridade do lar", e que aquele número homenageava o aniversário da diretora. Em 5 de maio de 1906, circulou o número 2, acrescido de um pequeno suplemento com textos literários e versos de Francisca Izidora, Úrsula Garcia e Ana Nogueira Batista, entre outras poetisas pernambucanas.

Mas o pesquisador se engana ao afirmar que *Altair* termina no segundo número, pois foi localizada a edição 8, de 18 de março de 1908, no acervo da Biblioteca Nacional. Tal fato revela, ainda, que o jornal teve sua redação transferida para o Rio de Janeiro, em função da mudança de Floriza e Doris para a capital do país.

Dentre os textos e poemas presentes na edição de março de 1908, transcrevo "Noite de luar", trecho de uma carta de Floriza dirigida a Therezinha, que a autora chama de "mãe":

> Sábado estava o luar de uma beleza deslumbrante. A lua vinha saindo por traz dos montes, muito grande e brilhante. Mais além, uma das montanhas estava iluminada por pequenas luzes muito vivas. As montanhas estavam escuras e isto ainda fazia sobressair mais o disco luminoso da lua. Júpiter estava de um grande brilho. Eu sentia-me extasiada diante de tanta beleza.
>
> Lá na sala de visitas, a Doris tocava piano para Papai e Mamãe ouvirem.
>
> As notas mal chegavam aos meus ouvidos. Eu estava só a contemplar aquela beleza. Senti-me invadida de saudades suas.
>
> Disse comigo: que estarão fazendo agora lá em casa? Quem sabe se Mamãe Therezinha não está agora contemplando a lua e pensando em mim?
>
> (*Altair*, Rio de Janeiro, ano IV, n. 8, 18 mar. 1908.)

Ainda nessa edição, um poema de Úrsula Garcia[33] permite às leitoras conhecer um pouco mais as duas editoras:

> Às duas irmãs
> À Florisa e à Doris Beviláqua
>
> Uma é loura, serena, graciosa.
> Tudo nela é suave, repousado,
> O veludo da face cor de rosa,
> O riso meigo, o gesto delicado.
>
> Outra, morena, esplêndida, airosa,
> Opulento cabelo negro, ondeado.
> Tudo nela reflete a luz radiosa,
> Dum espírito vivaz e aprimorado.
>
> Rosa vermelha, entrefechada ainda
> Rosa branca mimosa... Qual mais linda?
> É problema talvez sem solução.
>
> Uma atrai, mas seduz a outra tanto!
> Qual a que tem mais poderoso encanto?
> De qual será mais forte a sedução?
>
> (*Altair*, Rio de Janeiro, ano IV, n. 8, p. 1, 18 mar. 1908.)

Este número contou ainda com a colaboração de Elisa, Maria do Carmo Vianna, Odete F. de Brito, Layette Lemos, Nanette Sá Pereira, Amélia de Freitas Beviláqua e também de Clóvis Beviláqua e Gervázio Fioravante. A partir desta data, não foram encontradas informações quanto à continuidade do periódico.

Fontes: *Altair*, Recife, ano II, n. 1, 21 fev. 1906; ano II, n. 2, 5 maio 1906; ano IV, n. 8, 18 mar. 1908, em formato digital na Hemeroteca Digital Brasileira da Biblioteca Nacional.

NASCIMENTO, Luiz do. *História da Imprensa de Pernambuco (1901-1915)*. v. VII. Recife: Imprensa Universitária da Universidade Federal de Pernambuco, 1969. Disponível em: http://www.fundaj.gov.br/geral/200anosdaimprensa/historia_da_imprensa_v07.pdf. Acesso em: 26 set. 2015.

---

[33] Úrsula Barros de Amorim Garcia (1865-1905) nasceu em Aracati (CE). Poetisa, cronista e ensaísta, foi membro da Liga Feminina do Ceará, e em 1902, juntamente com Amélia Beviláqua, fundou a revista *Lyrio* (1902-1904). Publicou *Livro de Bela* (1901).

Album Chic

1906

Em janeiro de 1906 surgiu, em Recife (PE), *Album Chic*, revista editada por um estabelecimento – a Maison Chic – que trazia por subtítulo "Escrínio de joias inéditas dos principais escritores pernambucanos". Confeccionada no ateliê gráfico do estabelecimento, tinha 38 páginas, formato de 25 por 16 centímetros, capa e texto em papel *couché* em policromia e exibia diferentes motivos de arte gráfica, realizados pelo diretor da oficina, Félix dos Santos.

A inauguração do estabelecimento de nome francês no centro da cidade, vendendo "Modas, Tecidos e Confecções, Espartilhos de Paris", foi amplamente divulgada através da imprensa local. E, como a Maison, a publicação de *Album Chic* estava em plena consonância com a Recife da *belle époque* e o gosto sofisticado da elite republicana, que logo aderiu aos modelos de sociabilidade importados da Europa.

Em texto dirigido "às freguesas da Maison Chic", o editor esclarece que havia "solicitado aos mais ilustres escritores que dessem, em prosa ou verso, as suas opiniões sobre roupagens e adornos femininos. Todos ou quase todos nos responderam e, de trechos cintilantes, nós formamos o *Album Chic*, o primor dos primores. Virem a página deste exórdio e nos agradeçam a lembrança" (*Album Chic*, jan. 1906, p. 1).

Assim, em meio aos anúncios coloridos de armarinhos e perfumarias, estão os textos de Amélia Beviláqua, Ana Palha, Dulce Amaral e também de Artur Muniz, Carlos Porto Carreiro, Júlio Pires, Almeida Cunha, Mendes Martins, Tomé Gibson, Domício Rangel, Manoel Caetano, Aníbal Freire, Alcântara Carreiro, Mateus de Albuquerque, Dionísio Mala, e Baltazar Pereira, entre outros (Nascimento, 1975, p. 160-161).

A revista, pelo visto, tinha como propósito principalmente estimular a vaidade de suas leitoras, visando torná-las consumidoras da loja que patrocinava a publicação, além da literatura, uma forma de disfarçar esse intento, tornando-a mais atraente e agradável.

Fonte: NASCIMENTO, Luiz do. *História da Imprensa de Pernambuco (1901-1915)*. v. VII. Recife: Imprensa Universitária da Universidade Federal de Pernambuco, 1975.

A Estrella
1906-1921

Com a surpreendente marca de quase duzentas edições, *A Estrella* circulou nas cidades de Baturité e Aracati (CE) entre 28 de outubro de 1906 e setembro de 1921. As responsáveis eram Francisca Clotilde,[34] sua filha Antonieta Clotilde e Carmem Taumaturgo. Motivada pelo "amor às letras e pela instrução do sexo feminino", a revista era editada mensalmente, com uma média de dezesseis páginas impressas inicialmente na Tipografia Jaguaribe, à Rua do Comércio, n. 93.

Ao longo de seus quinze anos de existência, *A Estrella* permitiu que homens e mulheres do interior do Ceará e de outras partes do país, ali divulgassem seus contos, crônicas e poemas, promovendo conhecimento e distração. Dentre as colaboradoras, contava com nomes do calibre de Cora Coralina, Leodegária de Jesus, Cordélia Silva, Julieta

---

[34] Francisca Clotilde Barbosa de Lima (1862-1935), escritora, jornalista, primeira professora da Escola Normal do Ceará, colaborou em jornais do Ceará, como *A Quinzena*, *O Domingo* e *A Evolução*, e participou da campanha abolicionista e pela emancipação feminina. Em 1908, fundou o Externato Santa Clotilde, com suas filhas Antonieta e Ângela Clotilde. Suas obras são: *Coleção de contos* (1897), *Noções de Aritmética* (1889), *A divorciada* (1902) e *Pelo Ceará* (1911).

Marinho, Adalzira Bittencourt,[35] Serafina Pontes, Auta de Sousa, Rosália Sandoval, entre outras.

Conhecida como uma revista feita por mãe e filha, *A Estrella* soube promover uma integração afetiva com seu público ao divulgar sistematicamente fotografias de escritoras e leitores, promover eventos e saudar as novas publicações, entre outras formas de gentileza. E contribuiu, a seu modo, para o debate sobre o novo papel feminino: a mulher devia se preparar para ser uma mãe competente e uma esposa companheira, mas sem deixar de valorizar o intelecto e seus dons artísticos.

Embora represente um capítulo importante da história da imprensa feminina do Ceará, nenhum acervo ou arquivo público de Fortaleza possui a coleção completa da revista. Luciana Andrade de Almeida (2006, p. 106), pesquisadora e autora do livro *A Estrella: Francisca Clotilde e literatura feminina em Revista no Ceará (1906-1921)*, assim descreve a publicação:

> A revista, que publicava folhetins, artigos, sonetos, colunas, traduções de peças teatrais, contos, monólogos e notícias, era espaço de cultivo de relações entre escritores e escritoras, tribuna onde ressoavam ideias, além da divulgação da produção literária daquele extenso grupo. Mulheres e homens de letras de vários estados do Brasil enriqueciam o mensário e faziam dele parte da rede de sororidade formada por diversas publicações em todo o país, que se ocupavam da difusão da escrita, principalmente da feminina, pelas mais variadas regiões, durante o início do século XX.

A revista possuía algumas seções fixas, como: "Gracilidades", com notícias de eleições, noivados e aniversários; "Gentileza e Mensageiros da *Estrella*", dedicada aos agradecimentos; e a seção "Saudades", destinada ao registro de falecimentos de colaboradores e pessoas ilustres. Em meio a essas colunas, eram publicados os textos, alguns de cunho moralizante com o propósito de educar as mulheres dentro dos padrões conservadores.

---

[35] Adalzira Bittencourt (1904-1976), poeta, escritora e militante do Partido Republicano Feminino, foi a primeira deputada estadual eleita em Pernambuco. Em 1946, organizou no Palace Hotel do Rio de Janeiro a I Exposição do Livro Feminino, de enorme repercussão na imprensa. No ano seguinte, repetiu o feito em São Paulo, na Biblioteca Mário de Andrade, reunindo mais de 1000 livros de 560 escritoras. Suas obras são: *Sua Excia: a presidente do Brasil* (1938); *Mulheres e livros* (1948); *Antologia das letras femininas* (1948); *Dicionário biobibliográfico de mulheres ilustres, notáveis e intelectuais do Brasil* (1º vol. 1969; 2º vol. 1970; 3º vol. 1972), entre outros.

Ao completar dez anos, vários artigos da publicação saudaram este feito. Odorico Castello Branco (*apud* ALMEIDA, 2006, p. 101), por exemplo, ressaltou a importância da revista não somente no cenário cearense, mas em todo o Brasil:

> Quantas revistas de letras já tem, não direi o Ceará, mas no Brasil, festejado seu décimo aniversário? Será necessário buscá-la com cuidado, para descobrir-se alguma que possa ter a honra de formar ao lado da pequena *Estrella*.
> Esses dez anos de perseverança valeriam muito só por si, além de que não é tão pequeno o peso trazido assim tão longe: há muito que ver, muito que estudar, muito que admirar nos quase 160 números da adorável revistinha, enfeitados sempre e inda mais esquecidos pela soberba coleção de belíssimos sonetos da distinta poetisa F. Clotilde, que os faz como bem pouca gente saberá fazê-los.

Segundo Luciana Almeida, não foram encontradas referências políticas no periódico, embora Francisca Clotilde tenha tido destacada atuação na luta pela abolição da escravatura e na defesa da instituição do governo republicano. Com relação à revista, a pesquisadora assim justifica o fim do empreendimento jornalístico:

> Em 1921, não houve referências ao iminente fim da circulação de *A Estrella*, ocorrido naquele ano. O número 193, correspondente aos meses de agosto/setembro de 1921, foi o último de que se teve notícia, uma edição comemorativa foi editada, em homenagem às escritoras que por 15 anos mantiveram a publicação. [...] Pelo visto, a escassez de dinheiro e as dificuldades impostas às realizadoras da revista se tornaram impossíveis de serem contornadas novamente, culminando no fechamento repentino e definitivo da publicação (ALMEIDA, 2006, p. 104).

Considero louvável a relevante contribuição que o periódico deu às letras femininas cearenses, tendo em vista sua longevidade e a ampla divulgação que obteve.

Fontes: ALMEIDA, Luciana Andrade de. *A Estrella: Francisca Clotilde e literatura feminina em revista no Ceará (1906-1921)*. Fortaleza: Museu do Ceará; Secretaria da Cultura do Estado do Ceará, 2006.

CUNHA, Cecília Maria. *Além do amor e das flores: primeiras escritoras cearenses*. Fortaleza: Expressão Gráfica e Editora, 2008.

Fon-Fon!
1907-1958

Apresentando como subtítulo, num determinado momento, "Semanário Alegre, Político, Crítico e Esfuziante", e, nos últimos anos, "Revista Semanal Ilustrada" e "A revista feita para o lar", *Fon-Fon!* teve vida longa: criada no Rio de Janeiro (RJ) em 13 de abril de 1907, circulou até agosto de 1958. Fundada por Álvaro Moreyra e Felipe d'Oliveira, teve diversos diretores ao longo dos anos, como Mário Pederneiras, Gonzaga Duque, Lima Campos e Sérgio Silva. Nos primeiros números, ostentava quarenta páginas em média, mas nas últimas décadas chegou a circular com quase cem páginas.

A ênfase dada à ilustração, à fotografia e ao desenho humorístico tornou a revista ímpar em seu tempo, e um modelo para muitas que se seguiram. O time de ilustradores era composto por conhecidos cartunistas e pintores, como J. Carlos, Di Cavalcanti, Raul Pederneiras e Kalixto. A redação e oficina da Empresa Fon-Fon e Selecta S.A. ficava na Rua da Assembleia, n. 62.

Com *Fon-Fon!* ocorreu um fato interessante. A partir mesmo do nome – onomatopeia de uma buzina do automóvel – surgiu com a proposta de ser moderna, retratar a *belle époque*, as novidades de seu tempo e, principalmente, estar voltada para o mundo masculino. O logotipo reproduzia um automóvel com a capota abaixada, dois homens – um motorista e um passageiro – e muita fumaça saindo das rodas sugerindo que o carro estava em alta velocidade.

No primeiro editorial, assinado por Chaffeur, o periódico é assim apresentado:

> Poucas palavras à guisa de apresentação. Uma pequena... corrida, sem grandes dispêndios de gasolina, nem excessos de velocidade. Para um jornal ágil e leve como o *Fon-Fon!*, não pode haver programa determinado (devíamos dizer distância marcada). Queremos fazer rir, alegrar a tua boa alma carinhosa, amado povo brasileiro, com a pilhéria fina e a troça educada, com a glosa inofensiva e gaiata dos velhos hábitos e dos velhos costumes, com o comentário leve às cousas de atualidade.
> (*Fon-Fon!*, Rio de Janeiro, ano 1, n. 1, p. 1, 13 abr. 1907.)

Mas, em alguns anos, o periódico começa a se transformar. No início, lentamente, até ocorrer a aceleração do processo. As referências ao mundo automobilístico desaparecem, assim como o tom brincalhão e jocoso que dominava os textos e anedotas. A literatura vai ocupando espaço, e a figura da leitora se impõe, seja através de anúncios dirigidos a ela – meias finas, sapatarias, magazines, perfumarias, médicos de senhoras, lojas especializadas em joias –, seja pelas personagens dos contos e poemas a elas dedicados.

Na edição de janeiro de 1920, inclusive, aparece a propaganda de um automóvel da marca Chandler, ocupando toda a página, nos seguintes termos: "As senhoras e senhoritas de nossa alta sociedade começam a apreciar o prazer de guiar automóveis e é para nós um legítimo orgulho ser tão frequentemente distinguido, pela facilidade e simplicidade de seu manejo" (*Fon-Fon!*, ano XIV, n. 1, p. 9, jan. 1920).

A partir de 1930, aumenta significativamente o número de capas com imagens femininas, assim como as colaborações de mulheres. E surgem as seções: "Crônica da Moda", que divulga "em primeira mão" figurinos de Paris; "Vida Artística", com biografias de artistas; "Os sábados do *Fon-Fon*", ilustrada com fotografias de mulheres da sociedade carioca; "Sempre o Rio em flagrante", com instantâneos de jovens passeando nas ruas; "A vida doméstica", com dicas de higiene e saúde; "*Fon-fon* feminino", com modelos e moldes de roupas; e ainda "Seção Noivas", "Chapéus da temporada", "Interiores Modernos", com dicas de móveis e decoração; e "Culinária de bom gosto", com sugestões para o cardápio.

Em "Conselhos às mães", na página 12 da edição de 8 de julho de 1939, temos que "A saúde das crianças depende, em grande parte, da saúde de suas respectivas mães. Aos cuidados durante a lactação e, mais tarde, no período do desmame, é necessário antepor os cuidados requeridos pela futura mãe".

Os anúncios se destinam ao mundo doméstico e de interesse específico das mulheres, como batons, pós de arroz, pós para depilação, tônicos para a saúde feminina, tinturas para cabelos brancos, como também propagandas de O Barateiro, Maison Blanche, Armarinho de Roupas Brancas, Perfumaria Lubin, Colletes de Mme Garnier, Farinha Milo e Machinas Elipsi, que "amassa o pão em três minutos apenas", sempre presentes. Da mesma forma, os anúncios da máquina de escrever Oliver, cujo mecanismo era tão simples que "até senhoras e crianças podiam manejar"; da Cerveja Maltina, "ideal para senhoras"; e do creme dental Colgate, que prometia acabar com o mau hálito "que pode ser a causa do não casamento de algumas moças". Através deles, e das muitas fotografias que ilustram todos os números, pode-se acompanhar a transformação que ocorre com a figura feminina, desde o comprimento da saia, estilos de penteados e maquiagem até a atitude diante da câmara fotográfica e o comportamento social.

A revista investe também em notícias sobre a política nacional, cinema e artistas de Hollywood, crítica de arte e crítica literária e, como não podia faltar, em piadas e palavras cruzadas, na seção "Seara alegre".

Dadas suas amplas divulgação e longevidade, o periódico foi objeto de inúmeros trabalhos acadêmicos, que podem ser consultados na internet. Um deles, de Fabiana Francisca Macena (2007, p. 9), contém a seguinte análise:

> Como uma publicação que se auto intitulava moderna, a revista passou a circular, em 1922, com a colaboração de mulheres. Tal característica possibilita-nos compreender, além das representações sobre os comportamentos e práticas femininas elaboradas pelos colaboradores masculinos, as estratégias utilizadas pelas mulheres para obterem espaços na sociedade, a partir da leitura dos textos por elas publicados. Deste modo, é necessário deslocar as análises e privilegiar os caminhos e mediações em que a construção das diferenças entre o masculino e o feminino são produzidas.

Como era previsível, a postura assumida por *Fon-Fon!* diante das mulheres é contraditória. Ao mesmo tempo em que defendia a jovem moderna, *coquette* e os novos comportamentos, questionava e ridicularizava o feminismo, enquanto exaltava o espaço doméstico. Ainda em

1909, temos o seguinte texto, supostamente escrito por uma mulher, desabonando a pretensão feminina de também votar:

> Eu, se fosse eleitora, não daria o meu voto a qualquer candidato. Escolheria-o com muito cuidado. Não faria questão do seu saber nem da sua inteligência, porque, afinal de contas, não sei para que servem tais coisas na Câmara; mas faria questão da sua figura, da sua plástica, do seu *aplomb*. Que querem? É uma predileção estética, que o meu sexo exige.
>
> (*Fon-Fon!*, Rio de Janeiro, ano III, n. 5, p. 18, 30 jan. 1909.)

Após 51 anos de publicação, *Fon-Fon* (já sem a exclamação) ostenta o lema de "A revista feita para o lar". Na edição da segunda quinzena de agosto de 1958, os editores responsáveis – André Sérgio da Silva, Ary Sérgio da Silva, Cyro Vieira Machado, Martins Capistrano e Elias Lopes – divulgam um comunicado ao público informando a suspensão do periódico. A justificativa alegada foram as dificuldades na aquisição de novas máquinas. Mas o falecimento de Sérgio Silva, pai de André e Ary, provavelmente contribuiu para a repentina decisão. O último número traz as notícias de sempre sobre moda, maquiagem, figurinos, riscos de bordados, croché, tricô, artistas de cinema, e também sobre a nova miss Brasil, Adalgiza Colombo, e as festas de gala do presidente Juscelino, entre outras.

Fontes: Coleção de *Fon-Fon*, de 1907 a 1958, em formato digital na Hemeroteca Digital Brasileira da Biblioteca Nacional. Disponível em: http://objdigital.bn.br/acervo_digital/div_periodicos/fonfon/fonfon_anos.htm. Acesso em: 5 out 2019.

MACENA, Fabiana Francisca. *Entre a tradição e a modernidade: representações sobre o feminino na revista* Fon-Fon *(1920-1924)*. 2007. Monografia (Bacharelado em História) – Universidade Federal de Viçosa, Viçosa, 2007.

MACENA, Fabiana Francisca. *Madames*, mademoiselles *e melindrosas: "feminino" e modernidade na revista* Fon-Fon *(1907-1914)*. 130 f. 2010. Dissertação (Mestrado em História) – Programa de Pós-Graduação em História, Universidade de Brasília, Brasília, 2010.

O Copacabana

1907-1912

Em junho de 1912 surgiu, no Rio de Janeiro (RJ), *O Copacabana*, que até o quinto número se apresentou como "Órgão Literário, Comercial e Recreativo Dedicado ao Belo Sexo". Após essa edição, o subtítulo foi reduzido apenas a "Novo Rio". Dirigido por Theóphilo Mattos, tinha quatro páginas e cinco colunas estreitas, mantendo o formato dos jornais do século XIX, até a edição 79, de 25 de dezembro de 1912, a última a que tivemos acesso.

Com periodicidade quinzenal, a redação localizava-se na Praça Malvino Reis. Com tiragem de 10 mil exemplares, o jornal podia ser adquirido através de assinaturas anuais e semestrais: 2$000 e 2$500, respectivamente. Sem ilustrações, suas páginas eram repletas de anúncios de casas de moda, relojoarias e serviços prestados por profissionais liberais, como médicos e advogados.

Assim como seu formato, o pensamento nele expresso em relação aos papéis atribuídos às mulheres também era um tanto conservador. As temáticas dos textos publicados, sempre de autoria masculina, oscilavam entre os padrões de beleza estabelecidos ao sexo feminino e os lugares que as leitoras deveriam ocupar. Além de estabelecer normas e regras a serem seguidas por elas, o jornal ainda reproduzia conteúdos fartamente difundidos em outros impressos, conforme ilustrado a seguir:

> A beleza da mulher consiste em ter:
> Três coisas alvas: a tez, os dentes e as mãos.
> Três negras: os olhos, as sobrancelhas e as pestanas.
> Três longas: o corpo, o cabelo e as pestanas.
> Três largas: o peito, a fronte e as espáduas.
> Três estreitas: a boca, a cintura e o terço inferior da perna.
> Três redondas: o seio, o pescoço e o queixo.
> Três pequenas: o pé, a mão e a orelha.
> Três naturais: a inteligência, a bondade e a virtude.
> Três adquiridas: fortuna, educação e preparo intelectual.
> A minha querida reúne todas estas condições de beleza.
> Assinado: Um Boêmio
> (*O Copacabana*, Rio de Janeiro, ano I, n. 2, p. 1, 15 jun. 1907.)

Em "As mulheres", João Copa, autor do texto, vai além. Ao fazer uma análise dos atributos femininos, o autor aponta para o fato de que a estereotipia de mulheres loiras e morenas é um tanto quanto antiga. Às primeiras, é conferida a pureza e a doçura. Já as segundas são vistas como detentoras de dotes sexuais, com alto poder de sedução:

> Essa observação é tanto mais interessante quanto mais evidente se vai tornando a experiência dos que conseguiram na vida social conhecer caracteres femininos pelos principais predicados físicos da beleza das mulheres. [...]
> A mulher loira em geral é a mulher que atrai, quase misteriosamente, um mortal do hediondo sexo; é como uma auréola de luz dessas carolas doiradas das madrugadas tropicais. É o símbolo da doçura, da fascinação, do mistério!
> A mulher morena é a mulher que arrebata, quase brutalmente, os corações mais fortes e inexpugnáveis!

São as mais ardentes, mais impetuosas e, não obstante, mais refletidas...
Entre estas encontram-se as esposas heroicas, que... governam maridos! [...].
As de estatura pequena, em geral, de cada vez encontram um só adorador; e por isso mesmo se casam mais facilmente.
(*O Copacabana*, Rio de Janeiro, ano I, n. 12, 15 nov. 1907.)

O periódico pretendia, ainda, instruir as leitoras de que modo deveriam se comportar dentro e fora dos lares, o que denota o caráter pedagógico e normativo dessa vertente da imprensa feminina. Em carta enviada ao jornal, um leitor critica o fato de muitas mulheres permanecerem em casa sem qualquer cuidado com a beleza. Tibis, autor do texto, atribui a esse hábito o fato de muitas não conseguirem se casar.

Carta aberta

Meu amigo,
O assunto, que hoje escolhi, para esta carta, parece à primeira vista de pouca importância e, no entanto, no meu entender não deixa de ser útil e necessário. [...] Quase sempre quando somos forçados a batermos em casa das famílias por uma razão qualquer, nota-se, antes de se procurar indagar o motivo que nos levou a essa missão, verdadeiras correrias entre as pessoas da casa devido, tenho certeza, ao pouco caso no trajar doméstico, ficando a visita à espera que a dona da casa ou suas filhas façam rapidamente suas *toilettes* para encobrirem seus desleixos. [...] Ora estão de chinelos sem meias, ora de saia e paletó curto deixando aparecer entre o cós da saia e a cintura do corpinho, a camisa, às vezes, com pintas de sangue pelas mordidelas das pulgas, o que importa dizer que usam de dia as camisas com que dormem, o paletó desabotoado nas costas, e as saias cheias de nós para não terem o trabalho de cozerem os rasgões [...] sem se lembrarem das consequências que podem provir de toda essa incompreensão junto aos seus maridos, sendo também, muitas vezes a causa de não encontrarem casamentos!
Assinado: Tibis
(*O Copacabana*, Rio de Janeiro, ano I, n. 5, p. 1, 1º ago. 1907.)

Contrariando as ideias difundidas nos números anteriores, na edição de 25 de dezembro de 1912 um longo texto de autoria de

Joaquim Pimenta defende o estabelecimento do divórcio no Brasil, o que só viria ocorrer bem mais tarde, em 1977.

> Sou partidário decidido do divórcio. [...] Não sei qual a razão em que se baseia o princípio absurdo da indissolubilidade do casamento, tanto mais que ele deixou de ser entre os povos modernos uma instituição religiosa para tornar-se um instituto jurídico. [...] O divórcio é um instituto que vem preencher entre nós uma lacuna; se não reforma radicalmente os nossos costumes, porque tais reformas não se fazem com leis, corresponde a necessidades de ordem social, que o direito deve proteger. Ele não ateia o fogo da discórdia no seio das famílias, como também não é o casamento indissolúvel que garante estabilidade da vida conjugal. (*O Copacabana*, Rio de Janeiro, ano VI, n. 78, 25 dez. 1912.)

Este foi o último número a que tivemos acesso.

Fonte: Coleção de 54 edições de *O Copacabana*, em formato digital, no acervo da Hemeroteca Digital Brasileira da Biblioteca Nacional. Disponível em: www.bndigital.bn.gov.br.

Cri-Cri

1908

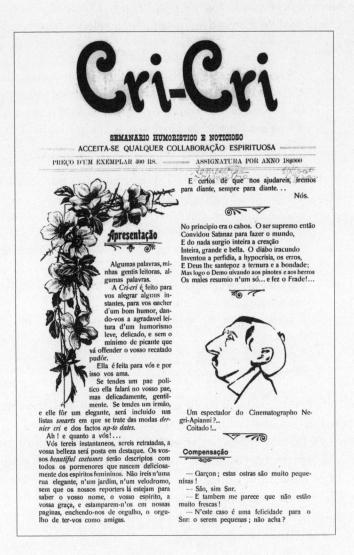

Cri-Cri, "Semanário Humorístico e Noticioso", foi editado pela primeira vez em Recife (PE) em agosto de 1908. Com tiragem de 5 mil exemplares e vinte páginas, a revista apresentava formato 28 por 19 centímetros e capa ilustrada em papel *couché*. Impressa inicialmente na Agência Jornalística Pernambucana, a partir da edição de número 8 passa a ser produzida pela Livraria Contemporânea, de Ramiro M. Costa & Filhos. A assinatura anual era adquirida por 16$000, e a semestral, por 10$000. Os redatores se identificavam através de pseudônimos, como Túllius, Rastignac, Petrônio, Renê, Altamir e Hircio, sendo Til o responsável pela arte (NASCIMENTO, 1975, p. 232-233).

O editorial de estreia dirigiu-se às "gentis leitoras" nos seguintes termos:

> Algumas palavras, minhas gentis leitoras, algumas palavras.
> A *Cri-Cri* é feita para vos alegrar alguns instantes, para vos encher de um bom humor, dando-vos a agradável leitura de um humorismo leve, delicado, e sem o mínimo de picante que vá ofender o vosso recatado pudor.
> Ela é feita para vós e por isso vos ama.
> Se tendes um pai político ela falará no vosso pai, mas delicadamente, gentilmente. Se tendes um irmão e ele for um elegante será incluído nas listas *smarts* em que se trate das modas *dernier cri* e dos fatos *up to dates*.
> Ah! e quanto a vós!... Vós tereis instantâneos, sereis retratadas, a vossa beleza será posta em destaque. Os vossos *beautiful costumes* serão descritos com todos os pormenores que nascem deliciosamente dos espíritos femininos. [...]
> E certos de que nos ajudareis, iremos para diante, sempre para diante.
> Nós.
> (*Cri-Cri*, Recife, ano I, n. 1, p. 1, ago. 1908.)

Ricamente ilustrada, contava com muitas fotografias de moças e senhoras, charges, caricaturas e as colunas "Perfis Femininos", "Nosso Concurso de beleza" e "Revista Teatral". Na seção literária, encontram-se poemas, crônicas e contos de Olímpia Fernandes, Ademar Tavares, Silveira de Carvalho, Silva Lobato, Oliveira Melo e Eurico B., entre outros.

De acordo com Luiz do Nascimento, a publicação de *Cri-Cri* encerrou-se após a edição 18, de dezembro de 1908.

Fontes: *Cri-Cri*, ano I, n. 1, ago. 1908, em formato microfilme no acervo do Arquivo Edgar Leuenroth da Universidade Estadual de Campinas (Unicamp) e em formato digital na Hemeroteca Digital Brasileira da Biblioteca Nacional.

NASCIMENTO, Luiz do. *História da Imprensa de Pernambuco (1901-1915)*. v. VII. Recife: Imprensa Universitária da Universidade Federal de Pernambuco, 1975. Acesso em: 14 mar. 2020.

A Grinalda

1908

Como uma brincadeira entre moças, surgiu em Recife (PE), em 4 de outubro de 1908, a revista quinzenal *A Grinalda*, com o subtítulo "Reportagem das Flores", estando sob a responsabilidade "das Abelhas" e tendo como redator-chefe "o Sol". Com oito páginas em papel *couché* e formato 31 por 15 centímetros, tinha uma concepção visual diferenciada, com pequenos desenhos de flores, pássaros, figuras humanas e arabescos enfeitando as páginas e separando as seções. Era impressa com tinta azul pela Imprensa Industrial, à Rua Visconde de Itaparica (hoje, Rua do Apolo), n. 49/51, e vendida a 200 réis o exemplar.

No editorial de estreia, eis a explicação sobre o propósito da revista:

Pourquoi pas?

Aparece *A Grinalda*. Assumimos, naturalmente, um lugar que nos pertence.

Quem ousará contestar nossa influência direta no cortejo da civilização?

Jovem ou Senhora, fazemos a opinião como fazemos a família e, daí a necessidade de nossa presença em todas as manifestações da vida com a alta responsabilidade do nosso sexo. [...]

E de olhos velados concentramo-nos e agimos sem personalizar. A tanto se nos permita a pretensão.

Tudo no mundo é consequência, e *A Grinalda* é a consequência dos cronistas enfatuados do jardim.

Devíamos aparecer e aqui estamos.

Por que não?

(*A Grinalda*, Recife, ano 1, n. 1, p. 1, 4 out. 1908.)

Dedicada à literatura e à reflexão sobre a condição feminina, trazia versos e textos ficcionais curtos assinados por Violeta, Hera, Saudade, Primavera, Lilás, Bonina, Urze, Trevo, Orquídea, Magnólia e Eglantine. Ainda no número de estreia, uma pequena nota destacada com tarjas pretas informava:

> O Brasil chora a perda de dois dos seus filhos mais queridos, e as letras pátrias cobrem-se de luto com o desaparecimento desses grandes vultos – Machado de Assis e Arthur de Azevedo. *A Grinalda* entristecida desfolha uma coroa de saudades.
>
> (*A Grinalda*, Recife, ano 1, n. 1, p. 1, 4 out. 1908.)

No segundo número, que veio a público em 18 de outubro, é perceptível certo tom de decepção no editorial, que, fazendo uso do campo semântico das flores, lamenta a pouca repercussão obtida pela revista.

> Por ventura a humildade destas plantas lhes atrofia e insensibiliza os nervos? [...] Por que razão não podem, amorosamente unidas, ser bem aceitas pelo público?! Apesar de modestas e sem atrativos não deixarão de formar uma grinalda, e se elas gozam prazenteiramente as prodigalidades da natureza, naturalmente ressentir-se-ão se, em vez de um acolhimento benévolo, sofrerem a decepção cruel do desprezo esmagador. [...]
>
> Graciosas Pernambucanas, é de vós, principalmente, que elas esperam auxílio e proteção.

Acolhei carinhosamente esta *Grinalda* despretensiosa sob o docel de vossos sentimentos, afagando-a, acariciando-a e tê-la-eis sempre viçosa e radiante, quer a coloqueis na vossa banca de estudo ou trabalho, quer na estante de vossos pais.
Será este o penhor de gratidão que desde já vos assegura.
Assinado: Violeta.
(*A Grinalda*, Recife, n. 2, p. 1, 18 out. 1908.)

Na edição seguinte, que Luiz do Nascimento (1969, p. 237-238) afirma ter sido a última, foi publicada a carta de uma leitora elogiando o periódico e se oferecendo para colaborar: "E também à imprensa de Recife se estende esta minha saudação, pois este novo órgão feminino muito lhe engrandecerá, trazendo, por certo, a convicção de que as *demoiselles* desta terra procuram também a ilustração do jornalismo" (*A Grinalda*, n. 3, 1 nov. 1908).

Fontes: *A Grinalda*, Recife, n. 1, 4 out. 1908; n. 2, 18 out. 1908; n. 3, 1 nov. 1908, em formato impresso no acervo pessoal de Constância Lima Duarte, gentilmente doados por Luzilá Gonçalves Ferreira.

NASCIMENTO, Luiz do. *História da Imprensa de Pernambuco (1901-1915)*. v. VII. Recife: Imprensa Universitária da Universidade Federal de Pernambuco, 1969. Disponível em: http://www.fundaj.gov.br/geral/200anosdaimprensa/historia_da_imprensa_v07.pdf. Acesso em: 26 set. 2012.

A Vida Elegante
1909

A *Vida Elegante*, "O Jornal das Senhoras", que teve início em 13 de março de 1909, no Rio de Janeiro (RJ), sob a direção de Valentim Guimarães e do Barão de Gouvinhas, foi mais um periódico empenhado em construir mulheres segundo o ideal masculino. A redação localizava-se à Rua dos Ourives, n. 99, e a assinatura anual custava 20$000; a semestral, 12$000; e o exemplar avulso, $400.

Comparada à maioria das publicações da primeira década do século XX, esta era volumosa, pois possuía 24 páginas, distribuídas nas seções de Literatura, Teatro, Culinária, Folhetim, Anúncios e Crônicas. A capa reproduzia um desenho do Parque de Luxemburgo coberto de neve, com crianças brincando, senhoras caminhando e uma charrete puxada por cavalos.

O editorial do primeiro número deixa explícito que a nova publicação se dirigia às mulheres da elite, que usufruíam de uma vida de luxo, de futilidades e prazeres mundanos.

> A VIDA ELEGANTE! Um jornal que deseja consagrar-se muito especialmente ao belo sexo, ao *smartismo*, à poesia, à musica, às modas. [...]
> Ora, pois que este jornal vem acariciar finamente as propensões da época, o amor ao modernismo, do *chic* e da moda, é comprá-lo, aproveitá-lo, assiná-lo, gozá-lo, devorá-lo porque outro não tereis igual, na medida da predileção do público destes dias *smarts*.
> Ah! Deus! Quando a mulher nova e bonita, armada de todos os seus efeitos, surge à luz como uma visão de luxo, toda aroma, linha, cor, beleza, desejo de agradar, sorriso primaveril das volutas do cabelo à pontinha dos pés, pode-se dizer que aí passa uma rainha, empunhando o cetro da *coqueterie* que faz escravos. (*A Vida Elegante*, Rio de Janeiro, ano 1, n. 1, p. 1, 13 mar. 1909.)

A apropriação da palavra inglesa *smart*, remetendo à "boa apresentação" ou a uma "forma elegante de se vestir" presente nesta e em muitas outras crônicas, tem razão de ser. O processo de modernização pelo qual passaram algumas cidades brasileiras – como Rio de Janeiro, Recife e São Paulo, principalmente – na primeira década do século XX tinha Paris e Londres como modelo. E as elites burguesas estenderam o conceito de civilização relacionado ao urbanismo e à arquitetura para seus hábitos pessoais, comportamento social e, naturalmente, para o modo de vestir, tanto feminino como masculino.

E foram precisamente as revistas que tinham essa elite como público-alvo que se investiram da obrigação de divulgar os "últimos lançamentos" da moda europeia. O cronista da revista *Fon-Fon!*, na edição de 24 de julho de 1909, afirma que a sociedade vivia a "idade de ouro da elegância e do bom gosto", daí tantas mulheres e homens adotando o "rigor *smart*", ou seja, o estilo de vida da burguesia estrangeira, com chapéus extravagantes, luvas, bengalas, vestidos decotados, rendados e longos.

Com o advento da fotografia, a maioria dos periódicos adotou uma seção para exibir instantâneos (ou não) de senhoras e senhoritas em passeios pelos parques ou pela cidade, identificando-as e elogiando a elegância de seus trajes – uma estratégia, provavelmente, para fidelizar as leitoras. Na página 8 da primeira edição, sob o título de "Nossos Instantâneos" e "Vida Mundana", seguem-se várias fotografias de grupos de jovens acompanhadas por suas mães, pais ou amigas. E o seguinte texto abre esta seção:

> A *Vida Elegante*, na sua qualidade de Jornal das Senhoras, para elas feito, a elas destinado, não podia deixar de ter uma seção como esta. O seu título – *Notas mundanas* – diz sobejamente a que vem, o que quer. São notas, pequenas informações, sobre tudo quanto ocorrer na nossa sociedade.
> (*A Vida Elegante*, Rio de Janeiro, ano I, n. 1, p. 8, 13 mar. 1909.)

No número seguinte, uma crônica assinada por Carmen Dolores[36] registra a chegada de *A Vida Elegante* e reitera os propósitos do jornal, nestes termos:

> O aparecimento no sábado da *Vida Elegante* coincidiu com a irradiação do azul celeste, após as chuvas da semana, mas um azul tão lindo, tão puro e tão luminoso, como não me lembro ter visto jamais outro igual. E eu, que sou supersticiosa e creio nos prenúncios superiores, disse alegremente comigo: Bom! Eis o jornal das senhoras despontando num horizonte azul de ouro. [...]. E assim há de ser. E outro número aqui se oferece ao público, nítido, interessante, atraindo com seus textos e suas gravuras; os seguintes virão, igualmente cheios de requintes, glorificando o *chic*, a beleza feminina, o encanto de uns formosos versos ou de um trecho de música; de modo que o triunfo é certo e pode

---

[36] Carmen Dolores (1852-1910), pseudônimo de Emília Moncorvo Bandeira de Mello, foi escritora, conferencista e jornalista das mais conceituadas em seu tempo. Além de romances, como *Almas complexas* e *A luta*, publicou crônicas no jornal *O País*, de 1905 a 1910, que se encontram, em parte, reunidas no livro *Carmem Dolores – Crônicas 1905-1910*, organizado por Eliane Vasconcellos (Rio de Janeiro: Arquivo Público do Estado do Rio de Janeiro, 1998).

se declarar lançada a *Vida Elegante*, que cultiva a fina e louçã flor da elegância.

(*A Vida Elegante*, Rio de Janeiro, ano I, n. 2, p. 1, 25 mar. 1909.)

A imposição da moda francesa era de tal ordem que os figurinos eram copiados diretamente das revistas trazidas da Europa, sem a preocupação de adaptar os tecidos e os vestuários ao clima tropical. E as descrições mesclavam, sem cerimônia, palavras em português e francês, obrigando as leitoras a incorporarem um vocabulário, no mínimo, esdrúxulo, como o que se segue: "robe de visitas em *voile vertmusse*, forrado de *setin liberty souple*, guarnecido com *laise de guipure* e *soutache* com *grelots*" (*A Vida Elegante*, n. 1. p. 8, 13 mar. 1909).

Como outros periódicos, também este dizia possuir uma "correspondente" na capital francesa. Seu nome, nesse caso, era Maria Grandelle, cujas crônicas primam muitas vezes pelo poético.

> Paris – 3-3-1909
> Inverno. Paris sob uma neve impertinente que cai pondo uma mancha branca pelos tetos, pelas árvores e pelos postes, tirita. O sol é morno; toda a paisagem, como a dos quadros vaporosos de Rembrandt e Franz-Hals diluem-se, num vapor que lembra ao mesmo tempo o frio das fotografias [...]. A moda! E qual será a moda da primavera? Pergunta-se. E os figurinos se esgotam, e os teatros se enchem para olhar, para devorar com a vista a *toilette* que uma atriz põe como o sinal de partida para o molde, para o feitio, de uma saia, de um corpete ou de um chapéu futuros.
> (*A Vida Elegante*, Rio de Janeiro, ano I, n. 2, p. 7, 25 mar. 1909.)

As últimas páginas eram ocupadas por anúncios de farmácias, consultórios médicos e dentários e artigos para beleza. Após a edição n. 2, não foram encontradas outras nos acervos pesquisados.

Fontes: *A Vida Elegante*, Rio de Janeiro, ano I, n. 1, 13 mar. 1909, em formato digital na Hemeroteca Digital Brasileira da Biblioteca Nacional.

A Vida Elegante, Rio de Janeiro, ano I, n. 2, 25 mar. 1909, em formato microfilme no acervo do Arquivo Edgar Leuenroth da Universidade Estadual de Campinas (Unicamp).

Imprensa feminina e feminista no Brasil

A Violeta

1909

VIOLETA — Jornal dedicado às Senhorinhas mineiras.

ANNO I — BELLO HORIZONTE, 28 DE MARÇO DE 1909 — NUM. 1

"VIOLETA"

Eis aqui, senhorinhas gentis, uma *Violeta* que concebeu a louca fantasia de abandonar o pequeno e fresco retiro de folhas — claustro encantado de mysteriosas monjas — onde, obscura, nasceu e mora, para vir pelas manhãs de domingo, aos vossos lares dar-vos o «bom dia» de irmã. Esta balsamínea flor que traz nas minusculas petalas a côr roxeada da saudade, flor predilecta das virgens, symbolica da modestia, desabrochou no cadinho de nossas almas, regada pelos orvalhos de nosso affecto e admiração, entre o denso folheiro verde de nossas esperanças.

Dentro da olorosa urna de suas petalas não encontrareis essencias raras, fluidos subtis que vo—transportem ao paiz do Sonho... vae às vossas mãos carinhosas e patricias, tal qual era, tal qual, levando sòmente a olencia lidima de suas petalas, a graça de seu todo pequenino e.. talvez alguma gotta fugidia de orvalho.

Qual de vós, bondosas e meigas que sois, vislumbrando uma flor, não sente desejos de colloca-la no seio ou de engastal-a na trança? Foram as flores creadas para as mulheres, como para a noite as estrellas, como a rima para o verso.

E esta é incomparavel flor do mysterio que se sacrifica, que sae de seu recato natural por amor de vós, esta deve bem mais merecer a esmola de um olhar, de vosso carinho, de vossa predilecção.

E' sómente o que ella espera para se crêr feliz.

Minha Flôr !

Para os que dedicam sacrificios ao travesso Cupido, o sonho, esse desprendimento frequente que, às regiões do bello, transporta as almas criadas para o amor e para amar, é considerado como uma necessidade e uma das partes componentes do nascente amor.

Que de prazer immenso não experimenta aquelle que, em sonhos, une os seus aos tremulos e purpurinos labios daquella que em seu coração tem um altar onde ardem centenas de cyrios e tremulam as brandas dobras do verde estandarte !

Sonhando participei de uma dessas delicias tão ephemeras como o raiar da estrella d'alva, como tudo que para o amante é felicidade !

Pelos arruamentos arenosos de um jardim onde só viçejavam violetas, a modesta florsinha, tão pudica como a donzella que, pela vez primeira, troca olhares que fallam e que incendeam com aquelle que será um dia o habitante de sua cidade de affeições eu vagueiava sosinho.

Cousa singular ! No meio do violetal e aspirando gostosamente o seu perfume tinha ardentes desejos de encontrar uma açucena.

Sem esperança de encontrar a minha açucena, ia já prantea-la, quando me pareceu ver surgir dentre as violetas a flôr almejada.

Pressuroso extendia a d xtra para apanhal-a quando descobri que, do mimoso calice, candila menina, de vestes lyriaes, sahia, confundindo-se com a açucena: Era minha flôr no calice de uma flôr !

O sonho é muita vez, preludio de felicidades.

D'Ariévilo

N'um leque

Senhora ! Talvez eu peque

"Mimoso jornal dedicado às Senhoras mineiras" – assim se apresentava a pequena *Violeta*, inaugurada em 28 de março de 1909 em Belo Horizonte (MG). Dirigido por Osvaldo de Araújo, Gastão Itabirano e Antônio Oliveira, passou por diversas mudanças ao longo de suas onze edições. Inicialmente, era apenas *Violeta*. Mas, a partir do número 10, de 15 de junho de 1909, ganhou o artigo e passou a se intitular *A Violeta*.

Além disso, até o número 9 teve o formato 19 por 11,5 centímetros e duas colunas; nos três números seguintes, foi impressa no formato 26,5 por 17 centímetros, com três colunas. Segundo Joaquim Nabuco Linhares (1995, p. 129-130), "o acréscimo do artigo foi-lhe funesto, pois com o número seguinte, saído a 24, deixou de existir".

Com tiragem de 300 exemplares, *A Violeta* era impressa na Avenida Afonso Pena, 1052, e sua redação localizava-se à Praça 12 de Outubro, n. 492. Suas quatro páginas divulgavam poesias, crônicas e textos religiosos. Como era de praxe, a publicação era vendida através de assinaturas trimestrais: 2$000 para a capital, e 2$500 para as demais cidades.

O editorial da primeira edição, em linguagem rebuscada que começava a ficar anacrônica, solicita às leitoras "a esmola de um olhar, de um carinho", nestes termos:

> Eis aqui, senhorinhas gentis, uma *Violeta* que concebeu a louca fantasia de abandonar o pequeno e fresco retiro de filhas – claustro encantado de misteriosas monjas – onde, obscura, nasceu e mora para vir, pelas manhãs de domingo, aos vossos lares dar-vos o bom dia de irmã. [...]
> Qual de vós, bondosas e meigas que sois, vislumbrando uma flor, não sente desejos de colocá-la no seio ou de engastá-la na trança? Foram as flores criadas para as mulheres, como para a noite as estrelas, como a rima para o verso. [...]
> Alimentai, pois, senhorinha, vossa irmã de pureza e de graça, com o orvalho cristalino e bendito de vosso carinho, com o sol rutilante e meigo dos vossos olhares, e assim há de sempre vicejar, há de viçosa transpor primaveras, invernos, outonos, verões – a Violeta, flor simbólica da modéstia, predileta das virgens, vossa irmã de graça e pureza.
> (*A Violeta*, Belo Horizonte, ano I, n. 1, p. 1 , 28 mar. 1909.)

O jornal promovia concursos de beleza, conforme anunciado na edição número 3, de 11 de abril de 1909, que atraía a participação de jovens para eleger a moça "mais bela da cidade". E, como a "beleza é fundamental", na edição de 18 de abril de 1909 Mário de Lima publica o texto intitulado "Fcia", que veicula sua opinião tão preconceituosa quanto falocêntrica:

> É feia e, para maior desventura, tem consciência da própria fealdade. Ser feia, a maior tortura feminina! Saber que todas a julgam

assim no eufemismo uníssono com que a apelidam: – Boazinha! Ouve sempre o doloroso estribilho: "Como fulana é boazinha/ Que pérola! Um anjo! Magoam-lhe o coração os epítetos... [...]" A mulher não se resigna a ser feia: procura iludir-se, engana-se, usa dos artifícios do discípulo de Apelles [pintor da Grécia, século IV a.C.] que, não podendo fazer as suas estátuas belas, as fazia ricas.

Ah! Quando a certeza se impõe, a desventura chega ao auge no coração feminino. Ser feia! Ter a consciência de que é feia! Doloroso estigma!

(*A Violeta*, Belo Horizonte, ano I, n. 4, p. 1, 18 abr. 1909.)

Esta opinião lembra outra, manifestada poeticamente por Vinicius de Moraes, que pregava a necessidade imperiosa de as mulheres serem dotadas de beleza física – "as muito feias que me perdoem" – para, assim, agradarem aos homens.

A partir da edição de número 10, *A Violeta* passa a aceitar a "franca colaboração feminina", e o editorial, palavroso e adjetivado em excesso, assim se justifica:

De novo bate a vossos lares, senhorinhas gentis, depois de se ter retraído, malgrado nosso, em dois domingos, esta modesta folha *mignon*, a vós somente consagrada.

Sabemos que na mente cismadora de nenhuma de vós passou, de leve sequer, a ideia de que se tinha fanado *A Violeta*, pois não podia fenecer flor regada pelo orvalho benfazejo de vosso carinho, e benfazeja pelas auras de vossa predileção. [...]

A Violeta não feneceu nem murchará sequer, porque tem e terá sempre a dar-lhe viço, o rocio bendito de vosso carinho.

(*A Violeta*, Belo Horizonte, ano I, n. 10, p. 1 , 15 jun. 1909.)

Não é conhecida a data do término do periódico.

Fontes: *A Violeta*, Belo Horizonte, ano I, n. 1, 28 mar. 1909; ano I, n. 4, 18 abr. 1909; n. 10, 15 jun. 1909, em formato impresso no Acervo de Obras Raras da Biblioteca Universitária da Universidade Federal de Minas Gerais (UFMG).

LINHARES, Joaquim Nabuco. *Itinerário da Imprensa de Belo Horizonte: 1895-1954*. Belo Horizonte: Fundação João Pinheiro; Centro de Estudos Históricos e Culturais, 1995.

A Flor

1909

Apresentando-se como "Órgão dedicado ao belo sexo", *A Flor* começou a circular em Penedo (AL) em 11 de agosto de 1909. Com quatro páginas e três colunas, era impresso semanalmente na Tipografia d'*O Vadio*. A responsabilidade pela publicação era de um grupo de moças que não se identificam enquanto redatoras, mas assinam poemas, artigos e principalmente os informes sobre o jornal.

Já no primeiro número, encontram-se notas sobre a nova folha, algumas incentivando as jovens da cidade a enviarem suas colaborações, como a que se segue.

Estímulo

Desabrocha, neste dia risonho do jardim da florida imprensa pátria, *A Flor*, jornalzinho das moças que vem encher de contentamento as nossas gentis patrícias, pois que as suas colunas lhes são francas.

Aceita *A Flor* e publica gratuitamente quaisquer colaborações que as assinantes lhe endereçarem. Aniversários, felicitações, descrições, notícias, artigos e tudo que interessar ao sexo feminino, *A Flor* publicará sem a menor remuneração.

As patrícias que pretenderem honrar e enfestonar o alto de *A Flor* com os seus nomes como Redatoras, está na vontade de cada uma, pois será mais um avanço para o progresso das Letras ter em Penedo um jornalzinho literário e noticioso, cujo corpo de redação é composto de moças. [...]

É franca, pois, a colaboração n'*A Flor*, que espera sempre ter as suas modestas colunas cheias de produções de nossas gentis patrícias. Assinado: Florinda dos Lyrios.

(*A Flor*, Penedo, ano I, n. 1, p. 3, 11 ago. 1909.)

Em praticamente todos os números encontram-se colaborações masculinas, na forma de poemas e textos literários – assinadas Theophanes Brandão, Abud Sá, Affonso Lyra e até Alexandre Herculano –, ao lado de textos assinados por Martha Diniz, Santina, Ernestina Ribeiro e Palmyra Silva, entre outras. Ainda que timidamente, o jornal cumpriu seu propósito de "pugnar pelo adiantamento" das patrícias, ao incentivar sua participação no jornal e conscientizá-las da condição subalterna que ocupavam em um mundo dominado pelos homens.

Na edição de número 4, por exemplo, após fazer elogios à sensibilidade feminina, Martha Diniz comunica que, em Nápoles, na Itália, estava em discussão o direito de as mulheres votarem, e manifesta sua alegria com tal notícia: "Foi lançado o brado de guerra. Não tardará a vitória. Veremos, talvez, em breve, o nosso sexo agir nas eleições, depois entrar nos parlamentos e... quem sabe? queridas patrícias, talvez presidir as repúblicas" (*A Flor*, n. 4, p. 1, 1º set. 1909).[37]

Na edição de número 11, de 20 de outubro de 1909, outro texto de Martha Diniz ocupa o espaço do editorial e reafirma o poder da mulher na sociedade, dando inclusive exemplos de outras sociedades mais antigas. Um pequeno fragmento ilustra seu pensamento:

A mulher representa ao mundo inteiro um lugar salientíssimo e por isso não podemos nos mostrar indiferentes a história de um sexo que, na sábia frase de Ségur, constitui a felicidade de

---

[37] O sonho da jornalista apenas se realizaria praticamente cem anos depois, com a eleição de Dilma Roussef em 2010.

Dicionário Ilustrado: Volume 2 – Século XX (1900-1949)

todas as vaidades, de um sexo adorado da mocidade, estimado da adolescência e que a velhice respeita e preza, porque são os seus encantos que lhe hão de adoçar os seus últimos momentos. [...] A mulher é, pois, o complemento da criação; sem ela o homem não seria perfeito: e, se, com alguma razão, se chama ao homem, um pequeno mundo, a mulher é seguramente o seu – hemisfério. (*A Flor*, Penedo, ano I, n. 11, p. 3, 20 out. 1909.)

Na mesma edição, Palmyra Silva também incentiva a participação feminina no periódico, enquanto dá uma lição de feminismo. Em seu texto, com o título "A Mulher", ela afirma:

Na hora em que me chega às mãos *A Flor*, por mais ocupada que esteja não posso deixar de lê-la, tal é a simpatia que tenho a este pequeno campeão. Sinto-me orgulhosa quando aparece em suas colunas mais uma das minhas caras patrícias, pois, parece que vejo brilhar no horizonte do futuro uma estrela portadora da feliz ideia – A emancipação da mulher.
Eduque-se a mulher.
Instrua-se, que largos horizontes se rasgarão para o seu engrandecimento. A distinta e inteligente Patricia Ritta Vasconcellos se quisesse associar-se à nossa campanha pelas colunas da *A Flor*, nos daria muito prazer. Sigamos unidas que seremos fortes. [...]
De bons exemplos resultam bons frutos.
Avante minhas patrícias!
Assinado: Palmyra Silva.
(*A Flor*, Penedo, ano I, n. 11, p. 4, 20 out. 1909.)

Mas nesta mesma edição encontra-se uma quadrinha completamente deslocada do restante da página, que surge sem sequer um título para anunciar a "piada" que ela pretendia ser. Transcrevo: "Se branco cai na rua/ Foi ataque que deu;/ Se negro cai na rua/ Foi pinga que bebeu" (*A Flor*, ano I, n. 11, p. 3, 20 out. 1909). A naturalização do preconceito racista ocorria, naquela época, em praticamente toda a imprensa de forma explícita, e não tinha nem mesmo necessidade de um título para introduzi-la.

Não foram encontradas outras edições após a de número 11.

Fontes: Coleção de 9 edições de *A Flor*, Penedo, do 1 ao 11, com exceção dos números 2 e 5, em formato digital na Hemeroteca Digital Brasileira da Biblioteca Nacional. As edições são as seguintes: n. 1, 11 ago.; n. 3, 25 ago.; n. 4: 1º set.; n. 6, 15 set.; n. 7, 22 set.; n. 8, 29 set.; n. 9, 6 out.; n. 10, 13 out.; n. 11, 20 out.

O Leque

1909-1910

O Leque, "Órgão Literário, Crítico e Noticioso", foi editado pela primeira vez em 7 de setembro de 1909 na cidade de Vassouras (RJ). De propriedade de Antônio Mattoso e Pedro Costa, o periódico era semanal, saindo sempre às terças-feiras, e aceitava "colaboradores diversos", desde que o artigo estivesse "de acordo com o nosso programa". Augusto Sant'Ana, de Barra do Piraí, e Pedro S. Souza, de Vera Cruz, eram representantes do semanário em seus municípios.

O editorial da segunda edição faz um apelo direto às leitoras:

> Mas o *Leque*, que quer ser leque, não se conforma com o retraimento daqueles que mais lhe deviam pegar e tratar com amor. São as nossas distintas senhoritas.
> Para elas, ele é feito, a elas pede auxílio. Por isso, misturando agradecimentos com apelo, não precisa concluir o artigo, porque nada há mais brejeiro que um artigo não concluído. A conclusão dos artigos é sempre um chavão.
> Estão feitos os agradecimentos, feito o apelo e está dito.
> (*O Leque*, Vassouras, ano I, n. 2, p. 1, 14 set. 1909.)

Na segunda edição, destaca-se o pequeno texto "Miniaturas", contendo uma resenha do livro *Contos ligeiros*, de Raul Peixoto; a coluna "Silhouettes", assinada por Gamma; e os poemas, "Teu leque" e "Postais e pétalas", este último dedicado aos colaboradores do jornal.

No ano seguinte, *O Leque* passa por algumas transformações, como o aumento significativo de seu número de páginas, de 4 para 16; a presença de anunciantes e de ilustrações; e a divulgação no cabeçalho dos nomes dos colaboradores e colaboradoras, entre elas Orminda Carvalho, Carmem Correia de Azevedo e Grizzelda Lazzaro, junto a fotografias suas. Na última página, estão estampados anúncios de casas de roupas e calçados "para homens, senhoras e crianças", e do sabão Astrolino – "o melhor para pele".

A edição de número 40 comemora os dois anos de circulação do periódico, conforme anuncia o editorial:

> Foi a Sete de Setembro de 1909, nesse dia em que os nossos corações de brasileiros palpitavam, como hoje, cheios de amor e entusiasmo, relembrando um dos acontecimentos mais gloriosos da nossa história nesse dia, como o de hoje, em que sentimos na alma, um quê de saudade, parecendo vir a nossa mente recordações de sete de setembro de 1822. [...]
> Foi nesse dia que levamos às mãos das famílias vassourenses o primeiro número de *O Leque*, que nascia todo dedicado ao belo sexo. Uma grande e indivisível satisfação transparecia no angelical semblante das nossas patrícias, que, dedicadas à mesma causa, cultivam as letras pátrias.
> E como não ser assim se viam desabrochar em Vassouras uma nova flor para lhes ornar o espírito!
> (*O Leque*, Vassouras, ano II, n. 40, p. 1-2, 7 set. 1910.)

O papel desempenhado pelo periódico parece ter se limitado a levar distração às jovens, bem como promover a leitura e incentivar a socialização.

Não foram encontradas informações sobre a continuidade do jornal.

Fontes: *O Leque*, Vassouras, ano I, n. 2, 14 set. 1909; ano I, 28 set. 1909; ano II, n. 40, 7 set. 1910, em formato microfilme no Acervo de Periódicos Raros da Biblioteca Nacional.

A Paladina/A Paladina do Lar
1910-1917

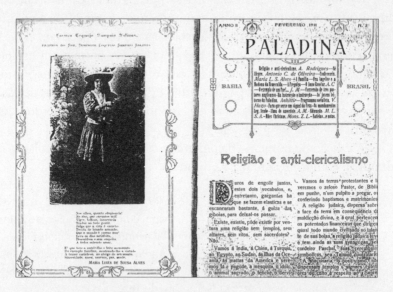

Em janeiro de 1910, a imprensa soteropolitana ganhava mais uma publicação voltada ao público feminino: *A Paladina*, revista mensal da Liga Católica de Senhoras Baianas, fundada no ano anterior. Impressa na Tipografia Beneditina, possuía 32 páginas formato 22 por 16 centímetros e era muito ilustrada com gravuras e desenhos. A capa ostentava a figura de uma mulher com asas, sendo uma dela quebrada, talvez para sugerir as limitações do voo e da liberdade feminina. E o título sugere a imagem de mulher que o periódico queria construir ou defender: a *paladina*, a destemida, a que busca o caminho da verdade, da lei e da ordem, que protege os fracos e luta por causas justas.

A direção esteve inicialmente sob a responsabilidade de Amélia Rodrigues,[38] mas em 1912 Maria Luiza de Souza Alves[39] assume e muda

---

[38] Amélia Augusta do Sacramento Rodrigues (1861-1926), nascida em Santo Amaro (BA), foi professora, escritora, teatróloga e fundadora do Instituto Maternal Maria Auxiliadora, em Salvador, depois transformado em Ação dos Expostos. Colaborou com outros jornais religiosos, como *O Mensageiro da Fé* e *A Voz*, e publicou livros, como *Mestra e mãe* (1898), *A Natividade* (1889) e *Do meu arquivo* (1929).

[39] Maria Luísa de Sousa Alves (1862-1945), nascida em Salvador, foi professora, tradutora de francês, autora de peças de teatro e de poemas.

o nome do periódico para *A Paladina do Lar*,[40] como ficou intitulado até seu último número, em dezembro de 1917. Entre as colaboradoras estavam Maria Elisa Moniz de Aragão, Bitta Spinha de Atayde Cunha, Philomena Lustosa de Souza, e entre os colaboradores, Pethion de Villar (pseudônimo de Egas Moniz de Aragão), Neves Costa e alguns religiosos do Mosteiro de São Bento.

Nas primeiras edições, os textos abordavam assuntos relacionados à história, à religião e também à literatura, desde que "não influenciasse a imaginação das leitoras". O texto de apresentação da primeira edição sugere o entusiasmo de quem abraça um novo desafio:

> Não é muito, portanto, que nós outras trabalhadoras da paz, acostumadas às lidas do lar, da escola e da pena, peçamos um lugarzinho modesto à imprensa de nossa terra – campo atual de combate, para esgrimir a seu lado, embora companheiras fraquíssimas, pelo nosso ideal tão bonito, pela defesa da moral – força diretriz da verdadeira grandeza do povo. Que Deus, nos conduza!... Agora é que vamos fazer as primeiras armas no campo do jornalismo.
> (*A Paladina*, Salvador, ano 1, n. 1, p. 1, jan. 1910.)

Mas a partir de 1912 começam a predominar artigos direcionados para a formação da mulher, segundo a doutrina católica mais conservadora, enfatizando a submissão aos pais, ao marido e a dedicação ao lar. Segundo Aline Paim de Oliveira (2000, p. 73), em *A Paladina do Lar: escrita feminina baiana (1910-1917)*, Amélia Rodrigues considerava "ridículo" o feminismo que defendia a igualdade entre os sexos, mas, para não ficar para trás, passou a denominar o feminismo praticado pela revista como "feminismo cristão", por se opor ao que defendia a emancipação.

Um texto de Monsenhor Luz (*apud* OLIVEIRA, 2000, p. 40-41, grifo do original), transcrito pela pesquisadora, resume o pensamento e a orientação da revista:

> O movimento que irrompe tentava corromper mulheres e crianças, destruindo a santidade da família. E já experimentamos a estratagema nos costumes sociais. O casamento reduzido a

---

[40] No livro *Memória literária feminina da Bahia* (Salvador: Quarteto Editora, 2010), de Vanilda Salignac de Sousa Mazzoni e Alicia Duhá Lose, encontra-se um precioso inventário da revista *A Paladina do Lar*.

contrato de compra e venda, o vínculo matrimonial ameaçado de quebrar-se, o nome de Deus proibido de pronunciar-se nas escolas públicas. Por outro lado, lisonjeando-se a vaidade das mulheres pela propaganda de uma absurda, e por isso mesmo falsa, **emancipação** feminina, tiram-na do seu trono de Rainha da família e querem-na levar para as intrigas do foro, para os escândalos da política, para os difíceis e intricados labores da clínica médica, para aterradoras e perigosas operações... É querer corrigir a obra de Deus, é desnaturar a mulher, corromper seu caráter e desmoronar a obra social.

Dentre as seções mais frequentes, estavam "Religião", com episódios da vida de santos; "História", com fatos relevantes da História do Brasil ou da História Universal; "Moda", que informava sobre as tendências do vestuário francês; e "Formação da mulher", que se assemelha a verdadeiro guia de comportamento para as moças casadas ou solteiras.

A esposa ideal é a mulher que convenceu o marido de que é a melhor mulher que existe, e continua a convencê-lo disso. Um excelente meio é dizer-lhe, repetidas vezes, que não há no mundo homem melhor que ele: e, com raríssimas exceções, ele se esforçará para sê-lo. Decerto terá hábitos que impacientam – todo homem os tem –; mas, se quiserdes ser uma esposa ideal, não vos amofineis por causa dos mesmos, deixa-os passar, esquecei-os, ou, se tendes aspirações mais elevadas, procurai amá-los. [...] Em lugar de apoquentá-lo, deixai que encontre alegria no lar. Fazei que ele sinta, por mais preocupado que esteja pelos negócios de sua profissão, que no seu lar só o espera a paz, o sossego e a alegria (*apud* OLIVEIRA, 2000, p. 32).

É, pois, inevitável a constatação de que *A Paladina do Lar* ocupou um importante espaço na normatização e divulgação do comportamento feminino preconizado pela moral católica, na afirmação de valores convenientes à jovem de "boa família" e na construção ideológica do gênero feminino.

Ao longo de seus oito anos de existência, foram publicadas 84 edições que se encontram depositadas no Acervo do Mosteiro de São Bento de Salvador. Trabalhos acadêmicos realizados com a chancela da Pós-Graduação em Letras da Universidade Federal da Bahia (UFBA) – como os de Aline Paim de Oliveira, Jane Luci Ornelas, Milena Britto de Queiroz, Nancy Rita Vieira Fontes e Simone Ramos Marinho –, bem

Dicionário Ilustrado: Volume 2 – Século XX (1900-1949)

como os estudos da professora Ivia Iracema Alves têm contribuído para divulgar a revista, assim como as primeiras escritoras baianas.

Fontes: ALVES, Ivia Iracema. *Amélia Rodrigues: itinerários percorridos.* Salvador: NICS/Bureau, 1998.

FREIRE, Jane Luci Ornelas. *Maria Luiza de Sousa Alves e a Educação Feminina na Bahia.* 320 f. 2013. Tese (Doutorado em Educação) – Programa de Pós-Graduação em Educação, Faculdade de Educação, Universidade Federal da Bahia, Salvador, 2013.

MARINHO, Simone Ramos. Imprensa Feminina na Bahia (1860-1917). Disponível em: http://www.neim.ufba.br/site/arquivos/file/anais/anaisliteratura.pdf. Acesso em: 20 ago. 2010.

OLIVEIRA, Aline Paim de. A Paladina do Lar: *escrita feminina baiana (1910-1917).* 2000. Dissertação (Mestrado em Letras) – Programa de Pós-Graduação em Letras e Linguística, Instituto de Letras, Universidade Federal da Bahia, Salvador, 2000.

QUEIROZ, Milena Britto de. *A produção literária de Amélia Rodrigues.* 2001. Dissertação (Mestrado em Letras) – Programa de Pós-Graduação em Letras e Linguística, Instituto de Letras, Universidade Federal da Bahia, Salvador, 2001.

QUEIROZ, Milena Britto de. *Entre a cruz e a caneta: a vida e a produção literária de Amélia Rodrigues.* 2003. Tese (Doutorado em Letras) – Programa de Pós-Graduação em Letras e Linguística, Instituto de Letras, Universidade Federal da Bahia, Salvador, 2003.

VIEIRA, Nancy Rita. *A bela esquecida das letras baianas: a obra de Anna Ribeiro.* 1998. Dissertação (Mestrado em Letras) – Programa de Pós-Graduação em Letras e Linguística, Universidade Federal da Bahia, Salvador, 1998.

Alvorada

1910

O surgimento de *Alvorada* na cidade de Penedo (AL), em 15 de março de 1910, testemunha a difusão das ideias feministas na primeira década do século XX, inclusive pelo interior do país. Dirigido por Aguiar Brandão,[41] o periódico de quatro páginas, impresso bimensalmente, autointitulava-se "Órgão Dedicado à Defesa e à Educação da Mulher". Era vendido através de assinaturas: as anuais custavam 5$000; as semestrais, 3$000; as trimestrais, 1$500; e as mensais, $500.

Coerente com sua proposta, trazia na primeira página um apelo – "Às gentis leitoras é solicitada a colaboração e apoio ao empreendimento jornalístico" –, enquanto divulgava artigos favoráveis ao voto e à participação das mulheres no mercado de trabalho e na política. No cabeçalho, uma frase atribuída ao escritor Lamartine – "Há sempre uma mulher na origem de todas as grandezas" – parece dialogar com o título *Alvorada*, palavra cujo campo semântico remete à aurora e à claridade que antecede o nascer do sol e de um novo dia. E também – por que não? – o periódico podia se tornar em uma espécie de "toque de clarim" para despertar as demais jovens de seu sono acomodado.

Com o sugestivo título "O que queremos", o texto de apresentação (que deve ter sido escrito por uma mulher) é eloquente ao denunciar a situação de desvantagem das mulheres com relação aos homens e exigir uma maior participação feminina na sociedade. Apesar de extenso, merece ser reproduzido:

---

[41] Apenas foi possível saber que Aguiar Brandão era também redator-proprietário do *Jornal do Penedo*.

"A mulher é ainda hoje considerada, quase por toda parte, como um ser físico e socialmente incompleto. Além dos que por aberração cerebral a detestam, há a ferocidade dos códigos, há a hipocrisia dos costumes, há umas certas convenções anacrônicas a que filósofos impotentes chamam a *moral*, há o grande abismo dos preconceitos confessionais de todas as religiões e seitas, e há sobretudo a oposição estúpida e, digamos, interessada do *homem* que receia a concorrência da *mulher* nas artes, na ciência, no comércio e na indústria.

Mas, após tantos e tantos séculos de escravidão, a Eterna Menor revolta-se! [...]

Revolta-se pelas exigências do seu Cérebro, do seu Coração e do seu Sexo. Revolta-se porque no meio dum século de ciência e de justiça social, com plena consciência da injustiça que lhe é feita, não pode mais suportar a bastilha de horrores em que a lançam as religiões e as leis, esses inimigos de todas as tentativas de emancipação para a mulher."

Propositadamente transcrevemos as linhas acima, originais de um grande espírito de um valoroso feminista, Xavier de Carvalho, para que, abrigada no pálio rutilante de tão abnegado combatente, maior eco encontre no coração de todos a arrojada tentativa a que hoje abraçamos. [...]

Vamos bater-nos pela reivindicação dos direitos feminis, sem que, contudo, pretendamos jamais arrancar a Mulher do trono em que impera no seio da família. Os mesmos direitos perante a lei, embora funções diferentes e compatíveis com a organização de cada sexo, e a educação da mulher, eis os ideais pelos quais vamos pelejar. [...] (*Alvorada*, Penedo, ano I, n. 1, p. 1, 15 mar. 1910.)

A defesa da educação para o trabalho aponta para o caráter progressista do jornal, uma vez que a maioria das publicações, à época, defendia a instrução das mulheres apenas para que pudessem orientar melhor os filhos e estar junto a seus maridos. Além disso, a criação de escolas de ensino profissionalizante ainda era incipiente e destinava-se sobremaneira ao sexo masculino.[42] O texto "A educação profissional da mulher" é exemplar:

---

[42] Em 23 de setembro de 1909, o então presidente Nilo Peçanha assinou o Decreto n. 7.566, criando dezenove Escolas de Aprendizes Artífices destinadas aos ensinos profissional, primário e gratuito de meninos. Cf. MINISTÉRIO DA EDUCAÇÃO. Centenário da Rede Federal de Educação Profissional e Tecnológica. Disponível em: http://portal.mec.gov.br/setec/arquivos/centenario/historico_educacao_profissional. pdf. Acesso em: 19 fev. 2017.

Podemos afirmar sem receio de contestação que em nosso meio é completamente nula a educação profissional da mulher. Arraigados preconceitos que só encontram fundamento no nosso espírito refratário às leis do progresso, à evolução natural, a que tudo obedece, tem trancado, por assim dizer, as profissões liberais à mulher, de sorte que só espíritos superiores e libertados de uns tantos prejuízos se aventuram ao exercício da Medicina, da Advocacia, etc., etc. [...] Urge que a mulher seja convenientemente preparada para a luta pela vida, que dia a dia se vai tornando mais difícil. [...] O que não é possível é desprezarmos os altos dotes intelectuais com que Deus dotou a mais bela metade do gênero humano, é deixarmos a mulher entregue aos caprichos da sorte, ao cativeiro a que a arrojou o egoísmo do homem.
(*Alvorada*, Penedo, ano I, n. 2, p. 1, 1º abr. 1910.)

Na primeira página da edição de 15 de abril de 1910, um artigo intitulado "A mulher perante a lei" questiona a decantada inferioridade e defende seu direito ao voto. Como a campanha pelo sufrágio ainda engatinhava e eram poucas as vozes que se levantavam nesse sentido, a autora revela um pensamento ousado e atento às novas conquistas do gênero feminino.[43] O texto faz, ainda, comentários sarcásticos dirigidos aos opositores da igualdade entre os sexos:

É realmente interessante a posição da mulher perante as leis. Na partilha dos direitos cabe-lhe a menor porção, pois que sua *inferioridade* está *cientificamente provada*, faltando-lhe, portanto, os indispensáveis requisitos para o exercício de determinadas funções; mas se em vez de direitos, tiverem de ser distribuídas penas, então a decantada inferioridade desaparece e o delinquente indistintamente, homem ou mulher, sofre penas iguais, sem atender-se que um ser *inferior* jamais poderá discernir com a mesma facilidade e precisão as consequências dos seus atos bons ou maus. Como explicar tão interessante anomalia? [...] Uma outra belíssima esquisitice das leis e costumes é afirmar com inabalável convicção que à mulher falecem habilidade e critério para o exercício do voto, etc., ao passo que nações como a Inglaterra não vacilam em confiar seus destinos a uma rainha Vitória, que por largos anos fez a felicidade do povo inglês. [...]

---

[43] Observo que apenas em 1927 as primeiras brasileiras que exerceram o direito de votar foram as do Rio Grande do Norte; as demais, em 1932.

Os antifeministas que nos expliquem tais *belezas*.
(*Alvorada*, Penedo, ano I, n. 3, p. 1, 15 abr. 1910.)

A temática da educação é retomada na edição 10, de maio de 1910, no excelente editorial intitulado "A situação atual da mulher" e assinado por Rita Souza:

> Tenho ouvido pessoas ilustradas e aliás criteriosas dizerem que a mulher, como atualmente se acha entre nós, está muito bem. [...] Sejamos imparciais, digamos a verdade. É preciso que a mulher tenha uma educação mais sólida, mais liberal, consentânea com os progressos da civilização hodierna, preparando-se desta maneira para o trabalho, para saber enfrentar as contingências da vida. [...] Mais razoável seria tentarmos sair do marasmo em que jazemos, prestarmos nosso contingente aos que combatem pela causa da emancipação da mulher – a qual, a despeito do que pressagiam os antifeministas, há de ser, em futuro não muito remoto, uma realidade, portadora da prosperidade e elevação dos povos – seria mais razoável, como ia dizendo, trabalharmos do que estarmos a apostrofar inconscientemente a Natureza.
> Aos pais de família compete armar suas filhas para a conquista da liberdade – o direito de trabalhar, e exercer uma atividade. [...]
> (*Alvorada*, Penedo, ano I, n. 4, p. 1, 1 maio 1910.)

Escritoras como Rosália Sandoval, Júlia Lopes de Almeida, Elvira Gama, Júlia Daudet, Ana de Castro Osório e Carmen Silva foram algumas das que publicaram no jornal de Penedo. Também a seção "Conselhos práticos", destinada a orientar sobre higiene e saúde, esteve presente nas quatro edições examinadas. Na última página, estão os anúncios de profissionais liberais, de medicamentos, do Colégio Atheneu Penedense e da professora de francês Marietta Brandão.

A quarta edição, de 1º de maio de 1910, foi a última encontrada nos acervos pesquisados. Ainda que não tenham existido outros números, a lucidez e a coragem das jovens responsáveis pelo periódico com certeza contribuíram decisivamente para a conscientização das demais mulheres do município e mesmo de sua região.

Fontes: *Alvorada*, Penedo, ano I, n. 1, 25 mar. 1910; ano I, n. 2, 1º abr. 1910; ano I, n. 3, 15 abr. 1910; ano I, n. 4, 1º maio 1910, em formato digital na Hemeroteca Digital Brasileira da Biblioteca Nacional. Disponível em: www.hemerotecadigital.bn.br. Acesso em: 19 fev. 2015.
A Alvorada, Penedo, ano I, 1º de maio de 1910, em formato microfilme no Acervo de Periódicos Raros da Biblioteca Nacional.

O Myosote

1910-1912

Em novembro de 1910, Guiomar de Carvalho, Julieta de Carvalho, Julieta Santos, Amanda Campelo e Davina Luna fundaram na pequena Arraial, interior de Pernambuco, *O Myosoti*, de periodicidade mensal, cuja redação ficava na Rua Mangabeira de Cima, n. 26A. No segundo número, a letra "i" foi substituída por "e", e o jornal passou a se chamar *O Myosote*.

Com quatro páginas impressas em papel *couché* na Tipografia da Agência Jornalística de Pernambuco, *O Myosote* tornou-se um valioso canal de divulgação da produção letrada de escritoras nordestinas, como Francisca Izidora, Úrsula Garcia e Ana Nogueira, além de outras que preferiam usar pseudônimos, a exemplo de Verbena, Violeta Silvestre, Crisântemo, Saudade, Lírio, Girassol e Orquídea (NASCIMENTO, 1975, p. 284-285).

O editorial de apresentação afirma o propósito de dar voz às mulheres e ao mesmo tempo ser sua voz, para defendê-las na situação acanhada em que viviam:

Gentis leitores

Entrou, hoje, na arena do jornalismo o nosso modesto e despretensioso jornal, que vai desprotegido, contando somente com a tolerância e a simpatia das pessoas que sabem avaliar o esforço evolucionista da mulher, para que ela atinja o seu lugar no mundo da intelectualidade. [...]

Gentis leitores, eis o programa do nosso jornal, simples e sem pretensões; é o grito das moças que vai radicar o seu lugar a arena do jornalismo, ao seu sexo o lugar que lhe compete, combatendo o indiferentismo e dando conhecer ao homem o direito que este tem de respeitar o seu coração carinhoso e sensível...

Eis, leitores, o nosso jornalzinho, simples, mas honesto.

(*O Myosoti*, Arraial, ano I, n. 1, p. X, nov. 1910.)

Embora afirmasse "ser simples e sem pretensões", *O Myosote* vai se revelar um firme defensor da instrução feminina, incentivando as jovens a enviarem textos literários e a continuarem os estudos. Um texto assinado por Júlia Dias Martins, publicado na edição seguinte, saúda a iniciativa, bem como seus propósitos, nestes termos:

> Li com ansiedade e não sei discernir a voz do sentimento que experimentei, fiquei encantada com a fantasia dessas gentis senhoritas, que procuraram tão linda diversão para assim ocuparem o tempo e mesmo para mostrar que o *Myosote*, na arena do jornalismo, vem provar que as mulheres não são tão insensíveis como julgam por aí muitos entes boçais.
>
> Peço à Redatora chefe que não deixe esta mimosa flor tão sensível e simpática, talvez por descuido, fenecer. [...]
>
> (*O Myosote*, Arraial, ano I, n. 2, p. 1, nov. 1910.)

Entre as seções mais presentes estavam, além do editorial e de pequenos textos literários, outras como: "Carteira elegante", com notícias sociais; "Teatro de Salões", sobre as atividades da Sociedade Dramática Arraialense; "Perfis femininos" e "Perfis masculinos", que destacavam uma jovem ou um rapaz para elogiar; e "Charadas". A boa repercussão do periódico propiciou a criação do espaço "Cartas", para que as leitoras e leitores pudessem se expressar. Segue uma delas, a título de exemplo:

> – Senhoras! – Com grande satisfação e impulsionada pelo entusiasmo resolvi escrever-vos os meus sinceros emboras [parabéns] por ver brotar no jardim das letras o mimoso *Myosote*. [...]

Amparai, vós, o mimoso *Myosote*, regando-o com a vossa delicada inteligência, porque, amanhã, ele, hoje isolado, mostrará o azul das suas pétalas e juntar-se-á às outras florinhas, suas irmãs e levará sobre os seus leitores o angélico perfume que a graça divina lhe emprestou.

Sede, portanto, vós, oh gentis redatoras, a haste e o amparo do *Myosote*, a fim de que o furacão da inveja não o faça mais tombar.

(*O Myosote*, Arraial, ano I, n. 5, p. 3, mar. 1911.)

Como se vê, a recepção que a folha obteve junto às leitoras revela a demanda reprimida e também a carência das conterrâneas em ter um espaço seu, para que pudessem se manifestar.

Em novembro de 1911, no texto intitulado "15 de Novembro" e assinado pelas redatoras, a defesa pelos direitos das mulheres surge de forma incisiva. A alusão à data do início do período republicano foi pretexto para tratar do avanço das conquistas do sexo feminino:

> *O Myosote*, é força confessar, entra numa fase digna dos maiores encômios, máxime, no momento que atravessamos, onde os direitos da mulher vão se acentuando mais e mais, numa espiral dos seus direitos políticos. É, pois, no jornalismo, empunhando a clava de Gutemberg, brandindo o estilete de Guiomar Torrezão e o verbo tonitruante de Carmen Dolores,[44] que a mulher deve combater em prol da sua emancipação, alcandorar-se nas ondas aéreas do evolucionismo, librando-se nas asas da fantasia, até os sonhos de Ivan Turguenieff, ou de devaneios de Alfredo de Musset.[45]
>
> E quem poderá aí dizer, que o *Myosote* é exagerado no modo de apregoar os seus destinos, na maneira de formular as suas aspirações, no intuito de arquitetar as suas *nuances*?
>
> – Ninguém! Absolutamente ninguém. [...]
>
> (*O Myosote*, Arraial, ano II, n. 13, p. 1, nov. 1911.)

---

[44] Guiomar de Noronha Torrezão (1844-1898), nascida em Portugal, escritora e feminista, assim como Carmen Dolores (1852-1910), pseudônimo de Emília Moncorvo Bandeira de Melo, também escritora e cronista, defendeu a emancipação feminina em inúmeros jornais de seu tempo e nos livros que publicou.

[45] Ivan Sergeievitch Turgueniev (1818-1883), romancista e dramaturgo russo, autor do romance *Pais e filhos*, considerado uma das obras mestras da ficção russa do século XIX. Alfred Louis Charles de Musset (1810-1857) foi um poeta, novelista e dramaturgo do romantismo francês.

A última edição localizada data de janeiro de 1912, terceiro ano de circulação do periódico.

Fontes: Coleção de 16 exemplares de *O Myosote*, em formato impresso no acervo pessoal de Constância Lima Duarte, gentilmente cedido por Luzilá Gonçalves Ferreira.

HELLMANN, Risolete Maria. *Carmen Dolores, escritora e cronista: uma intelectual feminista da* belle époque. 864 f. 2015. Tese (Doutorado em Letras) – Universidade Federal de Santa Catarina, Florianópolis, 2015.

NASCIMENTO, Luiz do. *História da Imprensa de Pernambuco (1901-1915).* v. VII. Recife: Imprensa Universitária da Universidade Federal de Pernambuco, 1975. Acesso em: 14 mar. 2020.

Mundo Feminino

1910-1920

Poucas foram as informações encontradas sobre o *Mundo Feminino*, "Jornal Independente e de Grande Circulação em Todo Brasil, Dedicado à Mulher", apesar de sua longa existência. Dirigido por Onofre Lilla, começou a circular em 1910, em São Paulo (SP), permanecendo no mercado editorial até 1920. Com periodicidade indefinida, tinha quatro páginas e custava 1$000 a edição econômica, e 3$000 a de luxo.

Embora o editorial de estreia tenha apresentado um texto em prol da emancipação da mulher, a folha trazia principalmente receitas, conselhos sobre beleza, higiene, bordados e costura. Segundo a pesquisadora Heloisa de Faria Cruz (1997, p. 175-176), as seções eram variadas: "Crônica da Moda", "Confidências das leitoras", "Sports", "Teatros", "Páginas Seletas", com trechos de romances, e "Moldes Cortados sob Medida". Já a publicidade era toda relacionada a corte e costura. Ou seja: estava assim resumido o "mundo feminino" que era oferecido às mulheres.

Segundo a pesquisadora, o Instituto Histórico e Geográfico de São Paulo possuiria duas edições: a de número 96, correspondente ao ano X, de 25 de janeiro de 1919; e a de número 109, referente ao ano XI, de fevereiro de 1920, mas que não nos foi possível consultar.

Fonte: CRUZ, Heloisa de Faria (Org.). *São Paulo em revista: catálogo de publicações da imprensa cultural e de variedade paulistana (1870-1930)*. São Paulo: Arquivo do Estado, 1997.

O Mensageiro do Lar

1910-1927

Tendo como subtítulo "Jornal de Interesse Socialmente Familiar", *O Mensageiro do Lar* circulou em São Paulo (SP) de 1910 a 1927. O diretor era Onofre Lilla, o mesmo do jornal *Mundo Feminino*. Com sete páginas, periodicidade quinzenal e formato 38,5 por 55,5 centímetros, o número avulso custava $300; a assinatura semestral, 3$000; e a anual, 5$000.

Redigido por Vina Centi, *O Mensageiro do Lar* pretendia fornecer "leituras amenas" às leitoras enquanto divulgava moldes, riscos de bordados e monogramas para adultos e crianças que eram produzidos pela Empresa Lilla – Editora Internacional. O texto que se segue deixa evidentes os interesses comerciais que sustentavam a publicação.

> Em todos os tempos a mulher procurou aperfeiçoar os meios de fascinação, adornando-se a mil maneiras, até que descobriu que a estética corporal prende fortemente a atenção do homem, apreciando no corpo feminino a harmoniosidade das linhas e a delicadeza esplêndida de uma plástica perfeita. Desde então

começou a usar todos os meios para corrigir até as menores imperfeições de suas curvas. Porém, do que valeu esses tantos objetos para corrigir se, sobre eles é colocada um *toilette*, cujo talho não é perfeito? O problema é fácil de resolver: Mande cortar seus moldes no atelier da Empresa Lilla, uma Editora Internacional.

(*O Mensageiro do Lar*, São Paulo, n. 71, p. 7, 20 jan. 1927.)

O periódico também divulgava outras publicações destinadas ao público feminino, como *Brasil Moda*, *Brasil Elegante*, *Grande Album para Todos*, *Filet* (Grande Coleção Recko) e *Mundial Moda para 1927*, que as leitoras deveriam solicitar diretamente à Lilla Editora Internacional. Aliás, até a loja de móveis "Ao Sofá de Junco", anunciada nas páginas de *O Mensageiro do Lar*, pertencia à família Lilla.

Na edição de janeiro de 1927, foram publicados parte do conto "Descortinando as trevas", de Carlos Castellani, e "Em busca do prazer", da redatora Vina Centi.

Fontes: *O Mensageiro do Lar*, São Paulo, ano XVII, n. 71, 20 jan. 1927, em formato digital no site do Arquivo Público do Estado de São Paulo. Disponível em: www.arquivoestado.sp.gov.br. Acesso em: 10 nov. 2016.

CRUZ, Heloísa de Faria (Org.). *São Paulo em Revista: catálogo de publicações da Imprensa Cultural e de Variedade Paulistana, 1870-1930*. São Paulo: Arquivo do Estado, 1997.

O Léque
1911

Em 1º de fevereiro de 1911 surgiu em Joinville (SC) *O Léque*, "Órgão Literário, Humorístico e Noticioso" impresso quinzenalmente com quatro páginas e três colunas. A redação situava-se à Rua do Meio, s./n., onde "as gentis leitoras e os severos leitores" podiam adquirir assinaturas anuais por 3$000, ou a semestral por 2$000. Dirigido por uma "plêiade de moços", *O Léque* prometia principalmente instruir e distrair através da literatura. Em seu primeiro número, os editores assim se apresentam:

> É confiante na vossa incomparável benevolência, prezadas leitoras e estimados leitores, que ousamos exibir hoje o nosso modesto jornalzinho, esperando que perdoareis os senões nele encontrados e o acolhais com algum carinho, a fundo que, leigos como somos, não vos descoroçoemos logo nos primeiros passos pela senda escabrosa das garatujas. [...]
> O nosso escopo é proporcionar-vos, de 15 em 15 dias, algumas páginas de recreação literária, as quais venham entusiasmar a mocidade joinvilense e consigam arrebatá-la às regiões do chiste, despertando-lhe, ao mesmo tempo, o gosto pela boa, sã e inofensiva leitura; tudo isso sem ferir o melindre de quem quer que seja. [...]
> Seremos bem-sucedidos? Teremos uma boa estrela? O futuro dirá.
> (*O Léque*, Joinville, ano I, n. 1, p. 1, 1º fev. 1911.)

O texto "Uma aurora", assinado por F. Souza, enfatiza o compromisso do periódico em levar conhecimento à mocidade de Joinville:

Imprensa feminina e feminista no Brasil

A imprensa honesta e altiva é força sem limites, é a esmagadora do mal, porque sabe condenar o erro e galardoar a virtude. É o baluarte da civilização o jornal que se bate pelo bem, profligando o mal. *O Léque*, prometendo conservar a perfeita imparcialidade e oferecer leitura sã e amena, tornar-se-á uma folha útil e quase imprescindível a todos aqueles que de há muito estão sequiosos de assuntos que os instruam, que os divirtam.

(*O Léque*, Joinville, ano I, n. 1, p. 4, 1º fev. 1911.)

A página 3 era dedicada a anúncios de medicamentos, hotéis e dentistas. Colaboraram no número de estreia Raymundo Correa e Amici, além de outros que assinaram com as iniciais de seus nomes.

Ainda que a única edição encontrada não contenha nenhuma surpresa, pode-se supor que o periódico serviu para aproximar moças e rapazes e incentivar a criação literária de alguns.

Fontes: *O Léque*, Joinville, ano I, n. 1, 1º fev. 1911, em formato microfilme no Acervo de Periódicos Raros da Biblioteca Nacional.

O Léque, Joinville , ano I, n. 1, 1º fev. 1911, em formato digital na Hemeroteca Digital Catarinense. Disponível em: http://hemeroteca.ciasc.sc.gov.br/Listas/letraP.html. Acesso em: 11 mar. 2017.

A Faceira
1911-1917

Em abril de 1911 começou a circular, no Rio de Janeiro (RJ), *A Faceira*, revista que se proclamava destinada ao "Culto à Mulher". Com redação localizada na Rua dos Ourives, n. 50, era dirigida por José Carvalhaes Pinheiro e Rômulo Batista, tendo como colaboradoras Leonor Posada, Cecília Pimentel Aguirre, Violeta Motta, Hermance de Aguiar, Julieta Accioli, Elda de Moraes Cardoso e Carmen das Dores, além de Ângelo Tavares, Ataliba Reis, Alvarenga da Fonseca, Hermes Fontes, Silveira da Motta, Ricardo de Albuquerque, Deoclydes de Carvalho e Lupércio Garcia.

Impressa em papel *couché*, tinha periodicidade mensal, sendo vendida por 15$000 o número avulso, e por 15$000 a assinatura anual, preços elevados se comparados às demais publicações da época.

Às leitoras foram dirigidas as seguintes palavras no editorial de estreia:

> Ei-nos diante de uma difícil tarefa: escrever o artigo de apresentação e dizer o nosso programa. Apresentarmo-nos? Mas como?... De que modo nos cumpre falarmos ao mundo feminino, de cujos interesses nos propomos tratar, nesta revista que se dedica à vida elegante, à vida *chic* da nossa *urbs*? [...] Rebuscando frases, burilando períodos, procurando ideias, numa luta sem tréguas, conseguimos por fim encontrar quatro palavras que sintetizam o nosso programa. Ei-las: – um culto a mulher! São esses os nossos fins, os nossos escopos, o nosso rumo.
> (*A Faceira*, Rio de Janeiro, ano I, n. 1, p. 1, abr. 1917.)

Eram aí publicados artigos diversos, contos, crônicas, sugestões de modas e muitas fotos de senhoras e senhoritas da sociedade carioca, além de partituras musicais. Escritoras como Adelina Amélia Lopes Vieira, Áurea Pires, Leonor Posada, Delfina Benigna da Cunha e Júlia Lopes de Almeida também colaboraram com textos e poemas.

A Biblioteca Nacional possui a coleção completa de *A Faceira*, que foi editada até 1917, mas não foi possível consultá-la por ter estado indisponível para consulta sempre que solicitada.

Fonte: *A Faceira*, Rio de Janeiro, ano I, n. 1, abr. 1917, em formato digital, parte do "Projeto Periódicos e literatura: publicações efêmeras, memória permanente". Disponível em: http://www.bn.br/periodicosliteratura/. Acesso em: 20 out. 2016.

O Binóculo

1911-1913

Intitulado "Órgão Literário e Noticioso Dedicado às Gentis Senhoras Sapucaiense", *O Binóculo* deve ter estreado na imprensa fluminense em 1911, uma vez que as edições encontradas trazem o número 19, de 9 de janeiro de 1912, e o número 23, de 20 de março de 1913.

Sob a redação de Túlio Scarpa e gerenciado por Gastão Costa, o jornal editado na cidade de Sapucaia apresentava quatro páginas dedicadas à literatura e a notas sociais. Ainda que as edições examinadas não trouxessem reflexões sobre a condição feminina, é preciso considerar que o periódico deve ter contribuído para a socialização das jovens, dando-lhes informações interessantes e, ao mesmo tempo, as distraindo em seus afazeres.

A edição de janeiro de 1912 trata dos preparativos para o carnaval, e comenta que o Projeto de Revogação da Lei do Banimento da Família Imperial havia sido rejeitado na Câmara dos Deputados, pois oitenta deputados votaram contra, e apenas trinta se manifestaram favoráveis. Ainda nesta edição, encontra-se o poema "A casa do coração", do poeta português Antero de Quental; e, na edição de março de 1913, foi publicado o poema "Elas", dedicado "às lindas sapucaienses" e assinado por Arquiteto, que prima pelo exagero dos elogios:

> Estátuas! obras primas de sublime talho!
> Elas sabem pela arte dos olhos seus
> atrair quase a própria imagem de Deus...
> Mais belo, não há, não... grupo em que aprime
> tanto o jardim da minha terra,
> nos meus sonhos de amor perambulam como ateus
> bandos de borboletas.... Santas!...
> [...]
> Que importa, se suas mãos mantenho,
> delas alma inteira?...
> Estes, os meus versos, versos
> são beijos que dedico a todas Elas...
> (*O Binóculo*, Sapucaia, ano I, n. 23, p. 1, 20 mar. 1913.)

Entre as colunas, estavam "Seção Elegante", "Aniversários", "Charadas", "Chegadas" e "Despedida", com notícias de moradores que chegavam ou partiam, e ainda a de "Falecimentos". Na seção literária estão dois contos assinados por Lucy d'Avila e Lúcio d'Alva, talvez pseudônimos de uma mesma pessoa.

Não foram encontradas informações quanto à periodicidade ou continuidade do jornal.

Fontes: *O Binóculo*, Sapucaia, ano I, n. 19, 9 jan. 1912; ano I, n. 23, 20 mar. 1913, em formato digital na Hemeroteca Digital Brasileira da Biblioteca Nacional. Disponível em: www.hemerotecadigital. bn.br. Acesso em: 11 mar. 2015.

Brasil Moda
1912-1926

Destinada à elite paulistana, a revista *Brasil Moda* circulou em São Paulo e em Paris nas primeiras décadas do século XX. Foram encontrados dois exemplares referentes ao seu décimo quarto ano, o que nos permite supor que ela tenha começado a circular em meados de 1912. Editada por Lilla Editora Internacional, empresa com tradição em periódicos destinados ao público feminino, a redação funcionava na Rua São Bento, n. 55, e o periódico podia ser adquirido através de assinaturas anuais, por 20$000; semestrais, por 11$000; ou o exemplar avulso, por 2$3000.

Fartamente ilustrada com fotografias das leitoras e sugestões de figurinos, publicava anúncios diversos, como xaropes capazes de "estimular, regularizar e fortalecer as funções dos órgãos próprios da mulher" até lojas de automóveis. A edição 107 marcou um momento de transição para o periódico, quando Vina Centi assumiu o cargo de redatora-chefe. Além disso, conforme anunciado no editorial, *Brasil Moda* passa a ser uma "Revista de Artes, Estética, Elegância e Modas" – apesar de ser, no trecho a seguir, chamada de jornal.

> Com o fim de tornarmos cada vez mais interessante este jornal, incentivados com o bom acolhimento que todo o Brasil e São Paulo, especialmente, nos vem demostrando desde que iniciamos as nossas publicações, convidamos a Sra. Vina Centi para assumir a sua direção artística e literária, renovando-o, desenvolvendo o "BRASIL MODA" que já não se ocupará exclusivamente de Modas, mas de todos os assuntos que interessam às senhoras. Certos de que fazemos às nossas ilustres leitoras uma preciosa surpresa, é com imensa satisfação que lhe oferecemos esta nova fase do BRASIL MODA, que de hoje em diante passará a ser uma Revista de Artes, Estética, Elegância e Modas.
> (*Brasil Modas*, São Paulo/Paris, ano XIV, n. 107, [s.p.], ago. 1926.)

E em suas páginas surgiram, sobretudo, figurinos, literatura e colunismo social. A seção "No mundo das cortesias e da arte" dedicava-se a registrar as festividades e os acontecimentos da alta sociedade paulistana. Na edição citada, mereceu destaque a festa promovida pela Liga das Senhoras Católicas "em benefício da Escola Doméstica, que, sendo construída, representa um esforço nobre dessas senhoras, que abnegadamente trabalham com o fim elevadíssimo de auxiliar a mulher" Na mesma seção, foram divulgados o "Concurso de jovens pianistas" e o "Concurso de jovens violinistas".

Os artigos tinham por objetivo "preparar" as leitoras para a vida na sociedade paulistana, o que pressupunha a aquisição de hábitos refinados e supérfluos. De acordo com as orientações de Mme. Poupe'e, o cultivo da inteligência, os estudos e a profissionalização deveriam ser repelidos pelas mulheres, pois

> Ser elegante é diferente de ser *chic*, de trajar com luxo, de frequentar pontos mundanos, de viver escravizado à moda. Ser elegante é ter hábitos elegantes, e não quebrar nunca, nem mesmo na intimidade, o traço predominante da sua figura-estética. A elegância, para ser real, não prescinde de nenhum dos membros da sua corte: boa educação, gosto pelas artes, uma inteligência especial para a vida, uma grande noção de beleza. E tudo isso não se pode ter sem cultura. A cultura é, portanto, a fonte da

elegância. Não a cultura profunda, estudos especializados, ciências e filosofias. Essa cultura leve, curiosa, que se interessa e sempre tem o que aprender, é a cultura elegante. [...]

É por essa razão, que a mulher doutora, a mulher professora, a mulher de estudos, em suma, são de uma incapacidade abominável para a estética. [...]

Nem sempre a mulher inteligente, profissionalmente inteligente, é sedutora, femininamente sedutora. E a mulher elegante é sempre uma mulher inteligente. [...]

E uma mulher elegante é um encanto para todos: para o marido, para os filhos, para os seus serviçais, para as suas relações, para o público em geral, para si mesma.

(*Brasil Moda*, São Paulo/Paris, ano XIV, n. 111, p. 2, dez. 1926.)

Na mesma edição, as leitoras recebem dicas de beleza, entre elas, o conselho para dormirem bem como forma de manter a jovialidade.

Para ser bonita

Que preço não pagará a mulher para ser bonita? Creio que todas me responderão que dariam anos de vida em troca de beleza.

Saibam, portanto, as minhas queridas leitoras, que a melhor maneira de conservar a mocidade, mantendo ilesa a beleza que se tem como dom natural, é repousar, isto é, dormir oito horas no mínimo por noite, e deitar-se, dormindo ou não, pelo menos duas horas por dia, entre o almoço e o jantar.

[...]

Nesse repouso está a essência da beleza e da mocidade. E quando o repouso é acompanhado com a ginástica e a alimentação sóbria e sadia, então a mulher terá resolvido o problema da longevidade e eterna mocidade.

(*Brasil Moda*, São Paulo/Paris, ano XIV, n. 111, p. 33, dez. 1926.)

A revista, como se vê, destinava-se à mulher que não trabalhava fora – e nem mesmo em casa – e podia se dedicar única e exclusivamente a cuidar de si, cultivando a futilidade e a ociosidade.

Fontes: *Brasil Moda*, São Paulo/Paris, ano XIV, n. 107, ago. 1926; ano XIV, n. 111, dez. 1926, em formato digital no acervo da Hemeroteca Digital Brasileira da Biblioteca Nacional. Disponível em: www.bndigital.bn.gov.br. Acesso em: 3 maio 2018.

A Voz da Liga Católica das Senhoras Baianas/A Voz

1913-1920

Após deixar a direção da revista *A Paladina do Lar* (1910-1912), Amélia Rodrigues fundou *A Voz da Liga Católica das Senhoras Baianas*, em Salvador (BA), que circularia de janeiro de 1913 a 1920. Impressa na Tipografia Beneditina, *A Voz*, nome adotado a partir de 1915 até seu encerramento, defendia um feminismo cristão avesso ao sufragismo e aos "pseudodireitos da mulher moderna". O novo empreendimento jornalístico mereceu os elogios de Dom Jeronymo Thomé da Silva, arcebispo da Bahia, que já na edição de estreia assim saudou a revista:

> Pela presente, abençoamos, muito de coração, o excelente periódico *Voz da Liga Católica das Senhoras Baianas*, órgão dessa utilíssima associação, cuja leitura e propagação recomendamos com empenho a todos os nossos amados diocesanos e, especialmente, às associações religiosas desta arquidiocese, convencidos, como estamos, de que esse periódico, por ora tão modesto, mas que esperamos se desenvolverá, está destinado a produzir os mais copiosos frutos espirituais, especialmente no seio das famílias. Dada e passada nesta cidade de S. Salvador da Bahia, aos 20 de dezembro de 1912.
> (*A Voz da Liga Católica das Senhoras Baianas*, Salvador, n. 1, jan. 1913 *apud* OLIVEIRA, 2000, p. 42.)

Segundo Aline Paim Oliveira (2000, p. 43), *A Voz* assemelhava-se à *Paladina* não só na linha editorial e na organização gráfica, mas também no conteúdo – literatura, artigos variados e notícias dos acontecimentos da cidade. Na edição de número 3, de 1913, um texto revela que, embora a revista fosse um canal aberto à expressão feminina, havia leitoras que preferiam o anonimato ou pseudônimos para preservar a identidade.

> Magdalena.
> Recebemos sua delicada carta, acompanhando um artigo que publicaremos no próximo número, se a sua digna autora anônima nos fizer a honra de declarar seu verdadeiro nome, que ficará sob

reserva absoluta. Deve saber a zelosa Magdalena que é sempre agradável conhecer os nomes dos nossos amigos e colaboradores, sendo isso indispensável na imprensa, onde há também uma espécie de segredo profissional. Se lhe merecemos auxílio, devemos merecer-lhe confiança e, com fraqueza, recusaremos o primeiro, se a colaboradora – que supomos distinta e sensata – nos recusar a segunda. É justo, não é? Escreva, pois, para o mesmo endereço, e continue a ajudar-nos que muito lhe agradeceremos. (*A Voz da Liga Católica das Senhoras Baianas*, Salvador, n. 3, 1913 *apud* OLIVEIRA, 2000, p. 43.)

Em seu estudo sobre a imprensa baiana, Aline Paim de Oliveira afirma que teve acesso a alguns números do periódico, que se encontram no Acervo do Instituto Feminino da Bahia.

Fontes: OLIVEIRA, Aline Paim de. A Paladina do Lar: *escrita feminina baiana (1910-1917)*. 2000. Dissertação (Mestrado em Letras) – Programa de Pós-Graduação em Letras e Linguística, Instituto de Letras, Universidade Federal da Bahia, Salvador, 2000.

OLIVEIRA, Marcelo Souza. Amável redentora: modelos femininos em Letícia de Anna Ribeiro. Disponível em: https://redib.org/Record/oai_articulo2936255-am%C3%A1vel-redentora-modelos-femininos-em-let%C3%ADcia-de-anna-ribeiro. Acesso: 16 ago. 2017.

Revista Feminina
1914-1936

Entre as revistas mais longevas da primeira metade do século XX, e considerada um marco nesta imprensa, com certeza encontra-se a *Revista Feminina*. Quando surgiu, em São Paulo (SP), em 1914, era só um folheto para divulgar produtos da Empresa Feminina Brasileira de Virgilina de Souza Salles, como cosméticos, romances e livros de culinária. Mas em poucos anos teve um crescimento vertiginoso: seu número de páginas aumentou, e a tiragem passou de 15 mil para 30 mil exemplares ao mês, para grande surpresa da concorrência. E, em pouco tempo, conseguiu ter distribuidores em quase todo o país.

Além das seções tradicionais, como "Moda", "Menu do meu Marido", "Trabalhos Femininos" e "Como Enfeitar minha Casa", trazia a seção "Vida Feminina", que defendia o voto, o trabalho fora do lar em profissões como magistério, medicina e jornalismo, e divulgava as conquistas que as mulheres obtinham em outros países.

Ainda assim, a proposta contida em seu subtítulo – "A Luta Moderna" – é cumprida apenas em parte, pois o periódico manteve-se fiel a padrões conservadores de comportamento, apoiados nas figuras de mãe e esposa, e tratou com certa reserva a cidadã, assim como repudiava as *sufragettes* mais exaltadas.

A dedicação da diretora, que ela mesma autoproclama em diversas ocasiões, é reconhecida por todos que estudam o periodismo feminino. Em um dos primeiros editoriais, por exemplo, Virgilina assim se posiciona sobre a revista e sobre si mesma:

> Nossa revista representa um gesto abnegado de altruísmo. Criamo-la pela necessidade premente de que se ressentia o nosso meio uma leitura sã e moral e que, ao lado da parte recreativa e literária, colaborasse eficaz e diretamente na educação doméstica e na orientação do espírito feminino. Não tivemos, não temos e não teremos nenhuma pretensão descabida; nosso esforço é modesto e humilde; não pretende ensinar a reformar; o que pretende apenas é colaborar, na medida de suas forças, para a educação feminina (*apud* LIMA, 2007, p. 225).

Após seu falecimento, ocorrido em 1918, seu esposo João Salles assumiu a direção do periódico até 1925. Em seguida, a filha do casal, Avelina de Souza, tomou a frente do empreendimento nomeado Empresa Feminina Brasileira.

Um fato curioso envolvendo este periódico merece ser mencionado. Durante alguns anos, de 1915 a 1922, uma cronista de nome Anna Rita Malheiros obteve grande prestígio entre as leitoras por defender com coragem questões delicadas relacionadas à mulher. Segundo Sandra L. L. Lima, inclusive, Ana Rita Malheiros teria sido "a líder da cruzada da *Revista Feminina* em defesa da moral, da religião, da tradição, do nacionalismo, dos deveres da esposa e mãe" (LIMA, 2007, p. 237). Por isso, foi grande a surpresa quando Sônia de Amorim Mascaro (1982) revelou que, na verdade, tratava-se do pseudônimo adotado pelo médico e dramaturgo Cláudio de Souza, irmão de Virgilina e membro da Academia Brasileira de Letras (BARROS, 2014).

Em um editorial de janeiro de 1917, Anna Rita Malheiros responde assim a um médico que defendia o serviço militar também para as mulheres, sob pretexto de torná-las mais fortes:

> A brasileira, pela sua vida de reclusão voluntária, tem, felizmente, ficado à margem das ondas de desagregação que tentam submergir o caráter nacional. Apesar de tudo ela se conserva, como nos tempos felizes de nossa honestidade monárquica, pura, casta, recôndita, guardando no seu sangue toda a energia da raça. [...] Deixem-na estar como está, sem a contaminação do maremoto das ideias de importação; [...].
>
> Preparem os homens!... E nós lhes entregaremos o relicário do heroísmo de nossa raça, que abrigamos e conservamos escondido ao calor de nosso seio, com o amor, com a paixão, e com o ciúme de que só a mulher é capaz... (*Revista Feminina*, São Paulo, ano IV, n. 32, p. 11, jan. 1917.)

Provavelmente, foi graças às amizades e ao prestígio de Cláudio de Souza que a revista obteve a colaboração de tantas escritoras e acadêmicos conhecidos, como Olavo Bilac (1865-1918), Coelho Neto (1864-1934), Couto de Magalhães (1837-1898), Menotti del Picchia (1892-1988), Júlia Lopes de Almeida (1862-1934), Francisca Júlia da Silva (1871-1920), Olda Avelino (1895-1965) e Presciliana Duarte (1867-1944).

Entre as edições examinadas, a de outubro de 1916 contém um artigo anônimo, intitulado "O feminismo", com severas críticas às ideias de emancipação:

> As feministas são mulheres que aspiram influência nos costumes dos homens, ou homens que querem conceder às mulheres todas estas vantagens. Isto é, umas aspiram abandonar o seu papel natural, e outros ajudam com todo o seu poder. [...]
>
> A mulher foi criada para auxiliar e ser companheira do homem e não para ser sua escrava [...]. Não há diferença entre suas almas, mas diversidade no exercício dos órgãos, que vibram nas almas. (*Revista Feminina*, São Paulo, ano III, n. 29, p. 12, out. 1916.)

Também em outras edições, as conquistas tão desejadas por um segmento de mulheres são execradas, como ocorreu na edição 32, de janeiro de 1917, em que a cronista Berenice Vieira acusa os jornalistas de iludirem as mulheres. Cito:

> Não são as mulheres que arruínam o mundo, são os publicistas que arruínam as mulheres e o lar.
> São eles que criam às centenas e aos milhares os "incompreendidos" e os "insatisfeitos", os que se lastimam de não ter "sorte", de não verem aproveitadas suas aptidões, que geralmente são nulas, e os que seriam capazes de fazer um mundo melhor.
> São eles que criam as mulheres que rejeitam os livros de cozinha e os jornais de costura, que sonham com a vida brilhante e que não querem ter filhos. [...]
> Deveis, pois, mães de família, muito pesar o que dais a ler às vossas filhas, pois na brochura elegante, na ilustração pomposa, no panfleto de passo leve, pode ir escondida a traça daninha, que imperceptivelmente irá roendo os corações e os cérebros de vosso lar... Tendes na *Revista Feminina* a verdadeira leitura do lar. (*Revista Feminina*, São Paulo, ano IV, n. 32, p. 26, jan. 1917.)

Mas, contraditoriamente, neste mesmo número, a seção "Vida Feminina" dá notícias do Partido Republicano Feminino em prol das mulheres, e elogia o amparo que o Conselho Nacional das Mulheres na república Argentina prestava às moças carentes do país, dando-lhes instrução. Em outro número, de dezembro de 1917, foi publicada a matéria "A mulher brasileira na guerra", que destaca a atuação das enfermeiras, e ainda: um artigo sobre Francisca Júlia da Silva (1871-1920); poemas da norte-rio-grandense Palmyra Wanderley (1894-1978) e de Olavo Bilac (1865-1918); e notícias do novo livro de Maria Lacerda de Moura (1887-1945), *Em torno da educação*, acompanhado da transcrição de seu primeiro capítulo. Para completar, traz a biografia de duas "heroínas do Brasil" – Joana de Gusmão e Maria Bárbara –, além de reportagens sobre a educação e a alimentação das crianças.

A par a contradição que a dominou todo o tempo, o prestígio que a *Revista Feminina* adquiriu junto ao público leitor costuma ser explicado principalmente pelas estratégias de venda adotadas pela empresa, como o envio gratuito de edições para possíveis assinantes a título de apresentação e a iniciativa de dar publicidade aos trabalhos manuais das leitoras, como bordados, toalhas e rendas, e de vendê-los mediante uma comissão. Outro diferencial significativo era o fato de se remunerar os redatores e também as colaboradoras.

O destaque que a publicação obteve no universo do periodismo feminino justifica o grande número de estudos que a analisam sob os mais diferentes aspectos, desde o literário aos conceitos de feminismo, à seção de culinária, às receitas de comportamento feminino e de felicidade etc.

Fontes: Coleção da *Revista Feminina*, São Paulo, anos III e IV, 1916 e 1917, em formato digital na Hemeroteca Digital Brasileira da Biblioteca Nacional.

Coleção da *Revista Feminina*, São Paulo, ano VIII, eds. 80-91, jan.-dez. 1921, em formato digital no Arquivo Público do Estado de São Paulo. Disponível em: http://www.arquivoestado.sp.gov.br/. Acesso em: 17 out. 2017.

Coleção da *Revista Feminina*, São Paulo, em formato digital no site da Biblioteca Digital da Universidade Estadual Paulista (Unesp). Disponível em: http://bibdig.biblioteca.unesp.br/. Acesso em: 17 out. 2016.

BARROS, Neide Célia Ferreira. A visibilidade feminina através da fala de Anna Rita Malheiros na Primeira República Brasileira. In: ENCONTRO REGIONAL DE HISTÓRIA, 16, Rio de Janeiro. *Anais do XVI Encontro Regional de História da ANPUH-Rio: saberes e práticas cientificas*. Rio de Janeiro: ANPUH-Rio, 2014. Disponível em: http://www.encontro2014.rj.anpuh.org/resources/anais/28/1400156808. Acesso em: 30 maio 2020.

LIMA, Sandra Lúcia Lopes. Imprensa feminina, *Revista Feminina*: a imprensa feminina no Brasil. *Projeto História*, São Paulo, n. 35, p. 221-240, dez. 2007. Disponível em: http://revistas.pucsp.br/index.php/revph/article/view/2219/1320. Acesso em: 26 maio 2020.

MASCARO, Sonia de Amorim. *A* Revista Feminina*: imagens de mulher (1914-1930)*. 1982. Dissertação (Mestrado em História Social) – Faculdade de Filosofia, Letras e Ciências Humanas, Universidade de São Paulo, São Paulo, 1982.

SOARES, Ana Carolina Eiras Coelho. *Receitas de felicidade e espectros de infidelidade: o Código Civil de 1916 e as lições de comportamento na* Revista Feminina *no início do século XX*. 2009. Tese (Doutorado em História) – Instituto de Filosofia e Ciências Humanas, Universidade Estadual do Rio de Janeiro, 2009.

Rio em Flagrante

1914

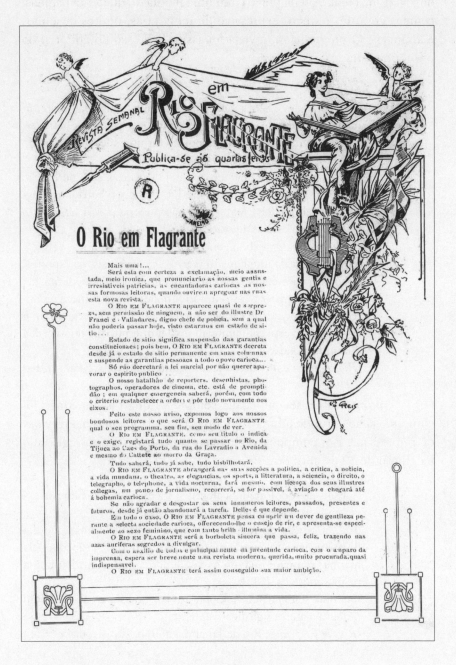

Em 24 de abril de 1914, a imprensa carioca ganhava mais uma revista ilustrada: *Rio em Flagrante*, publicação semanal dirigida por Albuquerque e Daufresne. Curiosamente, este era o nome também de uma seção da revista *Fon-Fon* (1907-1958) que trazia instantâneos de jovens na cidade ou na praia. Com uma média de quarenta páginas, contava com um número expressivo de fotografias, muitos desenhos e anúncios. O programa da revista foi assim expresso no editorial do primeiro número:

> Mais uma!...
> Será esta com certeza a exclamação meio assustada, meio irônica que pronunciarão as nossas gentis e irresistíveis patrícias, as encantadoras cariocas, as nossas formosas leitoras, quando ouvirem apregoar nas ruas esta nova revista.
> O *Rio em Flagrante* aparece quase de surpresa, sem permissão de ninguém, a não ser do ilustre Dr. Francisco Valladares, digno chefe de polícia, sem a qual não poderia passar hoje, visto estarmos em estado de sítio... [...]
> O *Rio em Flagrante* abrangerá nas suas seções a política, a crítica, a notícia, a vida mundana, o teatro, as elegâncias, os esportes, a literatura, a ciência, o direito, o telégrafo, a vida moderna. [...]
> O *Rio em Flagrante* pensa cumprir um dever de gentileza perante a seleta sociedade carioca, oferecendo-lhe o ensejo de rir, e apresenta-se especialmente ao sexo feminino, que tanto brilha e ilumina a vida.
> (*Rio em Flagrante*, Rio de Janeiro, ano I, n. 1, p. 3, 24 abr. 1914.)

A promessa de ser publicada sempre às quartas-feiras não foi cumprida já no segundo número, em função de "problemas nas oficinas de impressão". Em compensação, o sucesso da revista fica registrado na edição de 30 de abril de 1914.

> Causou-nos confortadora alegria o sucesso de nossa revista excedendo às nossas melhores expectativas.
> Toda a edição do *Rio em Flagrante* esgotou-se quase no dia do aparecimento, sendo o restante procurado no sábado, pela manhã, somente quando os vendedores puderam distribuí-la pelos subúrbios. [...]
> Faremos sempre por melhorar a nossa revista e este segundo número o atesta significativamente.
> (*Rio em Flagrante*, Rio de Janeiro, ano I, n. 2, p. 4, 30 abr. 1914.)

Contando com um "competente corpo de redatores e colaboradores", a revista possuía seções variadas, como: "O Rio no Sábado", "destinada a registrar os flagrantes da grande avenida aos sábados, dando-nos ensejo de oferecer ao público as notas *chics* da alta elegância carioca"; "Rio Literário"; "Rio Esportivo"; e "Rio Teatral" – que, conforme sugerem os títulos, tratavam de literatura, de acontecimentos esportivos e de teatro, respectivamente. E, ainda, "Rio Elegante" que se dedicava a dar "notas da beleza e da graça da mulher brasileira". Ao tratar de moda, Mme. Paulette Mangin apresenta figurinos descritos em francês na sua coluna "Rio Elegante". Mas ela também escreve em bom português quando quer criticar os excessos, como no texto "Coisas da moda".

> A moda oferece os seus perigos, pelo menos aqui no Brasil, onde o povo parece não se acostumar com os excessos.
> [...] De concessão em concessão, a moda levará a vestir-se apenas com folha de parreira. Já lhe tirou as mangas dos casacos, as saias de armação, as meias, as calças, os corpetes fechados e agora exige-lhes saias *fendidas* ao lado, como se fossem abas de casaca... Caminhamos para as *toilettes* dos tempos de Eva, no Paraíso.
> (*Rio em Flagrante*, Rio de Janeiro, ano I, n. 2, p. 18, 30 abr. 1914.)

A revista destacou-se por sua qualidade gráfica e editorial, e pela profusão de fotografias e desenhos que ilustravam suas páginas.

Não foram encontradas informações quanto à sua continuidade.

Fontes: *Rio em Flagrante*, Rio de Janeiro, ano I, n. 2, 30 abr. 1914; ano I, n. 2, 30 abr. 1914, em formato digital na Hemeroteca Digital Brasileira da Biblioteca Nacional. Disponível em: www. hemerotecadigital.bn.br. Acesso em: 18 mar. 2015.

A Cigarra
1914-1975

Em 6 de março de 1914 surgiu, em São Paulo (SP), *A Cigarra*, outra revista que fez história no periodismo nacional. O subtítulo praticamente resume toda a sua proposta: "Publicação Dedicada à Mulher com Temas Pautados em Moda, Decoração, Beleza, Televisão". Criada pelo jornalista Gelásio Pimenta e sua esposa, Victoria Serva,[46] tinha periodicidade quinzenal e pertencia à Empresa Gráfica O Cruzeiro S.A. Teve vários endereços: Rua Direita, n. 8A, Palacete Carvalho, do número 1 ao 13; Rua Direita, n. 35, do número 14 ao 42; Rua São Bento, n. 93A, do número 43 ao 320; e Rua São Bento, n. 71, a partir do número 321. Era impressa nas oficinas gráficas da própria revista, primeiro na Rua da Consolação, n. 100, e depois na Rua Brigadeiro Tobias, n. 51.

Ao longo de tantas décadas, teve diversos proprietários e diretores: desde Gelásio Pimenta, Coronel Durval Vieira de Souza e Luiz Correa de Melo a Frederico Chateaubriand, Amélia Whitaker Gondim de Oliveira e Leão Gondim de Oliveira – entre outros, provavelmente. Entre os colaboradores mais conhecidos estavam Olavo Bilac, Vicente de Carvalho, Menotti Del Picchia, Marques Rebelo, Guilherme de Almeida, Monteiro Lobato, Paulo Mendes de Almeida, Oswald de Andrade, Leo Vaz e Paulo Setúbal. E, entre as mulheres, Lygia Fagundes Telles, Elsie Lessa, Elza Marzullo e Helena Ferraz de Abreu.

O que explica sua grande vendagem durante tantos anos é o fato de que o empreendimento tinha representantes em outros estados, como Rio de Janeiro, Minas Gerais, Rio Grande do Sul, Goiás, Santa Catarina e Paraná, e até em cidades do interior de São Paulo. Em seu número 60, a revista informa que era vendida também em Portugal, Estados Unidos, França, Inglaterra e Argentina.

Na primeira edição, o editor explica o título escolhido: "a grande ambição da *Cigarra* é ser uma revista artística: cantar ao sol com voz que se esforçará – ou não fosse ela Cigarra – por fazer alta e estridente. É a sua ambição; não é uma promessa" (*A Cigarra*, ano I, n. 1, p. 1, 6 mar. 1914). Com certeza seu objetivo foi plenamente alcançado, pois, em alguns anos, ela havia se tornado na revista de maior circulação do estado de São Paulo.

E, ainda que inicialmente não tenha sido concebida para o público feminino, rapidamente a revista assumiu esta vocação e passou a dedicar a maior parte de suas páginas, que variavam entre cinquenta e cem, a assuntos relacionados a moda, figurinos, decoração, beleza

---

[46] Gelásio Pimenta (1874-1924) era natural de Campinas. Após seu falecimento, a revista foi assumida por seu cunhado, Leão Serva, e em seguida incorporada ao patrimônio de Assis Chateaubriand, já dono da revista *O Cruzeiro*. Sua esposa, Victoria Serva Pimenta, era uma pianista de renome e professora do Conservatório Dramático e Musical de São Paulo.

e eventos promovidos pela sociedade paulistana e de cidades do interior, sempre ilustrados com muitas fotografias, principalmente de mulheres.

Para atender à demanda do público, foi criada a seção de cartas intitulada "Colaboração das Leitoras", que supostamente transcrevia cartas de leitoras dando sugestões, fazendo elogios, pedindo reportagens ou enviando poemas e contos para serem publicados. O sucesso da seção pode ser avaliado pelo expressivo número de páginas que chegou a ocupar em algumas edições: de dez a quinze páginas!

Em 15 de fevereiro de 1917, Manuel Leiroz publica a crônica "Carnaval", em que ele propõe um passeio com as leitoras pelas ruas e clubes da cidade, para verem a festa carnavalesca. O texto é longo, bem escrito e espirituoso e merece ter alguns trechos transcritos.

> Leitora: quando os seus lindos olhos caírem sobre estas linhas, a cidade terá entrado no período insano das setenta e duas horas carnavalescas.
> Se quiser, ponha o seu *loup* no rosto, aproveite o meu automóvel e façamos uma digressão *à la diable*. Aceita? [...] Partamos, pois. Veja, *mademoiselle*, esta Rua Quinze como está sedutora, assim transformada num oceano de gente. Na varanda do Internacional até os cândidos serafins realizam o seu carnaval, fazendo de gente grande... [...]
> – Chaufeur, ao Trianon!
> [...] vê como a nossa sociedade se reúne e diverte no mais elegante salão que possuímos, e como ali ressoa a estridência do alto luxo. [...] É admirável! Veja! Veja! Mais de duzentas senhoras. E como dançam, e como riem e como se divertem. É o ponto cêntrico da moda, o Trianon! O espírito aqui explode, a alegria reina. Em nenhum outro lugar a vida tem uma expressão tão intelectual e tão fina. [...]
> Fiquemos por aqui, se lhe apraz. O espetáculo seduz mais que o da via pública. O ar, aqui, tem perfumes, os dançarinos *elan*, o ambiente referve numa ebulição de fulgores. [...]
> (*A Cigarra*, São Paulo, ano IV, 15 fev. 1917.)

A opção pelo clube da elite "pela estridência do luxo" é compreensível, pois trata-se da classe social que a revista atende e para quem escreve. Ao final, o cronista tece mais elogios às carnavalescas que encontra, e descreve cenas dignas de um observador sensível e atento ao mundo que o cerca.

Outra seção que caiu no gosto das leitoras foi o "Consultório Grafológico", em que eram traçados perfis psicológico a partir da letra manuscrita. A revista possuía ainda "A Formiga – o Jornal das Crianças", com narrativas curtas e concursos literários e de desenhos; e "Vida Doméstica", com receitas, comentários sobre moda, beleza, trabalhos domésticos e como cuidar de crianças. A "Biblioteca d'*A Cigarra*" surge em 1924, no número 241, com romances para serem colecionados. E trazia, ainda, propaganda dos mais diversos produtos, de perfumes e cosméticos a medicamentos, louças e móveis.

Nas últimas décadas, além de manter os temas de interesse específico das mulheres, a revista diversificou suas matérias – publicando artigos sobre artes plásticas, teatro, música, ciências, cinema, esporte e literatura, além de reportagens sobre o polo industrial e comercial de São Paulo – para ampliar ainda mais seu público leitor. A seção intitulada "A Cigarra Esportiva", por exemplo, a partir de 1917 passou a ser uma publicação autônoma. Com tais estratégias, o periódico atravessou várias décadas, até terminar em 1975.

Fontes: Coleção digitalizada de *A Cigarra*, de 1914 a 1966, na Hemeroteca Digital do Arquivo Público de São Paulo.

ALMEIDA, Jaqueline Moraes de. *Madames e mocinhas em revista: corpo, gênero e moda em* A Cigarra *(1940-1955)*. 197 f. 2015. Dissertação (Mestrado) – Universidade Estadual de Campinas, Instituto de Filosofia e Ciências Humanas, Campinas, 2015.

BAHIA, Juarez. *Jornal, história e técnica*. São Paulo: Ibrasa, 1972.

BUITONI, Dulcília Schroeder. *Imprensa Feminina*. São Paulo: Editora Ática, 1986.

CRUZ, Heloísa de Faria (Org.). *São Paulo em revista: catálogo de publicações da imprensa cultural e de variedade paulistana* (1870-1930). São Paulo: Arquivo do Estado, 1997.

Jornal das Moças
1914-1965

Tendo em vista sua longevidade – mais de 50 anos! –, a distribuição em quase todo território nacional e, ainda, a visão conservadora veiculada pelos cronistas em artigos e reportagens, arrisco afirmar que *Jornal das Moças* foi um dos principais ideólogos do patriarcado entre nós, tendo contribuído fortemente para formatar ainda mais o comportamento de mulheres solteiras ou casadas.

Inspirado nos grandes magazines e tendo como subtítulo primeiro "Revista Semanal Ilustrada", depois "A Revista de maior penetração no Lar", o *Jornal das Moças* foi fundado por Agostinho Menezes[47] no Rio de Janeiro (RJ) em 15 de março de 1914. Propriedade da Editora Jornal das Moças Ltda., localizada na Avenida Rio Branco, n. 31, suas redação e administração ficavam na Rua São José, n. 55. No início, a revista era quinzenal, mas o sucesso a tornou logo semanal, circulando infalivelmente às quartas-feiras.

A partir de 1953, o diretor responsável passou a ser Álvaro Menezes; Alberto Menezes Corrêa, o redator-chefe; e Luiz Sampaio Cordeiro, o gerente. Os colaboradores sempre foram muitos: Dr. Wherter Leite Ribeiro, Oscar Aguiar, Coronel Waldir de Albuquerque, A. Lemos, Major Dr. José Ezagui, Felisberto Noro, Otávio de Almeida, Luiz Goulart, Délio Marcondes, A. M. Spavier, Helio P. de Almeida, Roberto Moura Torres, João Bandeirante, Júlio Adib, Edel Ney e Carlos Gastão. Entre os nomes femininos, sempre em menor número, estavam Carmelita Peredo, Lourdes Portela, Glycia A. Galvão, Irene de Miranda Cotegipe Milanez e Francisca Ribeiro, entre outras.

Se se observa as centenas de edições que se encontram digitalizadas e acessíveis na internet, é possível afirmar que todas as capas traziam fotografias de mulheres, fossem elas atrizes, modelos ou apenas belas desconhecidas. Em seus primeiros números, a revista não tinha uma diagramação clara, e os textos e anúncios pareciam dispostos de maneira aleatória, visando apenas preencher a página.

Aos poucos, a publicação foi se organizando e algumas seções se tornam fixas. Além das clássicas dedicadas à moda e à culinária, tinha também: o "Evangelho das mães", para orientar sobre a criação de filhos, o cuidado com o marido e a casa; "Conselhos de beleza"; e ainda "Caixa", que comentava os textos recebidos, inclusive os não publicados. As propagandas e os anúncios, de medicamentos, médicos, escolas de música, lojas de artigos femininos, salões, manicuras, fogão, máquinas de costura e artigos para o lar em geral, também passam a integrar quase toda edição. Em seus últimos anos, a revista passou a noticiar sobre a vida de celebridades nacionais e internacionais, principalmente atrizes, atores, cantoras e cantores do rádio. E surgem as fotonovelas, desenhadas ou com atores, para a alegria das leitoras.

---

[47] Nada foi encontrado a respeito de Agostinho Menezes, Álvaro Menezes e Alberto Menezes Corrêa, a não ser que eram irmãos e responsáveis pelo *Jornal das Moças* em momentos diferentes da revista.

Havia, ainda, as seções "Arte de ser elegante", assinada por Ivonne; "O que a mulher deve ser"; "Modas e modos", por Giju; e o encarte "Jornal da Mulher", dirigido por Yara Sylvia e que trazia modelos e moldes de roupas, bordados, tapeçaria e pintura, além de conselhos sobre saúde, beleza, comportamento, medicina doméstica e administração do lar.

O primeiro editorial expôs com clareza a "tarefa" a que se impunha o recém-criado *Jornal das Moças*:

> Cultivar, ilustrando, e ao mesmo tempo deleitando o espírito encantador da mulher brasileira, a quem é dedicada esta revista, será o seu, senão único escopo, pelo menos a sua mais viva e mais ardente preocupação. Levar ao lar das famílias patrícias, além da graça e do bom humor que empolgam, da música e canto que embalam, os brincos e contos infantis que deleitam, a moda que agrada, do romance que desfaz as visões tristes da existência, da nota mundana que satisfaz a curiosidade insofrida, os conhecimentos úteis que instruem, eis certamente a mais bela feição da imprensa que procura viver do favor público. [...] "Aceitamos prazerosamente a colaboração das leitoras do *Jornal das Moças*. Não nos comprometemos, porém, a devolver originais não publicados."
> (*Jornal das Moças*, Rio de Janeiro, ano I, n. 1, p. 1, 15 maio 1914.)

A publicação fez questão de reiterar, ao longo de meio século de circulação, seu posicionamento enquanto defensora dos "bons costumes", do "bom senso" e da "família estável", seja através de artigos, seções, conselhos e fotografias, como de textos literários que privilegiavam as personagens dóceis e religiosas. Assim, as leitoras eram sugestionadas a se identificar com aquela mulher idealizada pela revista: gentil, prendada, boa dona de casa e mãe extremosa. Na seção "Arte de ser elegante", a colunista lembra que é tanto necessário cuidar dos pés como da voz, que deve ser grave, sonora, sedutora, baixa, leve, suave...

Na edição de 15 de março de 1915, o artigo intitulado "O que toda mulher deve saber", após dar didáticas explicações sobre escrituração, receita e despesa, assim resume os interesses da mulher:

> A mulher é a gerente do lar. Todos os negócios dependem de uma boa gerência. Um lar mal gerido é um lar arruinado por mais que produza o marido. Diz um rifão antigo: "Se o marido

trouxer dinheiro para casa em carroções e a mulher divertir-se em jogar o dinheiro pela janela com a ponta de uma agulha, vencerá fatalmente a mulher".

(*Jornal das Moças*, Rio de Janeiro, ano II, n. 21, p. 4, 15 mar. 1915.)

Dentre os anúncios, destaco o de Mrs. Francisca Reis, parteira e ginecologista, diplomada pela Faculdade de Medicina de Boston nos Estados Unidos, que anuncia o seguinte: "Evita a gravidez e faz aparecer o curso catamenial por processo científico, sem perigo para a saúde. Trata de todas as moléstias das senhoras. Consulta grátis". Também merecem destaque os anúncios de livros recomendados às leitoras. Na edição de 5 de julho de 1934, encontra-se a indicação de *A nova biblioteca das moças* – "A melhor e a mais criteriosa coleção de romances para moças publicada em português"[48] – e de clássicos da literatura americana, como *Mulherzinhas*, de Louisa May Alcott (1832-1888); *Sonho de moça*, de Kate Douglas Wiggin (1856-1923); e *Pollyanna*, de Eleanor H. Porter (1868-1920), todos fortemente recomendados para a formação do caráter das jovens.

Durante as cinco décadas em que foi publicado, o *Jornal das Moças* nunca se afastou dos temas domésticos e mundanos de sua proposta inicial, independentemente do momento político e histórico que o país estivesse atravessando. Afinal, os assuntos que realmente interessavam às mulheres, segundo a revista, deviam se limitar à vida privada. Seguem-se algumas frases que bem exemplificam as ideias transmitidas para as leitoras:

> Dizer mulher é dizer senhora do lar (*Jornal das Moças*, 30 maio 1946).
> Mostre-se feliz quando ele passar uns dias longe de seus negócios, em casa, podendo desfrutar de calma absoluta [...] e, nesse caso, não peça para ele ajudá-la na limpeza [...] e outros afazeres. Pelo contrário, convença-o de que precisa descansar e recuperar as energias perdidas no trabalho da semana, para que

---

[48] A Biblioteca das Moças foi publicada pela Companhia Editora Nacional entre 1920 e 1960. Composta de 180 volumes, a maioria assinada por M. Delly. Os enredos tinham uma estrutura bem definida, com o casamento apresentado como único destino para a mulher. M. Delly era pseudônimo dos irmãos Frédéric Henri Petitjean de la Rosiére (1870-1949) e Jeanne Marie Henriette Petitjean de la Rosiére (1875-1947), que publicaram mais de uma centena de livros no momento em que o hábito de leitura ganhava espaço entre as jovens da burguesia.

ele possa retornar alegre e satisfeito ao serviço na segunda-feira. [...] Convença-o a passar uns dias fora [...] caçando ou pescando [...] ele voltará mais saudável [...] e lhe agradecerá [...] redobrando seus carinhos (*Jornal das* Moças, 27 out. 1955).

Para ser uma esposa 100% você deve conhecer um pouco de cozinha. [...] a mulher conquista o homem pelo coração, mas poderá conservá-lo pelo estômago [...] (*Jornal das Moças*, 2 out. 1958).

O marido perfeito está ao nosso alcance, se cuidarmos do seu bom humor e não considerarmos nunca como uma obrigação – ou como uma coisa natural – sua eventual colaboração nos trabalhos domésticos. O trabalho caseiro é nosso, o marido tem o seu (*Jornal das Moças*, 2 abr. 1959 *apud* BASSANEZI, 2005, p. 118).

Segundo Carla Bassanezi (2005, p. 120), em substancioso estudo sobre o periódico,

> *Jornal das Moças* tem uma visão bem específica de "felicidade matrimonial". Em todos os seus textos (inclusive nos contos), o homem é colocado como o centro das atenções da esposa. "O bem-estar dos filhos, mas especialmente o do marido é o ponto de referência para a medida da felicidade no lar." Os conselhos da revista dirigidos às leitoras, na realidade, são sobre como fazer com que o marido se sinta feliz no casamento, e não a mulher, ou melhor, a "felicidade da esposa" é tomada como mera consequência da satisfação do marido.

Na década de 1950, as propagandas apontam para os novos tempos: Creme Antisardina, Água de Colônia, Sabonete e Talco Regina, Cerveja Malzbier da Brahma, Leite de Rosas, os absorventes Miss e Modess, o Fogão Heliogás, Toddy e cursos de datilografia e corte e costura por correspondência.

Ainda assim, o *Jornal das Moças* – que sobreviveu de março de 1914 a dezembro de 1968 – consegue ignorar completamente a movimentação das mulheres em busca de seus direitos ocorrida no período, bem como conquistas importantes, como a do direito ao voto pelas brasileiras em 1932. E mais: não incentivava o trabalho remunerado, a independência financeira, o estudo de nível superior. Palavras como "sexo" e "relações sexuais" não aparecem na revista, da mesma forma que "feminismo" e "emancipação".

A mulher que o *Jornal das Moças* ajudou a construir devia ter como único objetivo na vida casar-se, cuidar da casa e servir ao marido.

A "harmonia conjugal" dependia exclusivamente dela, e, para tanto, era necessário ter temperamento dócil, generoso, pronto para perdoar qualquer deslize do outro. Era a concretização da "mística feminina",[49] que só será desmascarada com o ressurgimento do feminismo nas décadas de 1970 e 1980.

Fontes: Coleção de *Jornal das Moças*, incompleta, em formato digital no acervo da Hemeroteca Digital Brasileira da Biblioteca Nacional. Disponível em: www.bndigital.bn.br/acervo-digital/jornal-mocas/111031. Acesso em: 12 set. 2016.

ALMEIDA, Nukácia M. de Araújo de. Revistas Femininas e a educação da mulher: o *Jornal das Moças*. Disponível em: https://alb.org.br/arquivo-morto/edicoes_anteriores/anais16/sem03pdf/sm03ss14_06.pdf. Acesso em: 20 jun. 2018.

BASSANEZI, Carla. Revistas femininas e o ideal de felicidade conjugal (1945-1964). *Cadernos Pagu*, on-line, n. 1, 1 jan. 2005. Disponível em: https://periodicos.sbu.unicamp.br/ojs/index.php/cadpagu/article/view/1682. Acesso em: 15 ago. 2020.

---

[49] *Mística feminina*, de Betty Friedan, foi um dos mais importantes livros do século XX. Publicado em 1963 nos Estados Unidos e traduzido para o português em 1971, o livro responsabiliza a mitificação da realização da mulher enquanto dona de casa, de cercear a liberdade humana, profissional e criativa das mulheres estadunidenses nas décadas de 1950 e 1960.

Via-Láctea
1914-1915

Em 1914, surgiu em Natal (RN) um periódico destinado às moças intitulado *Via-Láctea*. Seu lema, "Religião, Arte, Ciências e Letras", indica aos leitores as áreas de abrangência da revista. Suas responsáveis eram duas jovens, Carolina e Palmira Wanderley, que depois se tornariam conhecidas escritoras no Rio Grande do Norte.[50] De periodicidade mensal e tendo redação localizada na Rua da Conceição, n. 19, era impressa na Tipografia Comercial J. Pinto e Cia. A revista tinha uma singularidade: cada número era impresso num papel de cor diferente: verde, azul, rosa, vermelho, amarelo. Ao todo foram treze números, de outubro de 1914 a outubro de 1915.

O primeiro editorial revela como as jovens estavam conscientes do que representava publicar uma revista naquele momento:

> A mulher natalense tem sido, em todos os tempos, escravizada aos preconceitos – verdadeiros entraves à sua marcha pela vida. Em geral, na estreiteza do meio-ambiente, quando não tenha de cumprir a nobre missão de esposa e de mãe, existe, como se fosse uma planta de estufa. Uma relativa cultura tem-na disposto para diversos misteres honrosos. [...]
> Um gesto decisivo seria o avanço para a emancipação do seu espírito. Que a mulher de amanhã o tenha mais esclarecido! Este gesto de agora o temos nós, e a fragilidade feminina pondo-se à prova em um novo gênero há de empenhar-se na conquista do êxito que a benevolência do público, por certo, assegurar-lhe-á. [...]
> (*Via-Láctea*, Natal, ano 1, n. 1, p. 1, out. 1914.)

A condição para colaborar com a *Via-Láctea* era a autora revelar ao corpo editorial sua identidade, caso preferisse assinar sob pseudônimo. As colaboradoras, também jovens da mais alta sociedade natalense – como Stella Gonçalves, Maria da Penha, Joanita Gurgel, Anilda Vieira, Dulce Avelino, Stellita Melo, Cordélia Sílvia e Sinhazinha Wanderley –, assinaram muitos de seus escritos com outros nomes, como Fanette, Márcia, Marluce, Hilda, Nídia, Zanze, Myriam, Ida Silvestre, Ângela Marialva, Violante do Céu, Jandira, Henriqueta, Stela Dulce, Ceci, Ibrantine, Crinaura, Selene etc.[51]

---

[50] Palmira Wanderley (1894-1978) publicou em diversos jornais e revistas do RN, PE e RJ. Seu livro *Roseira Brava*, de 1929, recebeu o Prêmio da Academia Brasileira de Letras de Poesia. Foi conferencista e escritora de textos teatrais. Sua prima, Maria Carolina Wanderley (1891-1975), também era professora e colaborou em jornais do Rio de Janeiro, Salvador e São Paulo. Feminista, participou ativamente do movimento pelo direito ao voto no Rio Grande do Norte.

[51] Manoel Rodrigues, no *Dicionário da imprensa no Rio Grande do Norte, 1909 a 1987* (1987, p. 230-231), identifica os nomes que se ocultaram nos pseudônimos:

Imprensa feminina e feminista no Brasil

O sucesso da publicação pode ser aferido pelas notas que os jornais da cidade deram a seu respeito. *A República*, por exemplo, em 6 de outubro de 1915 fazia questão de registrar o lançamento de cada número, sempre com elogios à coragem das autoras e à qualidade do material impresso.

> Recebemos o undécimo fascículo da *Via-Láctea*, revista redigida por um grupo intelectual de gentilíssimas senhoritas contemporâneas e já tão popular na sociedade natalense. O presente número é consagrado às aves a respeito de cuja vida traz interessantes assuntos, em prosa e em verso, originais e traduzidos.

Mas, no mesmo jornal, em outra edição – desta vez de 26 de outubro de 1915 –, uma nota anônima revela a surpresa maldosa de certo cronista ao constatar a sobrevivência da *Via-Láctea*:

> A *Via-Láctea* festejou ontem o seu primeiro aniversário. Não nos queiram mal as redatoras da simpática revista por lhes dizer que nunca acreditamos na realização deste milagre. Sempre pensamos que uma revista de moças, redigida exclusivamente por moças, teria em nossa terra a prematura existência das rosas. [...]
> O nosso receio provinha do ambiente intelectual indígena, dessa indiferença de Natal para manifestações artísticas, tidas como desnecessárias à vida da cidade.

Dentre as questões mais debatidas pelas redatoras estava a finalidade da educação feminina. Os artigos ora defendiam uma educação voltada para a função doméstica, ora exigiam que fosse mais consistente para permitir à mulher competir em igualdade no mercado de trabalho. Alguns jornalistas entraram na discussão, como o cronista Jacyntho Canela de Ferro (pseudônimo de Eloy de Souza, irmão da poetisa Auta de Souza), que defendia o modelo de mulher preconizado pela Escola

---

Palmira Wanderley teria assinado como Mirthô, Li Lá, Masako e Ângela Marialva; Maria Carolina Wanderley utilizou Jandyra, Lili, Elmano, Dineze, Jessy, Fanette, Zanzy e Martha Dolores; Umbelina Freitas assinava como Ruth; Anilda Vieira, como Cecy; Noêmia Viveiros, como Ibrantina e Dinah da Costa; Maria A. Varella era Crinaura; Joanita Gurgel era Luisa Bandeira; e Maria das Mercês Leite, Cordélia Silvia.

Doméstica,[52] recém-inaugurada em Natal. A resposta veio rápida, assinada por Dinese – isto é: Carolina Wanderley:

> O Jacyntho revoltou-se contra a *Via-Láctea*, desde o título até a última página; nada se salvou na sua reprovação. É um desiludido, bem o prova! [...]
> Escreveu-nos. Na sua opinião, devíamos fazer da *Via-Láctea* reclamo para um bom casamento. Não estou de acordo, franqueza. Ela não é órgão de um partido de *titias* e não nos ficaria lá muito a gosto trazer ao público uma exposição de nossos conhecimentos práticos, afim de arranjarmos um bom marido.
> (*Via-Láctea*, Natal, n. 4, p. 3, jan. 1915.)

A educação da mulher, a influência da didática estrangeira, o predomínio desta ou daquela literatura (no caso, a francesa ou a alemã) para a formação de cidadãs eram temas constantes, revelando as preocupações e a atualização das jovens. Nas edições de números 5 e 6, o debate promovido entre Ângela Marialva e Martha Dolores (Palmira e Carolina Wanderley) sobre os desdobramentos da emancipação feminina revela que também entre elas não havia consenso. Para Ângela Marialva,

> Emancipar a mulher é atacar, destruir o que há de mais sólido, de mais santo na família e trazer para o ninho caricioso do lar as ervas daninhas dos costumes pervertedores do século, das paixões do mundo. É inutilizar a arma mais poderosa da mulher: o poder melífluo da fraqueza feminina, perante o qual o homem se curva na soberania da sua força. Equiparar o direito político e social da mulher ao homem é desprestigiá-la no valor moral, e destroná-la do reinado doméstico. Seria a mais lamentável das desgraças cujos efeitos maléficos desagregariam a família, arruinariam a sociedade.
> O homem foi criado para as conquistas do mundo, a mulher, para as conquistas do lar. O homem tem um fito: vencer pela força; a mulher, um ideal: reinar pelo coração.
> (*Via-Láctea*, Natal, n. 5, p. 3, fev. 1915.)

---

[52] Durante décadas a Escola Doméstica foi considerada a escola ideal para as jovens da elite nordestina, por valorizar o cotidiano familiar e promover a socialização da mulher. Dentre as disciplinas oferecidas, destacavam-se Puericultura, Economia Doméstica, Etiqueta e Culinária, entre outras (Cf. BARROS, 2000).

Tais colocações conservadoras surpreendem quando comparadas com o conjunto de posições defendidas pela *Via-Láctea*, e foram assim refutadas por Martha Dolores:

> Mas nem todas as mulheres nasceram com as mesmas tendências; elas variam como tudo o mais no mundo. Nem todas se resignam a agir somente no círculo que a sociedade lhe impôs. Tentam dilatá-lo.
>
> Muitas existem incapazes por natureza de dirigir bem uma casa, de confeccionar qualquer trabalho manual próprio de seu sexo... Nas investigações e descobertas das ciências, nas artes, na política, na literatura encontram, porém, tudo o que lhes satisfaça as aspirações.
>
> (*Via-Láctea*, Natal, n. 6, p. 5, mar. 1915.)

O fato de a *Via-Láctea* ter surgido no ano da Primeira Guerra Mundial motivará também textos acerca do conflito, alguns defendendo a França, outros, a Alemanha, como se pode ver na edição número 8, de junho de 1915.

Em 2003, foi publicada uma edição fac-similar da revista, e logo surgiram diversos trabalhos acadêmicos sobre ela e suas autoras, como a monografia de Armando Sérgio dos Prazeres sobre a *Via Láctea*; o estudo de Isabel Cristine Machado de Carvalho sobre Palmira Wanderley; e o de Rosanália de Sá Leitão Pinheiro sobre Sinhazinha Wanderley, entre outros.

Fontes: Via Láctea – *de Palmyra e Carolina Wanderley: Natal, 1914-1915*. Ed. Fac-similar. Estudo, organização e notas de Constância Lima Duarte e Diva Maria Cunha Pereira de Macêdo. Natal: Editora NAC; CCHLA/NEPAM; Sebo Vermelho, 2003.

BARROS, Eulália Duarte. *Uma escola suíça nos trópicos*. Natal: Offset, 2000.

CARVALHO, Isabel Cristine Machado de. *Palmyra Wanderley e a educação da mulher no cenário norte-rio-grandense (1914-1920)*. 2004. Dissertação (Mestrado em Comunicação) – Curso de Jornalismo da Universidade Federal do Rio Grande do Norte, Natal, 2004.

PINHEIRO, Rosanália de Sá Leitão. *Sinhazinha Wanderley: o cotidiano do Assu em prosa e verso (1876-1954)*. 1997. Tese (Doutorado em Educação) – Centro de Ciências Sociais Aplicadas da Universidade Federal do Rio Grande do Norte, Natal, 1997.

PRAZERES, Armando Sérgio dos. Via Láctea: *um painel sobre o jornalismo feminino do Rio Grande do Norte*. Monografia (Bacharelado em Comunicação Social) – Universidade Federal do Rio Grande do Norte, Natal, 1996.

MELO, Manoel Rodrigues de. *Dicionário da imprensa no Rio Grande do Norte, 1909 a 1987*. Natal: Fundação José Augusto; São Paulo: Cortez Editora, 1987.

A Vida de Minas
1915

    A Vida de Minas, "Revista Quinzenal, Ilustrada, Literária", surgiu em Belo Horizonte (MG) no início de 1915. A publicação teve dois períodos: o primeiro, compreendido entre janeiro e junho, e o segundo, a partir de julho do mesmo ano. Esta informação encontra-se na edição número 1, da segunda fase, datada de 15 de julho de 1915.

> Aparece em circulação a revista *A Vida de Minas*, tendo como proprietário o sr. Cysalpino de Souza e Silva e como colaboradores alguns mortais de espírito e um pequeno número de imortais. A revista viverá por longo tempo, e as dívidas que contrair saberá solvê-las. A aceitação que tem tido por parte das poucas pessoas que sabem ler nesta terra e o tino do proprietário em administrar publicações deste gênero são as melhores garantindo o seu futuro. [...] O proprietário d'*A Vida de Minas* fará tudo pelo crédito da nova revista e, estribado em verdadeiros direitos (o que não se admira em pessoa que conhece leis), publicará *A Vida de Minas*, não pretendendo de modo algum reerguer a defunta *Vida de Minas* nem fazer publicação com igual nome.

E assim aparece a revista *A Vida de Minas*.
Assinado: Félix D'Arruda
(*A Vida de Minas*, Belo Horizonte, ano I, n. 1, p. 1, 15 jul. 1915.)

Impresso na Rua Rio de Janeiro, n. 615, possuía em média 45 páginas, com muitas imagens e anúncios. Além de literatura, privilegiou a política e o colunismo social. As assinaturas anuais eram vendidas por 11$000, as semestrais, por 6$000, e o número avulso, a $500. Pouco modesto, o diretor Cysalpino de Souza e Silva chega a afirmar que sua revista era "a melhor publicação do gênero surgida em Minas, tão ou mais bem cuidada com as revistas surgidas no Rio e em São Paulo" (*A Vida de Minas*, p. 2, 15 jul. 1915).

Inicialmente, era apenas uma revista de variedades, dada a diversidade de temas por ela abordados. Porém, a partir da edição número 4 é perceptível o aumento de colunas dedicadas ao público feminino, como "Notas Sociais", com perfis de moças da sociedade mineira, e "Moda" e "Monóculo", que tratavam de comportamento e do que era considerado bom gosto e elegância.

> Belo Horizonte, a nossa formosa Capital, já não prescinde da crônica elegante no seu jornalismo diário; os seus hábitos de cidade civilizada dão já a impressão do cosmopolitismo de Rio e de São Paulo, e a sua vida mundana já se vai tornando igual a dos centros onde imperam o bom gosto e a elegância. [...] Tudo aquilo que revela o *chic* da nossa primeira sociedade não podia permanecer estacionário, dado o progresso rápido que empolgou Belo Horizonte, e a vida intensa que, na *urbs*, se manifesta como um expoente de rápido e crescente desenvolvimento.
> O nosso meio, portanto, sendo um dos mais cultos e elegantes, explica suficientemente a razão de ser desta modesta seção.
> (*A Vida de Minas*, Belo Horizonte, ano I, n. 4, p. 9, 1º set. 1915.)

Mas foi na coluna "Cartas de uma senhora", assinada por Margarida C., surgida na edição 6, que as mulheres passaram a se expressar de forma mais incisiva. Segundo a cronista, "a educação da mulher é muito falha: nós vivemos entre dois extremos – a mulher traste de casa e a mulher frívola, e as que querem fugir deste último ficam no primeiro" (*A Vida de Minas*, p. 57, 30 set. 1915). Na edição seguinte, em carta endereçada ao colunista Milton Prates, que havia feito severas críticas às mulheres, a cronista torna a responsabilizar o machismo pela condição subalterna em que elas ainda se encontravam na segunda década do século XX. Apesar de extensa, a resposta merece ser aqui transcrita, ao menos em parte:

> Sr. Milton Prates,
>
> Em minha carta anterior prometi dizer-lhe porque neste país nós, as mulheres de sociedade, somos geralmente ou frívolas ou sabichonas. Desempenho-me hoje desse compromisso.
>
> A culpa não é nossa, penso eu, porém dos homens, porque são eles os que fazem opinião, os que arbitram os gostos, os que nos dirigem, os que nos governam. E como são zelosos de suas prerrogativas! Nós outras somos criadas desde a infância acostumadas a pensar que nossa sorte e toda a nossa vida dependem daqueles que nos derem seus nomes, e que das boas graças deles dependem nossa felicidade. [...]
>
> Se os homens dessem atenção às mulheres pelo seu talento, pelo seu espírito, pela sua modéstia, por outros dotes que não os da plástica e do colorido, nós queríamos merecer sua preferência por esses dotes, seríamos como as mulheres francesas, que, sem descurar dos atrativos da forma, querem em sociedade primar por *avoir de l'esprit*. [...]
>
> Em nossa atrasada sociedade, que só dá apreço à mulher exterior, à mulher material, nós somos ou queremos ser o que querem que sejamos, criaturas frívolas, porque é esse o ideal dos homens a nosso respeito. Nossa frivolidade é obra deles. [...]
>
> Este pensamento me entristece; tenho pena de minhas jovens patrícias. Felizmente não tenho uma filha para lastimar-lhe a sorte. E, por minha parte, já passei a idade em que tive de pagar o meu tributo de frivolidade.
>
> Margarida C.
>
> (*A Vida de Minas*, Belo Horizonte, ano I, n. 7, p. 11-12, 15 out. 1915.)

O texto deve ter repercutido fortemente, pois muitas leitoras começaram a indagar quem seria a colunista. Mas Margarida C. não quis se expor, até porque suas ideias incentivavam um comportamento que contrariava o padrão desejado na época. Ela mesma esclarece que não gostaria de ter a identidade revelada, nestes termos: "Deus me livre! Que se havia dizer? Quantas ironias não me haviam de acompanhar por toda a parte! A quanto vexame não ficaria exposta!" (*A Vida de Minas*, n. 5-6, p. 57, 30 set. 1915).

Apesar de compreender as reais motivações da condição inferiorizada da mulher, os argumentos que Margarida C. utiliza para justificar a educação feminina endossam ainda o velho pensamento patriarcal de que "a mulher deve ser instruída porque ela é a primeira educadora de seus filhos e a colaboradora constante e eficaz de seu marido" (*A Vida de Minas*, p. 14, 8 nov. 1915). São suas as palavras:

> Qual será o homem de sociedade que não se envergonhará de apresentar como sua esposa uma mulher ignorante e mal-conservada? Quantas uniões não vemos a cada passo mal sustentadas ou desfeitas por este motivo?
>
> Não! A mulher que refletir na missão que lhe é fadada, não descuidará dos atrativos da forma, que aliciam os olhos, e não descuidará também dos adornos do espírito, que atraem as simpatias; deve querer ser formosa, porque a formosura vale muito em seu tempo, mas também deve querer ser bela, porque a beleza moral e intelectual é constante e sobre-existe à caducidade dos atrativos físicos que são o engodo dos sentidos.
>
> (*A Vida de Minas*, Belo Horizonte, n. 8, p. 4, 8 nov. 1915.)

O último número localizado corresponde à edição 25, de setembro de 1916. Não foi possível saber até quando a revista circulou, pois a coleção disponível no Acervo Público da Cidade de Belo Horizonte está incompleta e só dispõe de catorze edições.

Fontes: *A Vida de Minas*, Belo Horizonte, ano I, n. 1, 15 jul. 1915; ano I, n. 4. 1º set. 1915; ano I, n. 7, 15 out. 1915; ano I, n. 8, 8 nov. 1915, em formato digital no site da Prefeitura Municipal de Belo Horizonte. Disponível em: www.pbh.gov.br. Acesso em: 20 jan. 2017.

Dicionário Ilustrado: Volume 2 – Século XX (1900-1949)

A Palavra

1915

A PALAVRA

FOLHA LITTERARIA, HUMORISTICA E NOTICIOSA

| ANNO I | Manáos – Sabbado. 21 de Agosto de 1915 | NUMERO 1 |

Uma palavra sobre "A Palavra„

E' uzeiro e vezeiro, desde os prodomos da humanidade, declarar um jornal em seu primeiro numero ao que vem ao mundo.

Tal costume data de muito longe, dos tempos mais remotos, das éras mais vetustas, e é provavel que o primeiro periodico que surgiu no universo, redigido pelo primeiro homem de imprensa, ostentasse em sua primeira columna o primeiro programma jornalistico traçado sobre a face da terra.

Por isso, obedecendo a esse principio, A Palavra que hoje apparece á retaguarda dos demais orgãos da imprensa manauense, tambem tem o seu programma.

Em uma palavra:

A Palavra que não é politica, noticiosa, critica, humoristica e independente, é tudo isso com o desdobrar do tempo, obedecendo exclusivamente o modo de pensar de seu director e redactores.

Para nos traçarmos um programma sisudo, cheio de preconceitos, estribado em toda philosophia, apregoando as ventos virtudes que não possuimos e depois com o correr dos tempos, com esse evoluir continuo das coisas, mudarmos por completo, como se vê em quazi todos os collegas que surgem á liça?

Eis, pois caros leitores, em traços francos, sem atavios, o nosso programma de jornal.

DR. ORLANDO CARLOS DA SILVA

ADVOGADO

Rua Marechal Deodoro n. 7

Luta vã

Devo esquecer de vez essa creatura que do meu soffrimento se compraz; devo esquecel-a, e, que este amor jamais me encha o calice d'alma de amargura

Hoje mendigo a sonhadora paz que me trazia dúlcida ventura... peza-me agora a sorte tão escura, tão tragico o destino se me faz!

Fallo ás vezes assim no auge da ira que n'alma estruge em rabida procella e desespero mais cruel me atira.

Mas... vindo a calma tão risonha e bella caio de joelhos como quem delira, a Prece a murmurar do nome d'ella.

ROBERTO LOPES

O TRABALHO

(Silvio Romero)

A pagina mais bella e sublime do contigente humano é o trabalho.

Afugenta a mizeria, dissipa o vicio, combate os erros, sana as difficuldades, vence os obstaculos, fortalece o coração, nobilita e engrandece a alma.

Quantas vezes o tédio ou a saudade, a melancholia ou o pessimismo o trabalho espanca, trazendo ao espirito a bonança, a paz e a felicidade?

Sem o trabalho a humanidade feneceria sob o jugo da mizeria, do vicio e do infortunio.

Não haveria sociedade, nem moral, nem virtude, porque o trabalho adianta a sociedade, progride a moral e traz a virtude.

O trabalho glorifica, honra, ennobrece.

E' a santa mensagem da vida.

E' a prosperidade, o engrandecimento do lar, das nações, do mundo emfim.

Trabalhae pobres ou ricos, moços ou velhos; que a bella propaganda, a lei do universo se resume, se encerra no magestoso emblema da vida que constitue o trabalho.

O dia de amanhã vem menos duro, menos sombrio de atravessar, se trabalharmos sempre com perseverança e denodo.

Engolfado no trabalho, procurando passar o tempo, quer seja operario ou titular, os dias serão de certo mais felizes e tranquillos; esquece tudo no mundo; olvida-se até a propria natureza, abandona-se afugentan-se o peor dos vicios a preguiça contagiosa e perniciosa, enfermidade que ataca de preferencia aos ridiculos de almas mizeras e pequeninas!

Amae com ardor o trabalho emblema sagrado que Deus legou como lenitivo as agruras da humanidade soffredora.

A Perfumaria Moderna é a casa especialista em objectos para presentes.

Columna Caixeiral

E' preciso que o empregado do commercio se não entregue tão somente ao labor dessa vida attribulada e burgueza, agoentando a neurasthenia dos patrões cabisbaixo, acarneiradamente, sem um protesto.

Quase sempre essa laboriosa classe é espesinhada, cerceada em seus direitos e nem uma vóz de protesto se levanta, ninguem procura demover o tyrano da sinistra idéa de sempre perseguir a esses encanseaveis homens de commercio.

A Palavra não só offerece uma columna para a defeza de seus direitos tantas vezes conspurcados, como espera collaboração litteraria d'aquelles que gosta horas vagas, gostando proveitoso sport.

Cartas femininas

Minha amiguinha.

D'aqui deste sitio ermo, onde só encontro tristezas para o meu triste viver, dirijo-te estas linhas confidentes mudas das lagrimas, das lagrimas de saudade que verto neste momento.

Irinéa, desde que o egoismo dos meus jogou-me aqui, que levo uma vida de dôr, de suspiro...

As noites aqui são horriveis minha amiguinha.

Imagines uma casinha modesta plantada á margem do rio e á beira da floresta.

Parece poetica não é? E no entanto é tragicamente triste.

As tardes!

Nunca minha amiguinha deseje passar tardes como as que tenho passado.

Quanto mais bonita é a tarde, Irenéa, mais nos intris-

Tendo como subtítulo "Folha Literária, Humorística e Noticiosa", *A Palavra* circulou em Manaus (AM) no segundo semestre de 1915. No exemplar examinado, de número 1, de 21 de agosto de 1915, o editorial assim explica o periódico: "*A Palavra* que não é política, noticiosa, crítica, humorística e independente é tudo isso com o desdobrar do tempo, obedecendo exclusivamente o modo de pensar de seu diretor e redatores".

Ao lado de um poema de Roberto Lopes, "Luta vã", e de um texto sobre Sílvio Romero, a coluna intitulada "Cartas Femininas" se destaca por (teoricamente) dar voz às mulheres. Nesta edição, temos a carta de uma jovem, de nome Angélica, que se dirige à amiga Irinéia para lamentar o infortúnio de viver confinada no interior.

> Minha amiguinha,
> Daqui deste sítio ermo, onde só encontro tristezas para o meu viver, dirijo-te estas linhas confidentes mudas de lágrimas, destas lágrimas de saudade que verto neste momento.
> Irinéa, desde que o egoísmo dos meus jogou-me aqui, que levo uma vida de dor, de suspiro. As noites aqui são horríveis minha amiguinha.
> Imagine uma casinha modesta plantada à margem do rio e a beira da floresta.
> Parece poética, não é? E, no entanto, é tragicamente triste.
> As tardes! Nunca minha amiguinha desejes passar tardes como as que tenho passado. Quanto mais bonita é a tarde, Irinéa, mais nos entristece, mais vemos de perto a imagem... a imagem Delle, minha boa amiga, que é o causador involuntário desse luto que envolve a minha alma [...].
> (*A Palavra*, Manaus, ano I, n. 1, p. 1-2, 21 ago. 1915.)

Também consta desta edição anúncios de perfumarias, cigarros, fábrica de pães e loterias, notas sociais anunciando aniversários, nascimentos, casamentos e a *soirée* dançante no clube e outros textos, literários ou não, como "Recuerdo", assinado por Ignota; "O passado: dedicado a Lea", assinado por Leo; e um sobre a Maçonaria.

Como a maioria dos periódicos sem compromisso com a condição feminina, também este se ocupa de brincadeiras inofensivas, como o "Concurso de Cores", dirigido às moças, que pede que elas preencham o cupom escolhendo sua cor preferida e depois o enviem à redação. E acrescenta: "A cor vencedora será enaltecida com um soneto de 'brilhante poeta da capital'".

Fonte: *A Palavra*, Manaus, ano I, n. 1, 21 ago. 1915, em formato impresso no Acervo de Obras Raras da Biblioteca Nacional.

O Alfinete

1915

O primeiro número de *O Alfinete* surgiu em Natal (RN) em 5 de dezembro de 1915, e o segundo, em 12 de dezembro do mesmo ano. Potyguar Fernandes, conhecido jornalista e humorista da cidade, era um dos responsáveis, mas ele e os demais colaboradores assinavam sob pseudônimos, como Benêgo, Kukero, Milo, Matheis, Tidinho e Kilodon. A novidade é que o pequeno periódico se dirigia às "Moças e Rapazes" e se dizia independente, crítico e humorístico. Além de poemas, textos em prosa e piadas, trazia também as seções "Natal Sportivo" e "A moda feminina" como forma de atender aos leitores de ambos os sexos.

O editorial do primeiro número, de 5 de dezembro de 1915, traz uma crítica irônica ao grande número de jornais que a todo momento surgiam e desapareciam na cidade, nestes termos:

> Para quê?
> Não há necessidade de artigo de fundo. Para quê programa, se em Natal tudo é efêmero? Não podemos garantir a duração do jornal e muito menos cumprir programas.
> O nosso fim, entretanto, é despreocupar rapazes e moças, fazendo o quanto possível para oferecer-lhes uma crítica fina, um humor sutil.
> Queremos substituir a leitura desagradável e monótona dos jornaizinhos pela de assuntos novos, leves, agradáveis. A nossa propaganda é, pois, o silêncio do artigo de fundo, a ausência de programas hipócritas.
> (*O Alfinete*, Natal, n. 1, p. 1, 5 dez. 1915.)

O texto "As Natalenses", assinado por Aragone, compara o comportamento das conterrâneas com o das cariocas, desde então consideradas avançadas. O trecho que se segue exemplifica o tom moralista com que ele se dirige às jovens.

> As simpáticas filhas desta terra, as minhas gentis patrícias, ainda não estão de todo contaminadas do *elevado grau de adiantamento* das belas cariocas.

O Rio é o foco onde as filhas das outras cidades vão beber a moda, que as vezes ali é exagerada. Elas se adaptam logo ao meio, bastante corrompido da Capital Federal, e caem depois em sua terra como um elemento de *progresso* na arte feminina nociva e perigosa para as suas amigas, que ao dar-lhes as boas vindas observam-nas dos pés à cabeça, notando desde o sapatinho da moda, ao cabelo colorido. Requintes de modas, dotes de mulher! E elas são logo dominadas pelo desejo da imitação, porque a mulher é sempre pela mulher, e pensa com ela no modo de encarar as coisas e os homens. [...]

A senhorita natalense tem, como todas as patrícias, o desejo supremo de ser bela, de atrair, conquistar, vencer o homem e desprezá-lo logo depois. [...]

Já se namora em Natal com bastante perfeição. Tempos atrás, não muito longe, a timidez era o característico das nossas senhoritas, e que dificuldade para um pobre pretendente abiscoitar de sua namorada, uma ligeira palestra! [...]

Deus dotou ambos os sexos de inteligência precisa, para se guiarem ao atingirem a idade da razão.

(*O Alfinete*, Natal, n. 1, p. 1, 5 dez. 1915.)

Provavelmente, referia-se às reivindicações que o movimento feminista insuflava nas jovens e estavam presentes em inúmeros periódicos, inclusive no *Via-Láctea* (1914-1915), de Palmira e Carolina Wanderley, que circulava na cidade nesta mesma época.

Não foram encontradas informações sobre a sua continuidade.[53]

Fontes: *O Alfinete*, Natal, n. 1, 5 dez. 1915, em formato microfilme no Acervo de Periódicos Raros da Biblioteca Nacional.

MELO, Manoel Rodrigues de. *Dicionário da imprensa do Rio Grande no Norte (1909-1987)*. Natal: Cortez, 1987.

---

[53] Também circulou em Natal, em 1949, outro periódico intitulado *O Alfinete* ("Crítico, Independente, Noticioso e de Assuntos Gerais"), dirigido por Rivanda Soares e Carmem Azevedo, com a colaboração de E. Martins, Arilda, Carmem, M. de Lourdes, Anita, Teresinha e Branca de Neve, do qual não encontramos maiores informações.

A Violeta

1916-1950

> ### A VIOLETA
> Orgam do Gremio Litterario "JULIA LOPES"
>
> Publica-se duas vezes por mez
>
> | Annò II | Guyabá, 15 de Maio de 1918 | N. 32 |
>
> #### CHRONICA
>
> A CHUVA tende a extinguir-se. A nevoa e o orvalho começam a apparecer.
>
> Nos jardins, as violetas desabrocham, perfumosas.
>
> Nas igrejas, os sinos cantam alegremente; nos altares, flores em profusão.
>
> Maio surgiu, e com elle as festas.
>
> Mez bemdicto! Que de encantos, que de recordações nos trazes!
>
> És o mez de Maria, és o mez das flôres, és o mez do Brazil, és o mez em que uma raça opprimida conseguiu a sua liberdade.
>
> . . . .
>
> Tres dias depois que surgiste prazenteiro, eis-nos commemorando o "Natal da Patria" dessa patria bemdicta, sempre gloriosa, sempre triumphante, sempre respeitada e jamais deshonrada.
>
> Si hoje mantem uma declaração de guerra, que Ella *nem pediu, nem desejou* vemos correr, pressurosos, para a vida das casernas, os jovens e destemidos moços que jamais deixarão de imitar os exemplos dos seus antepassados.
>
> Na paz como na guerra o nome do Brazil sempre triumphou e triumphará, já porque vimos dum povo audaz, que conquistou os mares, já porque temos em nossas veias o sangue do indigena, sempre prompto para defender a terra que lhe serviu de berço.
>
> Orgulho santo; devia ter sido o sentimento dos jovens sorteados ao contribuirem nesse dia em que a patria estava em festas, com a melhor de todas as suas energias, com o exemplo mais dignificante de patriotismo, qual foi esse de trocar, com o sorriso nos labios, a vida despreoccupada e feliz do lar pela afanosa vida militar.
>
> . . . .

Eis mais uma revista feminina que atravessou algumas décadas de história! *A Violeta*, "Órgão do Grêmio Literário Júlia Lopes", fundado no mesmo ano do seu surgimento, circulou de 16 de dezembro de 1916 a março de 1950 em Cuiabá (MT). Impressa na Tipografia da Livraria Globo, teve periodicidade quinzenal até 1918; depois de 1919, passou a ser mensal. A redação ficava na Rua Dr. Joaquim Murtinho, s./n., e a assinatura mensal custava 1$000, se fosse na capital, e 1$200, no interior.

Como outras revistas, *A Violeta* era impressa em formato de 15,5 por 22,5 centímetros e em papel colorido – verde, azul, bege laranja, roxo, amarelo e azul –, o que deve ter contribuído para uma maior fixação de sua marca. Com tão longa duração, é natural que o cabeçalho tenha passado por alterações, assim como a diagramação e o conteúdo. As ilustrações, com desenhos ou fotografias, tornaram-se mais frequentes com o passar dos anos.

Na primeira edição, está explicitado seu principal objetivo: "não ser um repositório de escritos burilados pelo cinzel das inteligências luminosas da nossa terra", mas sim "o escrínio singelo que encerrará em cada uma das suas páginas os nossos primeiros ensaios na vida jornalística". O editorial termina com o convite "a todas que conosco quiserem colaborar para o engrandecimento moral da nossa estremecida terra" (*A Violeta*, ano 1, n. 1, 16 dez. 1916 *apud* NADAF, 1993, p. 23).

Segundo Yasmin Jamil Nadaf (1993, p. 31), estudiosa do periódico, a revista teve quatro diretorias: Maria Dimpina,[54] nos períodos de setembro de 1920 a dezembro de 1921, de maio de 1935 a abril de 1936, e de junho de 1940 a março de 1950; Bernardina Rich,[55] de janeiro de 1922 a abril de 1935; Mariana Póvoas e Benilde Moura, simultaneamente, de maio de 1937 a julho de 1938; e Maria Dimpina e Benilde Moura, também simultaneamente, de agosto de 1938 a abril de 1940.

E entre suas dezenas de colaboradoras, estavam Alzira Freitas Tacques, Amélia de Arruda Lobo, Ana Luiza da Silva Prado, Andradina de Andrada e Oliveira, Antídia Alves Coutinho, Aura Pereira Lemos, Benilde Borba Moura, Hecilda Clark, Iracema Saldanha Ponce, Julieta de Mello Monteiro, Lidia Moschetti, Lola de Oliveira, Maria Santos Costa, Matilde de Almeida, Stella Brum e Suelly Izabel Luiza Ressler.[56]

---

[54] Maria Dimpina Lobo Duarte (1891-1966), natural de Cuiabá (MT), foi professora, primeira funcionária pública do estado e primeira mulher a estudar no Liceu Cuiabano. Fundou o Colégio São Luiz, colaborou em diversos jornais e ajudou a criar a Federação Mato-Grossense pelo Progresso Feminino.

[55] Bernardina Maria Elvira Rich (1872-1942), nascida em Cuiabá (MT), foi importante professora, feminista e intelectual negra de Mato Grosso. Em 1916, participou da criação do Grêmio Literário "Júlia Lopes de Almeida", cujo estatuto previa promover a emancipação das mulheres mato-grossenses. Em 1934, participou da fundação da Federação Mato-Grossense pelo Progresso Feminino.

[56] A década de 1920 foi especialmente profícua em Cuiabá, que viu surgir diversos grupos de trabalho e de sociabilização de mulheres, tais como: a Federação Mato-Grossense pelo Progresso Feminino (1922), a Liga das Senhoras Católicas (1925), a Liga Feminina Pró-Lázaro e o Clube Social Feminino (1928).

O perfil da revista não difere de outras publicações femininas da época, que se ocupavam principalmente de literatura, moda, colunismo social e culinária. Mas, como tinha como propósito informar as leitoras, reportagens sobre o Brasil, a Segunda Guerra Mundial, o movimento feminista e campanhas educativas de higiene e saúde tiveram espaço garantido na revista. Na seção reservada à literatura, além de transcrever poemas, contos e folhetins, também eram divulgados os lançamentos de livros, em especial de escritoras locais.

Segundo a pesquisadora Yasmin Nadaf (1993, p. 19),

> Grande parte de sua produção diz respeito direta e especificamente à mulher – a mulher-esposa, a mulher-mãe, a mulher-namorada, a mulher-filha, a mulher-moça, à mulher-educadora, à mulher-estudante, à mulher-funcionária pública e à mulher-profissional liberal. [...]
>
> Seus escritos, vindos, grande parte deles, de mulheres simples e lutadoras – umas escritoras, outras professoras, funcionárias públicas e autônomas, jovens e donas-de-casa – revelam-nos tanto o "universo" dessas mulheres que os escrevem como o daqueles a quem escrevem: um mundo recheado de criações literárias, desejos, lutas, frustrações, modo de ver e de viver a vida e o dúbio pensamento ideológico conservador e de progresso.

Entre as edições examinadas, destaco algumas: na de número 82, de 18 de junho de 1921, por exemplo, encontram-se poemas de Gilka Machado e Augusto dos Anjos, e uma crônica assinada por Arinapi sobre um novo livro de Júlia Lopes, que merece ser em parte transcrita:

> Mais um livro vem enriquecer a literatura patrícia, graças à dedicação sempre incansável da nossa mui querida escritora D. Júlia Lopes de Almeida. *Jornadas no meu país* é o nome com que foi batizado o novo irmãozinho da *Intrusa*, do *Correio da Roça*. [...]
>
> Ah! Eu jamais tive a felicidade de fazer uma viagem fora do meu berço natal, mas com que prazer li essas páginas tão instrutivas e que eram aos meus olhos uma paisagem encantadora; o descortinar das belezas sem fim que causam o encanto do viajor, nesta extensa zona que apresenta o litoral do Brasil do Guanabara ao Rio Grande. [...]
>
> É esta a nobre tarefa dos bons escritores, espalhar conhecimentos, engrandecer a pátria, instruir deleitando e fazer da mocidade o que

o lavrador faz do campo que deseja fértil – prepará-la por meio de conhecimentos reais para ser o amigo e o defensor da terra patrícia. (*A Violeta*, Cuiabá, ano V, n. 82, p. 1, 18 jun. 1921.)

Na sua simplicidade, a cronista revela o quanto a leitura do livro lhe foi útil, e justifica o porquê de recomendá-lo tão vivamente às companheiras. E nós, leitoras de outro tempo, percebemos que também era esse o papel de muitos periódicos femininos, por mais simples e coloquiais que fossem, pois conseguiam levar até às leitoras – em sua maioria, jovens com pouco acesso à leitura e às informações de seu tempo – não só textos literários que as emocionavam como notícias de mulheres que lutavam pelos direitos de suas irmãs.

Assim como em outros periódicos no que diz respeito à compreensão do movimento feminista, também em *A Violeta* encontram-se posturas diametralmente opostas, que ora enaltecem a mulher dócil e passiva, ora defendem a profissionalização e o direito à educação superior e à independência financeira.

Em 31 de janeiro de 1925, quando a diretora era Bernardina Rich (terá sido ela a autora?), a revista trouxe o seguinte editorial:

> De todos os assuntos que se desenrolaram nesta cidade durante o mês, um nos causou a maior satisfação: estão no Telégrafo praticando diversas senhoritas das aprovadas no concurso realizado ultimamente naquela repartição. [...]
> Que venham a dizer-nos os senhores antifeministas que a mulher não deve ocupar um cargo público; afirmem os pessimistas que ela não pode fazer carreira em uma repartição. Os fatos, em toda a parte como aqui, têm desmentido cabalmente esse conceito pouco lisonjeiro ao nosso sexo.
> Em três repartições federais aqui, onde a mulher já conquistou lugares, o resultado colhido tem provado a falta de razão dos inimigos do feminismo.
> É portanto justo, uma vez que a mulher tenha o necessário preparo para o desempenho do cargo, que lhe é tarefa bem mais leve que os inúmeros serviços domésticos, que exaurem aquelas que não têm meios para mandá-los fazer por outra pessoa, é justo, repetimos, que ela procure um cargo que assegure não só o seu bem-estar presente como o futuro, quando lhe falte o amparo do pai, do esposo ou do irmão, quando a velhice venha a tornar incapaz dos trabalhos que à mocidade é dado fazer.
> (*A Violeta*, Cuiabá, ano VIII, n. 121, p. 1, 31 jan. 1925.)

Alguns anos depois, em 1929, outro artigo, intitulado "Campanha feminina", prima pela ambiguidade. No início, a cronista sugere que vai argumentar a favor das feministas, mas, no segundo parágrafo e nos seguintes, muda o tom e passa a endossar os argumentos masculinos, tornando-os também seus.

> A campanha feminina na conquista do direito de igualdade aos sexos tem dado o que pensar aos homens; é que eles veem nisso uma formidável concorrência ou diminuição de seu poderio, e, para o combater, a arma mais apropriada que encontraram (aliás, poderosa) foi nos fazer acreditar que as mulheres que se metem a homens, isto é, as que se ocupam dos encargos exercidos pelo sexo forte, tornam-se feias e desajeitadas.
>
> Não sei se eles têm razão, mas não resta a menor dúvida que os comícios das sufragistas inglesas em Londres oferecem espetáculos grotescos, tal a quantidade de mulheres feias reunidas, em geral altas, angulosas, dentuças, sardentas, cabelos ruivos cor de ferrugem, os chapéus de palha no cocuruto da cabeça, óculos montados em narizes vermelhos, colarinho, gravata, o casaco gênero alfaiate, o andar desajeitado, mais parecendo homens de saia. [...]
>
> (*A Violeta*, Cuiabá, ano XIII, n. 166, p. 5, 30 abr. 1929.)

Outro artigo, assinado por Mary, assim responde ao amigo que lhe pedia moderação:

> Sou, disse-o já na profissão de fé que foi o meu discurso de posse no Centro Mato-Grossense de Letras, pelo fracionamento do feminismo em dois campos. O feminismo ativo e combatente e o feminismo passivo, neutralizante.
>
> Num, essa plêiade formidável de mulheres intelectuais, formadas, funcionárias que se agitam em legião por este Brasil afora. Noutro, as abnegadas sacerdotisas do lar, as que se sentem bem no aconchego sagrado da família, que querem permanecer ignoradas e ignorantes do tumulto que reina cá fora... [...]
>
> E quem, senão a mulher, a parte prejudicada, cujos argumentos decisivos não mais sendo letra morta, poderá restituir o equilíbrio no equitatismo social?
>
> É por isso que o meu feminismo anda exaltado, se bem que eu seja uma feminista moderada e conciliadora.
>
> (*A Violeta*, Cuiabá, ano XVI, n. 196, p. 3, 31 mar. 1932.)

Ainda nesta edição, foi transcrito o discurso de Maria Eugênia Celso,[57] vice-presidente da Federação Brasileira pelo Progresso Feminino, feito pelo microfone da Rádio Sociedade do Rio de Janeiro, com o título "5 Minutos de Feminismo".

Assim, ao mesmo tempo em que divulgava poemas românticos para mulheres idealizadas, contos cujas protagonistas viviam em função do amor de um homem que as ignorava e artigos que reiteravam o papel doméstico como sendo o único que elas eram capazes de desempenhar, *A Violeta* cumpriu o importante papel de dar às leitoras a nova imagem de mulher que se construía naqueles tempos, e também de participar da luta pela ampliação de seus direitos civis, trabalhistas e intelectuais.

Segundo Yasmin Nadaf (1993), foram publicados 309 exemplares da revista. Mas a Biblioteca Nacional não dispõe da coleção completa, nem em formato digital nem em microfilme.

Fontes: *A Violeta*, Cuiabá, ano II, n. 28, 2 mar. 1918; ano II, n. 31, 30 abr. 1918; ano II, n. 33, 30 maio 1918; ano III, n. 56, 15 set. 1919; ano III, n. 45, 20 fev. 1919; ano XVIII, n. 218, out. 1934; ano XIX, n. 220, 28 fev. 1935; ano XXV, n. 276, 31 maio 1941; ano XXVIII, n. 309, 30 jun. 1944; ano XXIX, n. 325, 28 nov. 1945, em formato impresso no acervo particular de Constância Lima Duarte.

Coleção de *A Violeta*, Cuiabá, em formato digital na Hemeroteca Digital Brasileira da Biblioteca Nacional. Disponível em: www.bndigital.bn.br. Acesso em: 21 dez. 2016.

Coleção incompleta de *A Violeta*, Cuiabá, em formato microfilme no Acervo de Periódicos Raros da Biblioteca Nacional.

NADAF, Yasmim Jamil. *Sob o signo de uma flor: estudo da revista* A Violeta, *publicação do Grêmio Recreativo "Júlia Lopes" – 1916 a 1950*. Rio de Janeiro: Sette Letras, 1993.

---

[57] Maria Eugênia Celso (1886-1963), nasceu em São João del Rei (MG) em família ilustre: era filha do Conde e Condessa de Afonso Celso, e neta do Visconde de Ouro Preto. Participou ativamente do movimento feminista ao lado de Bertha Lutz. Publicou poemas, romances, crônicas, teatro e biografia.

Revista da Semana
1916-1955

Tendo como subtítulo "Publicação de Arte, Literatura e Modas", a *Revista da Semana* circulou no Rio de Janeiro (RJ) de 1916 a 1955,[58] com algumas interrupções. Propriedade da Editora Americana, foi no início dirigida por Aureliano Machado, mas, após seu falecimento em 1936, sua esposa Adelaide Aureliano Machado assumiu a direção não só desta, mas também de outras publicações da Editora Americana, como a popular *Eu Sei Tudo*.[59] A redação funcionou pelo menos em dois endereços: na Praça Olavo Bilac, n. 12-14, e na Rua Buenos Aires, n. 103.

---

[58] Não se sabe ao certo quando a *Revista da Semana* surgiu. Alguns sites informam que teria sido em 1928, mas Dulcília Buitoni afirma que foi em 1916. Só que, curiosamente, a edição de 20 de outubro de 1928, a que tive acesso, informa que aquele era o n. 44, do Ano XXIX... Se esta informação estiver correta, a revista teria surgido em 1899?!

[59] *Eu Sei Tudo* (1917-1958?), "Magazine mensal ilustrado", Propriedade da Companhia Editora Americana, que editou também a *Revista da Semana* e *A Scena Muda*. Como

Foram examinadas diversas edições referentes aos anos de 1928, 1936, 1937 e 1938. Nas capas, predominam figuras femininas brancas, jovens e risonhas ou de paisagens com mar, rios, céu, árvores, montanhas. Cada número tem 48 páginas e traz uma variedade de seções, entre elas, de literatura, moda e crônica social.

Dentre os nomes que assinam os textos literários não há conhecidos, nem mesmo entre os estrangeiros – João Luso, Barros Vidal, Nenê Macaggi, Georges Pourcel, Danny Dan, J. Joseph-Renaud e Albert Jean –, sugerindo que possam ser pseudônimos.

A moda feminina ocupa diversas páginas e seções. Por exemplo, uma crônica "enviada de Paris", de 20 de outubro de 1928, traz o seguinte comentário:

> Para as mulheres que praticam o *sport*, mas que nem por isso deixam de ser femininas, a moda tem importância capital. Por isso cuidam do seu vestuário com a mesma atenção e minuciosidade que possa ter qualquer outra senhora quanto à sua *toillette* dedicada à vida mundana.
>
> (*Revista da Semana*, Rio de Janeiro, 20 out. 1928.)

E seguem-se modelos de vestidos, chapéus, acessórios etc. Em outra carta, intitulada "Arte e Técnica", a cronista Sophia Magno de Carvalho, diretora do Lyceu Império de Londres, após minuciosas descrições de vestimentas, informa que "Para que as minhas notícias sejam as mais recentes, enviarei sempre minhas colaborações de avião, como já prometi nas correspondências anteriores" (*Revista da Semana*, p. 12, 31 out. 1936). Já a seção "O que está na moda" traz conselhos de como se deve comportar em sociedade.

Nas colunas sociais, os relatos de festas e cerimônias, principalmente oficiais e políticas, são fartamente registradas com fotografias. Dentre as propagandas chama a atenção as de cigarro para mulheres, que estão no interior da revista e na quarta capa. *Revista da Semana* teve também um consultório de beleza, cujas consultas eram feitas através de cartas e respondidas por Selda Potocka, que sugeria cremes, tratamentos de pele, banhos de imersão.

Algumas edições – como as de 26 de dezembro de 1936 e de 18 de setembro de 1937 – foram acompanhadas do suplemento *Jornal das*

---

todo almanaque, *Eu Sei Tudo* tentava dar conta de vários assuntos, tendo em vista seu público diversificado, de homens, mulheres e crianças.

Famílias, com figurinos, costuras e bordados, além das seções "A vida no lar", "Receitas", "Conselhos práticos" e "Economia doméstica".

Mas a *Revista da Semana* felizmente não era só isso. Também tiveram espaço em suas páginas notícias de personalidades femininas atuantes e feministas. Desde 1916, foi criada uma interessante seção, "Cartas de Mulher", que era assinada por Iracema, cuja identidade permanece desconhecida ainda hoje. Segundo Dulcília Buitoni (1985, p. 83),

> Iracema pode ser um pseudônimo ou o nome verdadeiro. No entanto, mais que sua identidade, o que importa é o significativo papel que seus escritos representaram. Primeiramente, eram verdadeiras crônicas jornalísticas por sua vinculação com a atualidade, pelo uso de cenas, pela demonstração de um estilo pessoal. Depois, foram um espaço aberto para questões fundamentais em relação à mulher e à sociedade. Da Primeira Guerra à gripe espanhola, de considerações sobre o Presidente Wilson às críticas contra o ideário anarquista, as "Cartas de Mulher" acompanhavam o seu tempo. Mas ainda abriam espaço para uma líder feminista como Bertha Lutz, filha do pioneiro em medicina tropical Adolfo Lutz, expor suas ideias.

Foi precisamente na coluna "Cartas de Mulher" que Bertha Lutz (*apud* BUITONI, 1985, p. 85)[60] publicou seu primeiro artigo ao retornar da Europa, em 1918, depois considerado o texto "detonador" do movimento pelo sufrágio feminino no Brasil:

> Sou brasileira e durante os últimos sete anos estive estudando na Europa. Foi com muita pena que observei no meu regresso o que a senhora diz sobre a falta de reverência e respeito para com a mulher, que se observa em nossa capital. O tratamento da mulher em público é penoso para ela e não contribui para honrar os nossos patrícios. [...]
> Mas uma das maiores forças de emancipação e progresso está em nosso poder: a educação da mulher e do homem. Dela, para que

---

[60] Bertha Maria Júlia Lutz (1894-1976), nascida em São Paulo, filha do conceituado cientista Adolpho Lutz, foi uma das figuras mais significativas do feminismo brasileiro do século XX, identificado à corrente "bem-comportada" ou burguesa. Formada em Paris, tornou-se conhecida como bióloga, diplomata e política, além de maior líder na luta pelos direitos políticos das mulheres brasileiras, principalmente pelo direito de votar e serem votadas.

seja intelectualmente igual e para que sua vontade se discipline. Dele, para que se acostume a pensar que a mulher não é um brinquedo para o distrair; para que, olhando sua esposa, suas irmãs e lembrando-se de sua mãe, compreenda e compenetre-se da dignidade da mulher.

Este artigo de Bertha Lutz é longo, importante e muito didático. Apesar de se dirigir a Iracema, na verdade ela se dirige às leitoras e leitores da *Revista da Semana* para dar seu recado feminista. Recado esse que a publicação se encarregou de divulgar ao longo de mais de quatro décadas em que continuou circulando.

Em outra edição, de 18 de setembro de 1937, encontra-se a transcrição de uma interessante entrevista que a senadora tcheca Plaminkova deu à jornalista francesa Madeleine Levée sobre direitos das mulheres e o papel político e social que deveriam ocupar. Ela informa, com visível orgulho, que na Tchecoslováquia as mulheres podiam cursar universidades, e que em 1918 já tinha sido eleita no país a primeira mulher juíza. Cito o trecho em que ela comenta sobre homens e mulheres:

> [...] a mulher tem pontos de vista diferentes que completam os do homem e que podem servir em beneficio de um e de outro. Mas não se esqueça que, entre nós, as mulheres têm direito ao voto desde 1861. Detemos os direitos mais antigos do mundo, porque, no tempo das guerras célebres no século XV, a mulher era igual ao homem, discutindo os negócios políticos do país e recebendo a mesma instrução.
> (*Revista da Semana*, Rio de Janeiro, p. 44-46, 18 set. 1937.)

Depoimentos como esse, assim como reportagens tratando do avanço obtido por mulheres em outros países, com certeza contribuíram positivamente para ampliar as pretensões femininas.

Fontes: Exemplares de *Revista da Semana* 1928 a 1938, em formato impresso, cedidos para consulta pelo Dr. Augusto Coutinho, colecionador de revistas de Belo Horizonte.

BUITONI, Dulcília H. Schroeder. "Crônica/Mulher, Mulher/Crônica". *Boletim Bibliográfico Biblioteca Mário de Andrade*, São Paulo, v. 46, n. 1/4, p. 81-89, jan.-dez. 1985.

Coleções digitalizadas podem ser encontradas no site da Hemeroteca Digital Brasileira da Biblioteca Nacional, disponível em: http://memoria.bn.br, e na seção de Obras Raras da Biblioteca Pública Arthur Vianna, do Pará, disponível em: http://www.fcp.pa.gov.br/obrasraras/a-semana-revista-illustrada. Acesso em: 26 jul. 2021.

Penna, Agulha e Colher

1917-1919

Criada em meados de outubro de 1917 como suplemento do jornal *A Época*, de Florianópolis (SC), *Penna, Agulha e Colher*, o "Semanário de Donas e Donzelas", já em seu primeiro ano de existência ganhou vida própria, atraindo os olhares e a colaboração de escritoras da capital catarinense. Delminda Silveira, Edésia Aducci, Lea Heloísa Açucena do Valle, Thelma, Ignez, Fabíola e Guilhermina, entre outras, encontraram no jornal de Zenir Alcéa um espaço para divulgar suas produções literárias.

O curioso título – que era ilustrado com três cenas: uma mulher costurando, outra cozinhando e a terceira escrevendo – resumia as atribuições e qualidades esperadas das mulheres: a agulha representando os cuidados com o lar; a colher, porque as mulheres deviam dominar as técnicas de forno e fogão; e a pena, instrumento da escrita, permitida desde que "não ferisse os princípios morais".

Embora o semanário tivesse franca aceitação do público leitor, um artigo assinado pela editora Zenir Alcéa, na edição de 1º de dezembro de 1917, chama a atenção para as dificuldades em manter o periódico:

Pedido patriótico

Assim como ninguém vive de ar, um jornal não pode viver, ou, pelo menos, melhorar, com o decorrer dos anos se não o ajudarem com suas assinaturas, os que pelo seu desenvolvimento se interessam. Ora, quem há de interessar-se por um jornal católico senão os católicos? E por um jornal de moças, senão as moças? [...] Espero, porém, que sejam verdadeiras patriotas, manejando as armas da imprensa: senão escrevendo, ao menos ajudando as que o fazem. [...] Caras patrícias, aqui vos deixo o pedido: assinai o jornalzinho *Penna, Agulha e Colher*, cuja assinatura custará apenas 2$000 por ano, ou 200 réis por mês, se quiserdes pagar mensalmente; e sede suas constantes leitoras, para que germine em vós o desejo de também escrever, aperfeiçoando-vos, assim, no estudo da língua vernácula.
(*Penna, Agulha e Colher*, Florianópolis, ano I, n. 7, p. 1, 1º dez. 1917.)

Em suas páginas, as leitoras tinham acesso a poemas, contos, concursos literários e a seções voltadas para o lar, à culinária e ao cuidado com os filhos, como "Conselhos Práticos" e "Receitas". Por ser uma publicação identificada à religião católica, há referências elogiosas a Amélia Rodrigues (de *A Paladina do Lar* e *A Voz*) e o incentivo para que as leitoras se filiassem à Aliança Feminina, fundada em 1918 pela escritora baiana, que se pautava por um ideário nacionalista, conservador, anticomunista e antiprotestante. Segundo Vanessa Amorim Milioli Bittencourt (2005, p. 47), parte dos textos se referiam à figura de Maria, tomada como exemplo a ser seguido pelas leitoras.

Na edição de 8 de fevereiro de 1919, após aumentar o valor das assinaturas, Zenir Alcéa apela para a compreensão das leitoras, nestes termos:

Conversa bem séria com as leitoras

Ah, minhas senhoras e senhoritas, que tudo isso custou muito dinheiro e que os outros gastos já eram consideráveis. Por outro lado, as assinaturas não são muitas, e a nossa subscrição está quase parada.

Será que não tendes amor à boa imprensa? ou que não vos entusiasma, pelo menos, o desejo de ver prosperar e crescer um jornal vosso, um jornal que pode, se o ajudardes, dar glória e renome a muita patrícia que, sem ele, nunca teria sido cultivado sua inteligência?! [...]

Como vedes, caras leitoras, a vida e o progresso da P., A. e C. estão inteira e unicamente em vossas mãos. Deixá-la-eis morrer?

(*Penna, Agulha e Colher*, Florianópolis, ano II, p. 1, 8 fev. 1919.)

Concordo com Zahidé Lupinacci Muzart (2003) quando afirma que a importância deste pequeno jornal não está no valor literário dos textos que publicou, "mas no fato de ser dirigido por mulheres e escrito por mulheres para mulheres", além de oferecer às jovens um espaço para publicação.

O último exemplar encontrado na Hemeroteca Digital Catarinense data de 20 de dezembro de 1919, que talvez seja a data de encerramento do jornal.

Fontes: Coleção de 76 edições de *Penna, Agulha e Colher*, em formato digital na Hemeroteca Digital Catarinense. Disponível em: http://hemeroteca.ciasc.sc.gov.br/Listas/letraP.html. Acesso em: 4 fev. 2015.

Penna, Agulha e Colher, ano III, n. 5, 29 nov. 1919, em formato digital no Acervo da Biblioteca Pública de Santa Catarina. Disponível em http://hemeroteca.ciasc.sc.gov.br/jornais/pennaagulhaecolher/ano%20III/PEN1919015A3.pdf. Acesso em: 20 set. 2021.

BITTENCOURT, Vanessa Amorim Milioli. *As imagens femininas representadas o jornal* Penna, Agulha e Colher *nos anos 1917 a 1919*. 2005. Monografia (Bacharelado em História) – Universidade Federal de Santa Catarina, Florianópolis, 2005.

MUZART, Zahidé Lupinacci. Um jornal feminino no século XX. *Diário Catarinense*. Florianópolis, 14 nov. 1988.

MUZART, Zahidé Lupinacci. Uma espiada na imprensa das mulheres no século XIX. *Revista Estudos Feministas*, v. 11, n. 1, Florianópolis, p. 225-233, jan.-jun. 2003.

Tribuna Feminina

1917-1924

Importante publicação do feminismo brasileiro, *Tribuna Feminina* surgiu no Rio de Janeiro em 1917, tendo como principal responsável a incansável Leolinda Daltro.[61] Dentre seus objetivos estava divulgar as iniciativas do Partido Feminino Republicano, ousada organização de um grupo de 27 mulheres composto por professoras, escritoras e donas de casa que tinha como foco agitar o ambiente político do país e exigir o reconhecimento do direito das mulheres enquanto cidadãs. Orsina da Fonseca (1858-1912), feminista, amiga pessoal de Leolinda e esposa do ex-presidente Hermes da Fonseca, fazia parte do grupo.

O programa do Partido Republicano Feminino destacava a luta pelo sufrágio como o primeiro passo para a plena incorporação das mulheres ao mundo público.[62] Aliás, o debate em torno do direito ao voto estava na imprensa desde a década de 1870, graças principalmente ao empenho de mulheres como Senhorinha da Mota Diniz e Josefina Alvares de Azevedo.[63]

Assim, os primeiros passos de um movimento organizado feminino no Brasil tiveram a forma de um partido político. No artigo 1º de

---

[61] Leolinda de Figueiredo Daltro (1859-1935) nasceu na Bahia e faleceu no Rio de Janeiro. Foi professora, indigenista e feminista das mais atuantes. Atuou na alfabetização de grupos indígenas visando sua integração na sociedade, evitando, porém, qualquer envolvimento religioso. Após a fundação do Partido Republicano Feminino, tentou, sem sucesso, se alistar para votar em algumas eleições. Seu grupo usava táticas semelhantes às das inglesas lideradas por Emmeline Pankhurst (Women's Social and Political Union – WSPU), como promover passeatas barulhentas e tumultuar eventos públicos para conseguir o direito de discursar e chamar a atenção da imprensa, do público e dos políticos.

[62] Em 1917, o deputado Maurício de Lacerda apresentou a Emenda 47, de 12 de março, incluindo a participação de mulheres maiores de 21 anos, mas perdeu na Comissão de Constituição e Justiça.

[63] Francisca Senhorinha da Mota Diniz, mineira de Campanha (ou de São João del Rei), também foi incansável na defesa do sufrágio em seus jornais – *O Sexo Feminino* (1873-1889) e *O Quinze de Novembro do Sexo Feminino* (1889-1890) –, assim como Josefina Álvares de Azevedo, autora do texto teatral *O Voto Feminino* e editora do periódico *A Família* (1888-1897).

seu Estatuto publicado no *Diário Oficial* de 17 de dezembro de 1910, constava o seguinte:

> Art. 1º De acordo com o art. 72, §8º da Constituição da República dos Estados Unidos do Brasil, fica fundado o Partido Republicano Feminino, que obedecerá ao seguinte programa:
>
> §1º Congregar a mulher brasileira na capital e em todos os estados do Brasil, a fim de fazê-la cooperar na defesa das causas relativas ao progresso pátrio.
>
> §2º Pugnar pela emancipação da mulher brasileira, despertando-lhe o sentimento de independência e de solidariedade patriótica, exalçando-a pela coragem, pelo talento e pelo trabalho, diante da civilização e do progresso do século.
>
> §3º Estudar, resolver e propor medidas a respeito das questões presentes e vindouras relativas ao papel da mulher na sociedade, principalmente no Brasil, pleiteando as suas causas perante os poderes constituídos, baseando-se nas leis em vigor.
>
> §4º Pugnar para que sejam consideradas extensivas à mulher as disposições constitucionais da República dos Estados Unidos do Brasil, desse modo incorporando-a na sociedade brasileira.
>
> §5º Propagar a cultura feminina em todos os ramos do conhecimento humano.
>
> §6º Estabelecer entre as congregadas o interesse pelas questões, progressivamente, desde o lar até a agricultura, o comércio, a indústria, a administração pública e as questões sociais.
>
> §7º Combater, pela tribuna e pela imprensa, a bem do saneamento social, procurando, no Brasil, extinguir toda e qualquer exploração relativa ao sexo.
>
> §8º Fundar, organizar e regulamentar, dirigir e manter instituições de utilidade geral e outras de proveito exclusivo, cujos cargos sejam preenchidos, tanto quanto possível, pelas sócias do partido, podendo-se desde já mencionar as de instrução, de educação, de beneficência, de assistência geral, de crédito mútuo, de cultura física, de diversões etc.

Em 18 de agosto de 1911, o partido recebeu o registro oficial, depositado no 1º Ofício de Títulos e Documentos do Distrito Federal. A primeira diretoria foi assim constituída: presidente Leolinda de Figueiredo Daltro; vice-presidentes Maria Carlota Vaz de Albuquerque e Emília Torterolli Araldo; secretárias Hermelinda Fonseca da Cunha e Silva e Gilka Machado; tesoureira Goldemira Moreira dos Anjos; arquivista

Áurea Daltro; procuradora Alice Esperança Arnosa; e zeladora Vitalina Faria Sena.[64]

Segundo Mary Del Priore (2004), o jornal contava com as colaborações da barbacenense Maria Lacerda de Moura e da portuguesa Ana de Castro Osório. Esta última publica, em 1924, um artigo sobre o "feminino burguês", em que afirma: "Onde houver uma mulher, está uma irmã que nos cumpre amparar, proteger", sejam elas prostitutas, operárias ou princesas, mulheres vítimas todas de preconceitos e iludidas por aqueles que pretendendo educá-las forjam cadeias para prendê-las (PRIORE, 2004, p. 426).

Surpreendentemente, não foram encontrados exemplares do jornal nos arquivos pesquisados. Apenas artigos e referências a ele na internet e em outros periódicos.

Fontes: PRIORE, Mary Del (Org.). *História das Mulheres no Brasil*. Coordenação de textos por Carla Bassanezi. São Paulo: Contexto; Editora da Unesp, 2004.

KARAWEJCZYKA, Mônica. Os primórdios do movimento sufragista no Brasil: o feminismo "pátrio" de Leolinda Figueiredo Daltro. *Estudos Ibero-Americanos – PUC-RS*, v. 40, n. 1, p. 64-84, jan.-jun. 2014.

Disponível em: http://revistaseletronicas.pucrs.br/ojs/index.php/iberoamericana/article/viewFile/15391/12462. Acesso em: 12 dez. 2016.

---

[64] Estavam presentes na assembleia, além da diretoria: Ida Auta Marques Soares, Josefina Teixeira, Leonor Nunes de Simas, Maria Antonieta de Oliveira Fontes, Justina Celeste Brasil, Odile Bittencourt, Aristeia Cardoso, Olga Cardoso, Maria de Sousa, Hermogênea de Carvalho, Antonieta Faria Sena, Laura Esperança Arnoso, Maria Rodrigues de Oliveira, Henriqueta Marques, Amália Mallet, Francisca Mallet, Eudóxia dos Santos Rebelo e Emília Augusta Braga de Almeida.

Futuro das Moças
1917-1918

O *Futuro das Moças*, "Revista Semanal Ilustrada", começou a circular no Rio de Janeiro (RJ) em 4 de abril de 1917. Com redação e administração localizadas na Avenida Rio Branco, números 135 e 137, era vendida por meio de assinaturas anuais e semestrais: 13$000 e 7$000, respectivamente.

Seu primeiro editorial expõe as boas intenções dos responsáveis pela publicação, preocupados, talvez, com o conflito bélico que avançava pela Europa e poderia ameaçar outros territórios.

Às moças, ao sexo feminino em geral, sob cuja égide se coloca, apresenta suas credenciais o "FUTURO DAS MOÇAS", revista semanal destinada ao desenvolvimento literário, cientifico e de culto à mulher.

Qual o futuro das moças em nosso país, nesse meio social em que vivemos? Que lhes pode influir na diretriz para o dia de amanhã, povoado de sombras, de dúvidas, de incertezas, caminho a seguir que é preciso desbravar para que as urzes não entorpeçam os ânimos, e, desanimadas, achando longo e fatigante o percurso, não venham as moças de hoje a quedar-se na estrada?

[...] Só a instrução em suas diversas modalidades, já nas letras, já nas ciências, já nas artes, poderá fornecer o material necessário para o bom desempenho das funções de que a mulher for investida. É fazendo aplicação dos conhecimentos adquiridos que a mulher, escrevendo, discutindo, fazendo valer sua opinião, valorizando enfim a soma de suas aptidões vai patenteando o talento que possui; e assim, com essa incitação às outras de seu sexo, surgem literatas, prosadoras, pensadoras ou poetisas, cientistas e artistas. [...]

Assim, pois, o "FUTURO DAS MOÇAS" é a arena onde, em diferentes secções, torna-se a tribuna de defesa da mulher, como o escrínio de escritos reveladores de seu adamantino talento; é o lugar onde pode ensaiar os primeiros passos literários aquela que, timorata por ser novel, receia aventurar-se enviando trabalhos que, algumas vezes, seriam de grande e incontestável valor. Aqui deixamos as nossas páginas franqueadas às gentilíssimas senhoras e senhoritas que nos honrarem com a sua colaboração. (*Futuro das Moças*, ano I, n. 1, p. 1, 1917.)

Nos exemplares examinados, a revista conciliava entretenimento e reflexão, pois colocava na mesma edição textos literários, passatempos, notícias sobre moda, comportamento e culinária ao lado de outros discutindo educação, direito ao voto e ao trabalho. No texto que se segue, é possível conhecer as jovens que integravam o grupo apoiador da revista.

As mais inteligentes, Yára e Alice de Almeida; a mais bela, Robine (A Francesa); a mais inspirada. Rosa Rubra; a mais artista Hilda Thide; a mais fraca... de coração, Theda Bara; a mais ilustrada, Helena D. Nogueira; a mais apaixonada, Francesca Bertine; a mais faceira Hesperia; a mais mignon, Iracema C. Mello; a mais gárrula [eloquente, tagarela], Nair Fonseca; a mais sentimental, Frida de Thalberg; a mais talentosa, Jurema Olívia; o eterno tema,

La Figlia del Giglio; a mais meiga, Lucia Dias; a mais sensível, Olinda Pires; [...] a mais nostálgica, Suzanne Grandais; a mais desiludida, Napolitana; a mais atraente, Miss Thebaida; a mais carinhosa, Carmosina Rosa; a mais esquiva, Diana Karenne; e entre esses corações felizes, eu sou a única Alma Triste.
(*Futuro das Moças*, Rio de Janeiro, ano I, n. 25, p. 3, 1917.)

Já outro texto, assinado por Eurydece Kallut, endossava o comportamento corriqueiro das mulheres, limitado ao lar, ao papel de mãe e aos trabalhos domésticos.

Ser mulher, e saber ser

Uma filha que sabe cobrir de glórias o nome dos seus progenitores saberá honrar o nome do esposo, e ensinar aos filhos o caminho da virtude. Não é da mulher destemida que te falo, nem daquela cuja única preocupação é a moda, pois nenhuma dessas pode servir de espelho para nós. É na mulher virtuosa, na mãe amantíssima, na esposa carinhosa e na filha obediente que os nossos olhos se devem fixar. [...] A educação de uma menina influi muito para a sua moral, mas como não há regra sem exceção, a sociedade nos tem mostrado que não seguem os exemplos daquelas que lhes mostraram o caminho do bem. Não; eu não quero mais que os teus lábios se revoltem contra o nosso sexo, porque tua mãe sofrerá quando souber que sua filha querida não sabe aceitar a dor com resignação.
(*Futuro das Moças*, Rio de Janeiro, ano I, n. 25, p. 13, 1917.)

Em outros escritos, encontra-se a mesma postura conservadora que reitera a fragilidade da mulher em contraponto à força masculina:

Diz-se, muito a miúdo, que o trabalho foi feito especialmente para o homem.
Esta verdade está escrita no seu próprio organismo. [...]
Quiséramos que a sociedade fosse organizada de tal maneira que as mulheres estivessem isentas dos rudes trabalhos a que se entregam, trabalhos esses que as embrutecem moralmente e que deturpam a beleza da espécie [...].
Nosso pensar não é que a mulher não deva trabalhar.
Existem trabalhos feitos trabalhos para ela, as ocupações que lhes são obrigatórias; mas nós queremos é que se não lhes imponham outras.

É o homem que deve fertilizar a terra com seu trabalho e é ele ainda quem deve ganhar o pão para a família.
(*Futuro das Moças*, Rio de Janeiro, ano I, n. 25, p. 11, 1917.)

E na discussão sobre o voto parece ter predominado opiniões como a de Salomão Cruz, que, em um editorial de 8 de agosto de 1917, assim se expressou:

> Antes de discutir-se as vantagens e as desvantagens que advirão do voto feminino no nosso país, deve-se perguntar, ou melhor, responder à pergunta que se antepõe logo ante os nossos olhos: Estará, acaso, a mulher brasileira apta, educada suficientemente para receber o voto feminino e cumpri-lo verdadeiramente? Não. Positivamente não. [...]
> A mulher brasileira, como nenhuma outra, sabe ser elegante, virtuosa, boa. [...] Mas, apesar de tudo isso, [ela] ainda não atingiu o grau necessário e preciso para poder aceitar o voto feminino e adotá-lo, pondo-o em prática. [...] O dia em que as nossas patrícias se dedicarem ao estudo sério e contínuo da sociologia, então a mulher brasileira poderá, sem medo das ironias dos caricaturistas, dos sarcasmos dos pessimistas e das risadas dos tolos, aceitar cargos públicos, políticos e não será para admirar mais termos deputadas, ministras, funcionárias, presidentas, etc...

Dentre as variadas seções mais presentes em o *Futuro das Moças*, estavam "Perfis Acadêmicos", sobre alunos de curso superior; "Miscelânea", com crônicas sobre temas variados; "Conselho", com orientações a respeito de relacionamentos; "Sociais", dedicada à divulgação de festa e eventos da cidade; "Teatro"; e ainda "Páginas úteis e instrutivas", que, na edição de 15 de agosto de 1917, trouxe um texto sobre a história da escravidão no Brasil.

Fontes: *Futuro das Moças*, Rio de Janeiro, ano I, n. 25, 1917, em formato digital no acervo da Hemeroteca Digital Brasileira da Biblioteca Nacional. Disponível em: www.bndigital.bn.br. Acesso em: 30 abr. 2018.

Coleção digitalizada de *Futuro das moças*: 1917, n. 1-28; 1918, n. 33-40. Disponível em: https://digital.bbm.usp.br/handle/bbm-ext/2119. Acesso em: 30 abr. 2018.

A Pétala

1918

A *Pétala* surgiu em Barbacena (MG) em 1918, com o subtítulo "Literário, Crítico, Humorístico e Noticioso". Não foi possível saber a data de sua primeira edição nem sua periodicidade, pois localizamos apenas o segundo número, datado de 29 de setembro de 1918. Tinha formato era reduzido, 16,5 por 24 centímetros, e apenas quatro páginas. Seu corpo editorial era formado por jovens que se identificavam (ou melhor, se ocultavam) através de nomes de flores, como Rosedá, Magnólia, Orchidea e Myosotis. As colaboradoras eram Angélica, Perpétua, Oliveira Santos, Violeta, Magnólia, Myosotis, Gira-sol.

A *Pétala* trazia pequenos textos em prosa, notas sociais e seções que mais se assemelhavam a brincadeiras entre amigas. Myosotis, por exemplo, responsável pela seção intitulada "Perfil", assim descreve um rapaz:

Escutem bem
O que vou dizer.
Certo mocinho
vou descrever.

É engraçadinho
O tal rapaz,
Usa o cabelo
Todo pra trás.
Olhos pequenos,
Encantadores
fazem as meninas
morrer de amores.
[...]

Peço perdão,
se ofendi
pois é bem certo
Eu não menti.
(*A Pétala*, Barbacena, n. 2, p. 2, 29 set. 1918.)

Na última página, as redatoras agradecem aos jornais *Cidade de Barbacena*, *O Sericultor*, *Jornal da Tarde*, *O Paladino* e *A Sogra* por terem noticiado o aparecimento de seu periódico, enviando-lhes "por essa distinção, formoso bouquet de perfumosas violetas". Apesar de aparentemente tratar-se apenas de uma "brincadeira" no campo do jornalismo, ainda assim o pequeno jornal pode ter representado uma experiência positiva para as jovens em vários sentidos, desde o literário ao editorial e administrativo.

Fonte: *A Pétala*, Barbacena, 29 set. 1918, em formato impresso no acervo particular de Constância Lima Duarte.

Nosso Jornal
1919-1922

"Pela Mulher – Para Mulher": assim se apresentava o *Nosso Jornal*, publicação mensal criada por Cassilda Martins[65] e Júlia Lopes de Almeida[66] que circulou entre 1919 e 1922 no Rio de Janeiro (RJ). Tinha,

---

[65] Cassilda Martins (?-1959) participou com Bertha Lutz, Jerônima de Mesquita, Anna Amélia Carneiro de Mendonça, Maria Eugênia Celso e Nair de Teffé Hermes da Fonseca, entre outras, da campanha pelo sufrágio realizada pela Federação Brasileira pelo Progresso Feminino.

[66] Júlia Lopes de Almeida (1862-1934), romancista, cronista e teatróloga, foi também abolicionista e defensora de direitos para as mulheres. Em sua extensa obra, destaco os romances *A Família Medeiros*, *Memórias de Marta*, *A viúva Simões*, *A falência*, *A intrusa* e *A Silveirinha*.

em média, 26 páginas e conteúdo variado. Sua redação localizava-se na Avenida Rio Branco, n. 157, e as leitoras podiam adquirir o exemplar avulso por 1$000 ou a assinatura anual por 20$000.

A edição de estreia, em 15 de outubro de 1919, contou com a colaboração de Albertina Bertha, Amélia Escragnole, Amélia Rodrigues, Carolina Nabuco e, ainda, da cronista Chrysanthéme e das escritoras Júlia Lopes de Almeida e Abel Juruá, pseudônimo de Iracema Guimarães Vilela.[67] Entre os colaboradores estavam Gilberto Amado, Paulo Barreto e Alfredo Sousa.

Nosso Jornal se autointitulava "a única revista feminina que não se consagra a futilidades e que tem a preferência das famílias mais ilustres da capital". No primeiro número, foi feita sua apresentação:

> Que melhor pode dizer dos nossos intuitos que o nosso título? "O NOSSO JORNAL" ocupar-se-á de tudo o que é nosso, nos dará quanto possa interessar-nos no Mundo e no lar, e nos anunciará o que for útil e necessário ao nosso viver, será uma fonte inexaurível de informações e indicações práticas.
>
> Quem melhor pode especificar o nosso programa que a nossa divisa? PARA A MULHER – para servir seus interesses, para ajudá-la, melhorar ou aperfeiçoar o seu ambiente – abrimos as nossas páginas como um consultório permanente onde ela virá buscar a informação útil, a orientação prática, a indicação devida. [...]
>
> Na hora em que mesmo as nações se congregam, ensinando-nos o valor do esforço coletivo, unamo-nos! E se hoje, dispersas, já somos muitas a aliviar dores, a consolar aflições, a mitigar misérias, a reanimar desalentos, a encaminhar vocações, unidas amanhã seremos a Legião destemida que pelejará pela fé, pela sinceridade, pela harmonia, bases da perfeição moral e social.
>
> (*O Nosso Jornal*, Rio de Janeiro, ano I, n. 1, [s.p.], 15 out. 1919.)

O jornal deixa explícitos os limites do que considerava ser o mundo feminino: casa, maternidade, economia doméstica e moda – aliás, os temas

---

[67] Iracema Guimarães Vilela (?-1941) era filha de Luís Guimarães Filho, amigo fraterno de Machado de Assis. Através do pseudônimo Abel Juruá, colaborou em jornais e publicou livros de ficção, como *Nhonhô Rezende* (1918), *Veranista* (1921), *Uma aventura* (1925), além da biografia de seu pai, em 1934.

mais presentes nas edições examinadas.[68] No campo literário, a participação de Júlia Lopes de Almeida e de Cecília Moncorvo Bandeira de Melo ou Mme. Chrysanthème, como assinava, garantia a qualidade dos textos.

Quanto à reflexão sobre o feminismo, a publicação peca por insistir na manutenção dos papéis tradicionalmente exercidos pelas mulheres das classes média e burguesa. No artigo "Feminismo triunfante", por exemplo, a editora revela assim suas contradições e equívocos:

> Após a guerra quem não fala em Feminismo?
> Saber se a mulher é igual ou superior ao homem, eis o problema de palpitante atualidade. Ambos possuem a mesma força física e moral, a constituição é semelhante; diferença real encontra-se somente na educação que alimenta, fortifica e esclarece as faculdades. [...] Condeno, todavia, esta ambição de subir, de enfrentar o homem e querer vencê-lo! Vejo nesta revolta do sexo fraco, que triunfa, o esvaecimento de todos os encantos da nossa fragilidade adorada, feita para ser amparada pela mão rude, que se torna macia em nos sustentando. [...]
> Devemos nos regozijar da nossa missão sublime e abstermo-nos das glórias destinadas ao sexo forte nos empregos públicos, nos tribunais e no parlamento. [...] O melhor é deixarmos o Feminismo de lado e permanecermos garbosas, e receber as honras de rainha escrava. Este é o destino que Deus nos deu [...].
> (*O Nosso Jornal*, Rio de Janeiro, ano I, n. 3, 15 dez. 1919.)

Cassilda Martins e as companheiras defendem a instrução feminina, mas reforçam seus limites e finalidades, uma vez que os conhecimentos adquiridos deveriam apenas auxiliar a mulher a melhor realizar as tarefas domésticas. A título de ilustração, transcrevo mais um texto de sua autoria:

> No curso de contabilidade as alunas deveriam aprender a escriturar metodicamente a receita e a despesa da família, inclusive o fundo de reserva – verba essencial, indispensável em todo o orçamento, grande ou pequeno, de toda a casa sabiamente regida. [...]
> Com a mulher invencivelmente armada com as aptidões que requisitamos, para que ela seja a alma do governo doméstico, o

---

[68] Enquanto isso, era apresentado no Senado o Projeto de Lei n. 102, sobre o voto feminino, de Justo Leite Chermont, representante do Pará, que será aprovado em primeira discussão em 1921 e, em seguida, reprovado.

casamento deixa de ser a ruína com que nos ameaça o prolóquio vulgar: *uma casa é uma loba.*

Não; a casa dirigida como a mulher deveria aprender a dirigi-la, é a ordem, é o método, é a economia, é a estabilidade, é a fixação do destino, é o baluarte do homem. A função da mulher bem-e-ducada é essencialmente protetora. Na luta da vida por meio da aliança conjugal e da ligação doméstica, o homem é a espada, a mulher é o escudo.

Na nossa época de fria análise, de implacável utilitarismo, a primeira das obrigações da mulher consiste em tornar-se útil. Ser útil é para ela o grande segredo de ser querida, de ser forte, de ser dominadora. Toda educação tem de partir deste princípio. (*Nosso Jornal*, Rio de Janeiro, ano I, n. 1, 25 fev. 1920.)

Por sua postura conservadora, é compreensível que o jornal tenha recebido fartos elogios por parte da imprensa, como esta nota do prestigioso *Correio da Manhã*, em 24 de fevereiro de 1920:

Circulará amanhã o 5º número desta excelente e procurada revista feminina, de direção e propriedade de d. Cassilda Martins.

O texto é abundante e variado, sendo copiosas e sugestivas as ilustrações que o exornam.

Colaborado por brilhantes penas, impresso primorosamente, cheio de notas e informações da atualidade, *Nosso Jornal*, caminha com mais este número, de sucesso em sucesso. (*Correio da Manhã*, ano XIX, n. 7665, p. 5, 24 fev. 1920.)

O periódico chegou à 11ª edição conservando a mesma diagramação e projeto gráfico. A novidade é que este número trouxe um volume duplo – relativo a setembro e outubro de 1920, o último encontrado na Biblioteca Nacional.

Fontes: Coleção de oito edições *Nosso Jornal*, de 15 out. 1919 a set.-out. 1920, em formato impresso no Acervo de Periódicos Raros da Biblioteca Nacional.

Correio da Manhã, ano XIX, n. 7.665, 24 fev. 1920, em formato digital na Hemeroteca Digital Brasileira da Biblioteca Nacional. Disponível em: www.hemerotecadigital.bn.br. Acesso em: 19 nov. 2015.

RUBIM, Lindinalva Silva Oliveira. Imprensa Feminista no Brasil. *Textos de Cultura e Comunicação*, Slavador, n. 4. p. 1-39, ago. 1985.

Vida Doméstica
1920-1962

Vida Doméstica, cujo lema era "Revista do Lar e da Mulher", surgiu em 1920 no Rio de Janeiro (RJ), sob direção de Jesus Gonçalves e redação de Mário Nunes. Era propriedade da Firma Jesus & Jarque e da Sociedade Gráfica Vida Doméstica Ltda. No início, sua periodicidade era mensal, tornando-se quinzenal a partir de junho de 1922 e semanal em julho de 1923.

O primeiro editorial informa que a revista tinha um "Programa consagrado a assuntos úteis como a avicultura em geral, e a criação de todos os animais de utilidade ao desenvolvimento da nossa riqueza, a cultura e o aproveitamento das terras, merece algumas linhas de apresentação". Daí privilegiar temas relacionados "com a vida do lar, que é, afinal, o objetivo de todas as cogitações humanas" (*Vida Doméstica*, ano 1, n. 1, p. 1, mar. 1920).

Dentre as matérias mais presentes nos primeiros números, estão informes sobre raças de galinhas, organização de horta, conservação de flores e a criação de cães e gatos. Mas as fotografias que ilustram a revista focalizam principalmente mulheres jovens, em especial nas seções que tratam de beleza feminina e utilidades domésticas. Em outubro de

Imprensa feminina e feminista no Brasil

1920, surge a seção "Modas", com "moldes para senhoras elegantes", assinada por Mme. Jenny Masson; e outra de culinária, com receitas de bacalhau, saladas, costeletas, almôndegas. Dentre os anúncios, destaco este: "Aceita-se menina para aprender a bordar por preços razoáveis à Rua das Laranjeiras, n. 506, casa 2".

Na edição de dezembro de 1920, há um artigo intitulado "Quando a mulher deve se casar", que defende que "a mulher deve casar-se jovem o bastante para que seu esposo possa apreciar as diferentes fases de sua formosura, desde a primeira juventude até essa segunda juventude, quiçá mais atraente que a primeira" (*Vida Doméstica*, ano I, dez. 1920).

A partir de 31 de março de 1921, as capas de *Vida Doméstica*, que até então só traziam galinhas, cães, patos e coelhos, começa a estampar fotografias de bebês, jovens no campo ou com animais domésticos. Os artigos insistem em ensinar como cozinhar legumes, em dar dicas de medicina doméstica, sobre a dentição infantil e, ainda, sobre a cooperativa avícola. E surgem as crônicas literárias, notícias sociais de casamentos, aniversários, sempre com fotos.[69]

Segundo Olga Brites, a revista, por suas características,

> [...] era dirigida prioritariamente ao público feminino, e concebia a mulher como consumidora dos diversos produtos anunciados. Destacava aspectos referentes à beleza (daí, anúncios de vários cosméticos: esmaltes, sabonetes e cremes), além de propagandas de tecidos para confecção de vestidos e outros produtos. As propagandas da revista abordavam os mais diversificados artigos e serviços: joias, óculos, camisas, carrinhos de bebês, relógios, cigarros, móveis, lenços, porcelanas, brinquedos, remédios, alimentos, hotéis, agências de turismo, itens de moda. Ela dedicava grande parte de suas páginas à publicidade, com muitos números que apresentavam quatro ou cinco páginas iniciais apenas de anúncios (BRITES, 2000, s.p.).

---

[69] Nesse mesmo ano, em 1921, era fundada a Federação Brasileira para o Progresso Feminino (FBPF), no Rio de Janeiro, com Bertha Lutz na presidência e filiada à Aliança Internacional pelo Voto Feminino, que impulsionou a campanha pelo sufrágio em todo o país. Também em 1921, Maria Lacerda de Moura, presidente da Federação Internacional Feminina, inseriu nos estatutos da Federação a proposta de incluir a disciplina "História da mulher, sua evolução e missão social" no currículo das escolas femininas do país. Estas informações pretendem mostrar os diferentes mundos que se apresentavam naquele momento para as mulheres.

Sendo assim, destinava-se a um seleto público feminino de poder aquisitivo alto e médio, pois os anúncios e os textos tratavam de uma família diferenciada, que podia adquirir bens de consumo modernos e tinha acesso a médicos, alimentação sadia e instrução. Em outra edição, de julho de 1959, a capa exibe a atriz, dançarina e vedete Íris Bruzzi, que fazia um enorme sucesso. O diretor nesta época era Carlos Gonçalves Fidalgo, e entre colaboradores e ilustradores estavam Joselito, Áurea e Jarbas Zenaide Andréa, Cacilda Seabra e Bárbara Jean.

Vida Doméstica, que circulou até 1962, também deixou seu nome na história da imprensa feminina, principalmente por corresponder à demanda de informação por parte de mulheres da sociedade e por ignorar os avanços e ideias feministas que ocorriam ao seu lado.

Fontes: *Vida Doméstica*, Rio de Janeiro, ano XXXIX, n. 496, jul. 1959, em formato impresso no acervo particular de Constância Lima Duarte.

BRITES, Olga. Crianças e revistas (1930-1950). *Educação e Pesquisa*, v. 26, n. 1, São Paulo, p. 161-176, jan.-jun. 2000. Disponível em: http://dx.doi.org/10.1590/S1517-97022000000100011. Acesso em: 5 fev. 2018. E também em: http://www.scielo.br/pdf/ep/v26n1/a11v26n1.pdf. Acesso em: 10 fev. 2018.

A Cigana
1922-1967

Com muitas ilustrações, fotografias e anúncios, *A Cigana* foi publicada pela primeira vez em São Paulo em 10 de abril de 1922. Sob a direção de D. L. Braga, João Felizardo (redator-chefe) e de José Bentley (redator-secretário), a revista, dedicada a "Literatura, Humorismo, Artes, Sociais, Esportes", possuía periodicidade quinzenal, quarenta e duas páginas, três colunas e formato 18 por 27 centímetros. A redação localizava-se à Rua Marechal Deodoro, n. 6 (CRUZ, 1997), e a publicação podia ser adquirida através de assinaturas anuais, por 12$000, ou o exemplar avulso, a $600. Para o exterior, a anuidade custava 20$000. Seu lançamento foi assim noticiado pelo *Correio Paulistano*:

A *Cigana*

> Circulará hoje o primeiro número da nova revista com o título acima, dirigida pelos srs. João Felizardo, D. L. Braga e José Bentley.
>
> Este número, que, quanto à sua parte material, muito se assemelha *A Cigarra*, traz colaboração de Affonso Schmidt, Galeão Coutinho, Paulo Gonçalves, Arlindo Barbosa, D. Aplocina do Carmo, João Felizardo e outros, reportagem fotográfica e ilustrações e caricaturas de Belmonte.
>
> (*Correio Paulistano*, São Paulo, n. 21.105, p. 4, 7 abr. 1922.)

A capa do primeiro número trazia o desenho de uma cigana, com turbante, saia rodada, brincos de argola e cartas de baralho nas mãos. Mas, já na do segundo número, temos a fotografia de uma jovem aviadora, vestida a caráter, à frente do seu avião.[70]

As seções são bem definidas, e entre elas destacam-se "Quinzena Elegante", sobre moda feminina; "Carnet Social", com fotos e crônicas de eventos sociais; "Evolução de Arte e Música", com biografias de artistas; "Galeria Infantil", com fotos de crianças; além de "Teatro e Cinema" e "Sports". Na Seção Literária, havia poemas e contos ao lado de notas de humor e charadas. Entre os anúncios, destacam-se os do Xarope São João, do Magazine Mappin, do Biotônico Fontoura e da Casa Godinho. Dentre os ilustradores, estavam nomes conhecidos como Di Cavalcanti e Benedito Carneiro Bastos Barreto, que assinava Barreto, também responsável pelas capas de *A Cigarra* (1914-1975), uma das publicações mais importantes do século XX.

Heloísa de Faria Cruz (1997, p. 88), em *São Paulo em Revista*, chama a atenção para as semelhanças entre o projeto gráfico da revista e o d'*A Cigarra*, a partir mesmo da sonoridade semelhante dos dois nomes. É bem provável que a intenção tenha sido esta: tentar confundir as leitoras e leitores e aproveitar a onda de sucesso que a outra magazine havia conquistado.

Se se compara os significados das palavras de ambos os títulos, enquanto *cigana* é a mulher que traz marcas culturais no próprio corpo e, supostamente, tem o dom de ler a sorte das pessoas, a *cigarra* é o inseto conhecido pelo som agudo e estridente que emite destinado a

---

[70] Algumas capas podem ser vistas em sites de revistas antigas, mas sem acesso ao conteúdo.

atrair fêmeas para o acasalamento. Curiosamente, também isso pode ter contribuído para o sucesso das duas publicações: *A Cigarra*, que desde o início fez ampla divulgação do seu produto, teve garantida sua existência por mais de seis décadas. E também *A Cigana*, que nem o estereótipo ligado à imagem da mulher cigana prejudicou, e permaneceu em circulação por quatro décadas.

Fontes: *Correio Paulistano*, São Paulo, n. 21.105, 7 abr. 1922, em formato digital na Hemeroteca Digital Brasileira da Biblioteca Nacional. Disponível em: www.hemerotecadigital.bn.br. Acesso em: 19 nov. 2018.

CRUZ, Heloísa de Faria (Org.). *São Paulo em revista: catálogo de publicações da imprensa cultural e de variedade paulistana (1870-1930)*. São Paulo: Arquivo do Estado, 1997.

Revista para Trabalho de Senhoras Baptistas
1922-1967

Em 1922, saiu a primeira edição da *Revista para Trabalho de Senhoras Baptistas*, órgão de divulgação da União Geral de Senhoras Batistas do Brasil. Editada no Rio de Janeiro (RJ), com sede localizada à Rua Paulo Fernandes, n. 24, a publicação trimestral tinha como propósito "atender à falta de uma literatura que contivesse programas para as reuniões mensais das sociedades femininas, com artigos sobre assuntos religiosos e referentes à vida da mulher no lar".

Dirigida por Moyses Silveira, desde sua fundação a missionária Ruth Randall ficou responsável pela redação, sendo substituída somente em 1967 por Minnie Lou Lanier, também uma missionária estadunidense. Com tiragem inicial de 2.050 exemplares, era vendida por meio de assinaturas anuais que custavam 3$000, ou 4$000 quando incluía o suplemento "O trabalho das crianças".

O sumário do exemplar examinado, do 16º ano da publicação e relativo aos meses de outubro, novembro e dezembro de 1937, possuía uma seção dedicada às crianças, e outras com assuntos de interesse de moças e senhoras. Na página dois, ficava a relação das diretoras estaduais da União Feminina Missionária Batista Brasil, que tinha sede em doze estados do país.

Através de textos bíblicos, a *Revista para Trabalho de Senhoras Baptistas* divulgava os princípios da igreja, promovia a educação das mulheres para o lar, e ensinava normas e condutas para a criação dos filhos e para o relacionamento com o marido, conforme registrado no artigo intitulado "Jesus glorificou a arte culinária":

> Jesus foi o hospedeiro, uma vez, na praia do Mar da Galileia, onde numa manhã nublada e fria o Mestre preparou o almoço para os discípulos. Mas divinas acenderam o lume, assaram o peixe, poucos minutos antes retirados da rede, e o próprio Jesus serviu aos discípulos famintos o almoço quente e fumegante. [...] E nós, donas de casa, ao prepararmos as refeições para os nossos queridos, em nossas abençoadas lidas diárias, não nos esqueçamos de que Ele está ao nosso lado, mesmo na cozinha. Cristo amou e ainda ama os seus; deixemos que nossa paciência, serenidade e amor provem aos outros que também nós podemos ser "Anjos na Cozinha".
> (*Revista para Trabalho de Senhoras Baptistas*, Rio de Janeiro, ano XVI, n. 4, p. 27, out.-dez. 1937.)

A revista encerrou as atividades em 1967, quando passou a se chamar *Visão Missionária*, publicação editada até o presente momento.

Fonte: *Revista para Trabalho de Senhoras Baptistas*, Rio de Janeiro, ano XVI, n. 4, out.-dez. 1937, em formato impresso no acervo do Arquivo Edgar Leuenroth da Universidade Estadual de Campinas (Unicamp).

Frou-Frou...

1923-1925

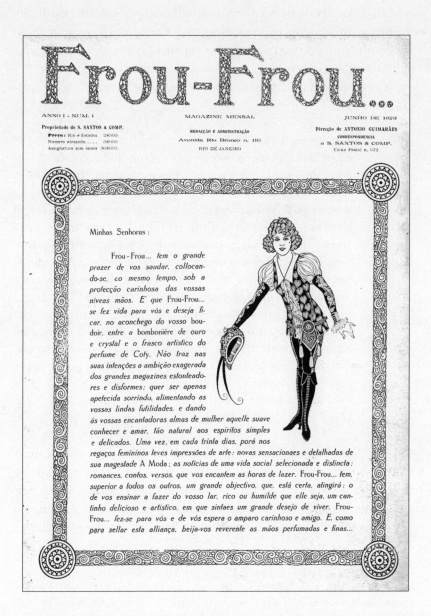

Lançada no Rio de Janeiro (RJ) em 1923, *Frou-Frou*... destinava-se às senhoras da elite carioca, pois era impressa em papel *couché* e suas capas traziam ilustrações em alto relevo banhadas a tinta dourada. Tamanha sofisticação tinha um custo: cada exemplar era vendido por 2$500, e as assinaturas custavam 36$000. Dirigida inicialmente por Antônio Guimarães e depois por Manoel dos Santos (ou Manoel Santos), sua redação localizava-se na Avenida Rio Branco, n. 110. Em média, as edições tinham sessenta páginas, eram ricas em ilustrações e anúncios e traziam uma gama variada de assuntos espalhados em seções dedicadas à literatura, fotografia, cinema e colunismo social.[71]

Como de praxe, a revista é apresentada às leitoras logo no primeiro número:

> Minhas senhoras...
> *Frou-Frou*... tem o grande prazer de vos saudar, colocando-se, ao mesmo tempo, sob a proteção carinhosa das vossas níveas mãos. É que *Frou-Frou*... se fez vida para vós e deseja ficar no aconchego do vosso *boudoir*, entre a *bombonière* de ouro e cristal e o frasco artístico do perfume de Coty. [...] Uma vez, em cada trinta dias, porá nos regaços femininos leves impressões de arte: novas sensacionais e detalhadas de sua majestade A Moda; as notícias de uma vida social selecionada e distinta; romances, contos, versos que vos encantem as horas de lazer. *Frou-Frou*... tem, superior a todos os outros, um grande objetivo que, está certa, atingirá: o de vos ensinar a fazer do vosso lar, rico ou humilde, que ele seja um cantinho delicioso e artístico, em que sintais um grande desejo de viver. *Frou-Frou*... fez-se para vós e de vós espera o amparo carinhoso e amigo. E, como para selar esta aliança, beija-vos as mãos perfumadas e finas...
> (*Frou-Frou*..., Rio de Janeiro, ano I, n. 1, p. 1, jun. 1923.)

O editorial não deixa dúvida sobre a leitora que busca alcançar e os temas que a publicação quer privilegiar. As mãos níveas, finas e perfumadas não deixam dúvida sobre sua etnia. O rico *boudoir*; o perfume, a "escrava" da Moda, a preocupação com futilidades resumem o universo burguês a que ela pertence. Também as fotografias e os

---

[71] Em 1897, circulou em Juiz de Fora (MG) um periódico feminino dirigido por Joviano de Mello, também intitulado *Frou-Frou*. No Rio de Janeiro, de 1929 a 1930, circulou outra *Frou-Frou*, mas dedicada a notícias de cinema e teatro. E, em agosto de 1931, surgiu também no Rio de Janeiro uma nova folha com o nome abrasileirado *Fru-Fru*, com orientação semelhante à que está sendo apresentada, voltada para as jovens e incentivando fortemente a adesão à moda e à vida familiar.

desenhos de Belmonte ditam a moda a ser seguida, seja nos cabelos curtos, nos chapéus ora de abas largas, ora afundados na cabeça; nos vestidos soltos, sem mangas, com tecidos leves e vaporosos, e de comprimento se aproximando rapidamente dos joelhos.

Na seção intitulada "Sua Majestade a moda", após divagar um pouco, o cronista assim termina seu texto:

> E sua Majestade a Moda é tão imperativa que nos está censurando por gastarmos com tristezas descabidas este cantinho de *Frou-Frou...* que lhe pertence exclusivamente.
> Tem sua Majestade razão. Vamos dar lugar ao seu cortejo de maravilhas, para obediência aos seus mandatos e maior prazer das nossas gentilíssimas leitoras, suas súditas leais e respeitosas. (*Frou-Frou...*, Rio de Janeiro, ano I, n. 1, p. 48, jun. 1923.)

Os artigos eram variados: tratavam da arte da fotografia, de mobiliário, de decoração, da vida social, da história de Portugal e até transcreviam contos, poemas, fábulas, bastidores do cinema, com destaque para Rodolfo Valentino. Nas últimas páginas, ficava o espaço do "Gabinete Feminino" de Madame Dorat, que prometia aconselhar e orientar as "gentis leitoras" no assunto que elas desejassem. Já as propagandas divulgavam desde cremes de beleza, perfumaria e água de colônia até fogões a gás, elevadores, residências e automóveis.

Dentre os temas mais explorados – em poemas, contos, produtos em geral – estava o casamento. A edição de junho de 1925, por exemplo, traz um longo artigo sobre a lua de mel e as obrigações da mulher para com o marido após contrair matrimônio.

Lua de mel

> Nem todos os homens se educam "automaticamente" ou por si só, para passar da liberdade *solteril* à maior ou menor escravidão da vida de casado. É claro que quando não é o marido quem se educa a si mesmo para se adaptar à aludida mudança, é à mulher quem corresponde dirigir essa *educação*. [...]
> Não se esqueçam que a lua de mel é a época mais favorável para estudar o caráter do marido, e também aquela em que este se acha em melhor disposição de espírito para conceder quanto lhe peçam, se as jovens casadas souberem como *hão de pedir*.
> Essas dulcíssimas e inolvidáveis horas da lua de mel, em que dois corações que sentem intensamente a sede de amor, se abandonam ao amor, e a plena posse do ser amado põe alegria

na alma, são as mais propícias às renúncias. Aproveitem-nas para pedir, se souberem *pedir* tudo lhes será concedido.
(*Frou-Frou...*, Rio de Janeiro, ano III, n. 25, p. 33, jun. 1925.)

Em uma edição de agosto de 1925, o editorial assinado por Des Grieux faz uma reflexão sobre "As mulheres de ontem e de hoje", que merece também ser transcrita:

Antigamente [...] as mulheres viviam fora do mundo das emoções. A roca, o fuso, os amores clandestinos de um pajem, a princípio, depois, a agulha, o *crochê* e os amores furtivos de um primo sentimental – eis a que se reduzia antes da era moderna, da era do automóvel, da T.S.F., do *shimmy* da estética da velocidade de Marinetti e da teoria da relatividade de Einstein, a existência da mísera mulher. [...] Hoje, tudo mudou, minha querida amiga. A mulher, como o homem, joga o seu tênis ou o seu *golf* e até mesmo o seu futebol; perde os tubos, como se diz na gíria, no pano verde dos cassinos; lê os livros que quer e entende; flerta com absoluta liberdade; dança com o mais notável desembaraço; toma cocaína, se lhe apraz; engana o marido, se lhe apetece; mantém-se invulneravelmente honesta, se lhe passa pela cabecinha irrequieta, agora de poucos cabelos e muitas ideias, esse capricho singular... [...] À mulher simples, desataviada, inocente de há um século, sucedeu a mulherzinha atrevida, petulante, liberta de preconceitos, emancipada dos dias que correm. Mas também a mulher ignorante de há um século sucedeu a mulherzinha cheia de inteligência que não enfeita o lar apenas com o seu corpo, mas ainda o ilumina com o clarão do seu espírito.
(*Frou-Frou...*, Rio de Janeiro, ano III, n. 27, p. 11, ago. 1925.)

Na mesma edição em que se tem o elogio à jovem moderna, aparentemente dona dos próprios desejos, são publicados artigos sobre o altruísmo inato da mulher, seu descontrole emocional quando se apaixona e, ainda, sobre a escravidão cega à moda que dominaria a maioria das jovens. Fica, pois, o dito pelo não dito. Ainda que um ou outro cronista veja a mulher de seu tempo – da elite, bem lembrado – como ela realmente é, outros insistem na manutenção de um comportamento antiquado e reiteram os mesmos preconceitos e papéis sociais.

Para terminar, transcrevo parte de um artigo publicado na seção "Breviário da Mulher", com as ressalvas que as leitoras deveriam considerar:

Muito cuidado com a moda.

Já houve quem dissesse que "o homem se veste para cobrir o corpo, e a mulher para o descobrir". Pode ser que assim seja. Nós diremos que "o homem se veste para cobrir o corpo, e a mulher para o *adornar*". [...]

É por isso que aconselhamos que se deve repelir toda moda que vos obrigue a exibir aquilo que o pudor aconselha ocultar. Não esqueçais que, conquanto o homem goste de ver as mulheres ligeiramente de roupas, aquela que há de ser a sua ele gosta que ande devidamente vestida. [...]

Cuidado com a moda.

(*Frou-Frou*..., Rio de Janeiro, ano III, n. 21, fev. 1925.)

A última edição de *Frou-Frou*..., localizada no Acervo da Hemeroteca Digital Brasileira da Biblioteca Nacional, é a de número 31, de dezembro de 1925, correspondendo ao terceiro ano da revista. Mas, por um problema técnico de digitalização, no mesmo arquivo foi incluída outra revista de nome *Frou-Frou*, também do Rio de Janeiro, dirigida por Mário Nunes, mas dedicada ao cinema e ao teatro, cujas edições vão de 1929 a 1930.

Fontes: Coleção examinada em formato impresso: *Frou-Frou*..., Rio de Janeiro, ano I, n. 3, ago. 1923; ano I, n. 8, jan. 1924; ano II, n. 21, fev. 1925; ano III, n. 25, jun. 1925; ano III, n. 27, ago. 1925 no acervo particular de Constância Lima Duarte, doados gentilmente por Nilceli Magalhães.

Coleção incompleta de *Frou-Frou*..., de 1923 a 1925, em formato digital no Acervo da Hemeroteca Digital Brasileira da Biblioteca Nacional.

Renascença
1923

A revista *Renascença*,[72] fundada por Maria Lacerda de Moura[73] em São Paulo (SP), teve curta duração: apenas cinco números durante o ano de 1923. De periodicidade mensal, o primeiro saiu em fevereiro; o segundo, em março; o terceiro, em abril, o quarto, em maio/junho; e o último número, o quinto, em julho de 1923. Com uma média de trinta páginas, a redação localizava-se na Rua Visconde do Rio Branco, n. 83.

Segundo Dulcília Buitoni, referência nos estudos do periodismo feminino brasileiro, "a mineira Maria Lacerda de Moura, identificada

---

[72] Outros periódicos tiveram este título, como *Renascença*, revista mensal de crítica, literatura, arte e ciências dirigida por Carvalho Mourão em Lisboa, em 1914, que antecedeu *Orpheu* e contou com a colaboração de Fernando Pessoa, Sá-Carneiro, Alfredo Guisado, Júlio Dantas. E a *Renascença* de E. Beviláqua, Rodrigo Octavio e Henrique Bernardelli, dedicada a "Artes, Literatura; Brasil e História", que circulou no Rio de Janeiro de 1904 a 1908.

[73] Maria Lacerda de Moura (1887-1945), nascida em Manhuaçu (MG), criada em Barbacena, foi escritora, jornalista, educadora e feminista militante. Com Bertha Lutz, fundou em 1919 a Liga pela Emancipação Feminina; também participou do movimento operário anarquista e publicou diversos livros, como *A mulher é uma degenerada?* (1924); *Religião do amor e da beleza* (1926); *Civilização, tronco de escravos* (1931); *Amai-vos e não vos multipliqueis* (1932). Mais informações: LEITE, Miriam L. Moreira. *Outra face do feminismo: Maria Lacerda de Moura* (São Paulo: Ática, 1984) e o vídeo "Maria Lacerda de Moura – Trajetória de uma Rebelde", disponível em: https://www.youtube.com/watch?v=pom4W-FW4jo.

como anarquista por causa de seus ideais, teve uma intensa atuação em defesa da mulher. Foi em São Paulo, em contato com o processo de industrialização e com os movimentos operários, que decidiu lançar a citada revista, que gozou da simpatia de jornais e associações ligados ao anarquismo" (BUITONI, 1986, p. 46).

Assumindo um pensamento completamente revolucionário e moderno para a época, Maria Lacerda de Moura prega a liberdade sexual, o fim do casamento tradicional e do capitalismo, e ainda o "anarquismo individual". No editorial da primeira edição, ela assim esclarece a proposta de sua folha:

> *Renascença* não trata de *políticas* ou de *religiões*.
> A sua Religião é a religião do individualismo consciente para o altruísmo – em busca do bem-estar para todos; é a Religião do Amor, da sabedoria e da Arte em conjunto harmonioso para a escalada da Perfeição.
> A sua Política é a Política da transformação radical da sociedade vigente no sentido de ser distribuído o pão para todas as bocas e a luz para os desvãos das consciências adormecidas; e a Política que sonha com amplitude de todos os valores individuais, com a aristocracia do mérito para a expansão das vocações sadias e do idealismo clarividente em oposição à chatice da mediocrida-de prepotente que espezinha e aniquila e adormece e mata as ilusões e os sonhos mais castos.
> (*Renascença*, São Paulo, n. 1, p. 2, 1923.)

Sendo a emancipação feminina através da educação seu principal tema, as 27 páginas do primeiro número foram preenchidas com arti-gos e textos literários de homens e mulheres, e também de escritores estrangeiros, principalmente da América Latina. Colaboraram, nesta edição, Kytta, com "Atitudes femininas"; Ana de Castro Osório, com "A mulher e seus direitos no futuro"; Augusto Lopes, com "A moral sem dogmas"; A. Carneiro Leão, com "Preparar nos Pais a educação dos filhos"; Ângelo Guido, com "A inspiradora de D'Annunzio"; Galeão Coutinho, com "A religião do sonho"; M. Carlos, com "Educação da mulher"; A. Humberto Gandolfo, com "Problemas Vitais"; e O. Brandão, "Mundos fragmentários", entre outros.

Voltada exclusivamente para a formação intelectual e moral das mulheres, Maria Lacerda condena enfaticamente a influência da indús-tria cinematográfica estadunidense, que, segundo ela, "deseducava" as jovens, assim como os "romancinhos franceses", "as aventuras e divórcios de Carlitos, às fugas das provincianas se fazendo estrelas, assuntos teatrais idealizados pelos empresários ávidos de dinheiro, para atrair a atenção da imaginação rocambolesca das mulheres em geral e dos medíocres" (*Renascença*, n. 3, 1923).

E a escritora também não escapa da contradição. Sua revista defende a emancipação feminina ao lado da "elevação integral da mulher" para que ela pudesse ser mãe e soubesse "conduzir a Humanidade para o Grande Fim... pelas portas do Sonho da Poesia, pela Arte e pelo pensamento redentor" (*Renascença*, n. 1, p. 27), e critica a luta pelo voto feminino por acreditar que ele não era suficiente para emancipar a mulher.[74]

No mesmo número, o artigo de Ana de Castro Osório,[75] "A mulher e os seus direitos no futuro", citado a seguir, parece se opor ao pensamento de Maria Lacerda de Moura, que, nas palavras da historiadora e biógrafa Míriam Lifchitz Moreira Leite (1984, p. XVI), limitava a preocupação com a mulher, tentando "emancipá-la do medo, da resignação passiva e da subserviência pela conscientização de sua participação social".

> Em princípio, a questão feminista resume-se ao direito que as mulheres conscientes reclamam de serem consideradas seres humanos, com iguais direitos legais e sociais perante uma concorrência inteligente de valores e de capacidades de trabalho. [...] Eis o que está acontecendo com a mulher, que de tanto se ver lamentada na tirania da sua vida de escravizada se atirou impensadamente para a vida, mas não como lutadora que se prepara para entrar numa concorrência de valores e sim como uma criança caprichosa que quer a liberdade... de fazer disparates.

---

[74] Tal atitude fez com que ela se afastasse das demais feministas que consideravam o voto prioridade naquele momento. Diva Nolf Nazário (1897-1966), por exemplo, contemporânea de Maria Lacerda, tentou se alistar para votar por diversas vezes e nos legou o importante livro *Voto feminino e feminismo: um ano de feminismo entre nós*, de 1923.

[75] Ana de Castro Osório (1872-1935), pioneira em Portugal na luta pela igualdade de direitos entre homens e mulheres, fundou o Grupo Português de Estudos Feministas, em 1907; a Liga Republicana das Mulheres Portuguesas, em 1909; a Associação de Propaganda Feminista, em 1912; e a Comissão Feminina Pela Pátria, em 1916, que deu origem à Cruzada das Mulheres Portuguesas. Escreveu, em 1905, *Mulheres Portuguesas*, considerado o primeiro manifesto feminista de Portugal.

[...] É pois necessário que sejam as mulheres feministas a impo-rem às outras as suas qualidades superiores e a darem o exemplo duma correção moral acima de todas as suspeitas, só aceitando lugares em concorrência legal e negando a sua solidariedade sexual àquelas que não servem ou não querem compreender o dever que se lhes impõe com mais exigências e mais responsa-bilidades do que têm as outras; que só têm da liberdade e dos direitos conquistados a compreensão de que a vida são dois dias para passar o mais alegremente possível.
(*Renascença*, São Paulo, n. 1, p. 78, fev. 1923.)

Outras feministas também discutiram a emancipação feminina nas páginas da *Renascença*, sob novas perspectivas, como Mariana Coe-lho,[76] que questionou o papel de dona de casa delegado às mulheres, enquanto afirmava que a falta de instrução interessava aos homens para que se afirmassem como superiores e pudessem melhor dominar. Segundo Mariana Coelho, a verdadeira emancipação se dará através do trabalho, pois só ele pode garantir à mulher independência e felicidade (*Renascença*, n. 5, p. 1, 1923).

Assim, na maioria das edições permanece a ambiguidade: en-quanto um artigo defende a libertação total da mulher, outro endossa as obrigações do tradicional papel feminino. Também o movimento feminista foi tema de reflexões que tentavam compreender o seu al-cance e as transformações que dele poderiam advir para a sociedade como um todo.

Para sorte nossa, a vida e obra de Maria Lacerda de Moura vem sendo redescoberta nas últimas décadas através da reedição de sua obra ensaística e literária, que volta a circular entre os leitores.

Fontes: *Renascença*, São Paulo, ano I, n. 1, fev. 1923; n. 3, abr. 1923; n. 5, jun. 1923, em formato impresso no acervo particular de Constância Lima Duarte.

Renascença, São Paulo, ano I, n. 1, fev. 1923, em formato impresso no acervo da Fundação Carlos Chagas.

BUITONI, Dulcília Schroeder. *Imprensa Feminina*. São Paulo: Editora Ática, 1986.

---

[76] Mariana Coelho (1857?-1954), nascida em Portugal e naturalizada brasileira em 1939, foi educadora escritora, ensaísta, poetisa e jornalista das mais atuantes. Colaborou em diversos periódicos e publicou, entre outros, *A evolução do feminismo: subsídios para sua história*, em 1933.

LEITE, Míriam Lifchitz Moreira. *Outra face do feminismo: Maria Lacerda de Moura*. São Paulo: Ática, 1984.

LEITE, Míriam Lifchitz Moreira. *Maria Lacerda de Moura: uma feminista utópica*. Florianópolis: Editora Mulheres; Santa Cruz do Sul: EDUNISC, 2005.

LIMA, Nabylla Fiori de Lima; QUELUZ, Gilson Leandro. Representações de Ciência e Tecnologia no pensamento anarquista brasileiro: análise da *Revista Renascença* (1923). In: SEMINÁRIO NACIONAL DE HISTÓRIA DA CIÊNCIA E DA TECNOLOGIA, 14, Belo Horizonte. *Anais eletrônicos do 14º SNHCT*. Belo Horizonte: Universidade Federal de Minas Gerais, de 8 a 11 de outubro de 2014.

Vida Capichaba
1923-1960

Considerada um marco na imprensa espírito-santense, *Vida Capichaba* surgiu em Vitória (ES) em abril de 1923, e resistiu por mais de setecentos números, até meados de 1960. Fundada por Manoel Lopes Pimenta e Elpídio Pimentel, a revista registrou a vida social e política do Espírito Santo, ao mesmo tempo em que foi porta-voz da construção da nova mulher do século XX.

A redação e tipografia localizava-se na Avenida Capixaba, e suas ilustrações eram feitas em clichês de metal no Rio de Janeiro. Após se aposentar como professor da Escola Normal, Manoel Lopes Pimenta transferiu-se para o Rio e vendeu a revista para os jornalistas César Vieira Bastos e Élcio Álvares, que só a mantiveram por mais de um ano.

No primeiro editorial, o novo periódico foi assim apresentado:

> A *Vida Capichaba* aí está. Não é ainda a revista que idealizamos. Do terceiro número em diante é que ela vestirá a sua roupagem definitiva. [...]

E os ideais da *Vida Capichaba* são os formosos ideais de todos nós, os trabalhadores ingênuos e honestos pela grandeza do Espírito Santo. [...]

O Espírito Santo é um estado de belas mulheres, de criaturas suavíssimas, para as quais o espírito e a graça, a inteligência e a finura são os mais caros requisitos de beleza moral. [...]

Dedicamos a nossa revista à mulher espírito-santense. A mulher ainda é, na vida, a mais ardente protetora da arte e a mais requintada amiga do sonho.

(*Vida Capichaba*, Vitória, ano 1, n. 1, p. 10, abr. 1923.)

Dentre as seções mais longevas, estão "O banho na Praia Comprida", com crônicas ilustradas com moças e rapazes em trajes de banho; "Vultos e livros", que divulgava livros publicados no Espírito Santo e em outros estados; "Quinzena Elegante", de Duque d'Etienne, sempre com uma crônica que podia ou não relatar episódios da vida mundana da cidade; "Versos"; "Sociais"; e por fim, "Elegância Feminina", com dezenas de figurinos que pretendiam apresentar a "última moda" de Paris ou do Rio de Janeiro. Na edição de 15 de outubro de 1942, na página de "Elegância Feminina", um anúncio chama a atenção:

Brasileira!

Já foi decretada a mobilização geral.

Na guerra presente não há lugar para comodistas e indiferentes. A mulher tem o dever sagrado a cumprir: o de assistir às famílias daqueles que a Pátria chamou a defendê-la.

A nossa vida econômica não sofrerá solução de continuidade porque a mulher brasileira está de pé para a defesa do Brasil.

Inscrevendo-se na Legião Brasileira de Assistência, poderá dar uma prova de dedicação e amor à Pátria, trabalhando pela vitória da liberdade e grandeza do Brasil.

[Trecho seguido da lista dos locais de alistamento]

(*Vida Capichaba*, Vitória, p. 25, 15 out. 1942.)

Se num momento a revista apela para o patriotismo e para a força das mulheres impelindo-as à ação, em outro divulga textos que reiteram sua fragilidade e eterna dependência do homem. Isto ocorre tanto em textos assinados por médicos, advogados ou juízes, de grande credibilidade social, como em outros, aparentemente "leves" e bem-humorados, que, na verdade, revelam uma ideologia machista e retrógrada. Um pequeno excerto de "As mulheres e a gramática" ilustra bem:

> A mulher sem vaidade é substantivo abstrato: só existe na imaginação. Perde sua categoria – é um verbo que se emprega como substantivo.
> A mulher infiel é um adjetivo qualificativo restritivo. [...]
> A mulher é como o verbo auxiliar na conjugação perifrástica: precisa dum verbo principal que lhe dê valor.
> A mulher solteirona é o verbo defectivo e impessoal: falta-lhe o sujeito, tempo e pessoas da conjugação. [...]
> Mulher adúltera é substantivo impróprio. [...]
> (*Vida Capichaba*, Vitória, ano VII, p. 3, 9 jan. 1930.)

No editorial da edição número 635, de 1953, quando a revista completava 31 anos de publicação ininterrupta, o editor Manoel Lopes Pimenta aproveita para se queixar do pouco apoio dos capixabas.

> Enquanto *Vida Capichaba* é procurada e apreciada por pessoas cultas de outros estados e até do estrangeiro, vemos, com mágoa, gente nossa desconhecendo a sua longa existência ou apontando-lhe as falhas, em comparação com outras publicações das grandes capitais, em que sobram recursos e a larga publicidade remuneratória permite edições de aspecto mais atraente. De outra feita, já assinalamos que à exceção de Rio, São Paulo, Belo Horizonte, Porto Alegre e Curitiba, não se editam, em outras capitais do Brasil, revistas no gênero da nossa.
> (*Vida Capichaba*, Vitória, ano VII, n. 635, out. 1953.)

Mas, justiça seja feita, a publicação projetou-se no cenário do periodismo local, tornando-se referência para os padrões sociais femininos. A *belle époque* capixaba foi aí representada como um tempo de glamour, com figurinos impecáveis e festas grandiosas que rendiam muitas crônicas. Aos poucos, o semanário mesclou assuntos próprios do mundo feminino com outros de interesse geral, como reportagens sobre política, economia e o progresso da cidade, de forma a ampliar seu público leitor. E deve ter sido bem-sucedida na empreitada, pois circulou até 1960.

A coleção quase completa de seus números pode ser encontrada na seção Capixaba da Biblioteca Pública Estadual, na Enseada do Suá, em Vitória.

Fontes: Coleção de *Vida Capichaba*, Vitória, de 1925 a 1940 (incompleta), em formato digital na Hemeroteca Digital Brasileira da Biblioteca Nacional.

Estação Capixaba. Disponível em: http://www.estacaocapixaba.com.br/2017/04/revista-vida-capichaba.html. Acesso em: 30 out. 2016.

XAVIER, Kella Rivetria Lucena. *Mulher e poder nas páginas da revista* Vida Capichaba *(1923-1945)*. 82 f. 2008. Dissertação (Mestrado em História) – Programa de Pós-Graduação em História Social das Relações Políticas, Universidade Federal do Espírito Santo, Vitória, 2008.

Menina e Moça

1924

A revista *Menina e Moça*[77] surgiu em 12 de janeiro de 1924, na cidade de São Paulo (SP), sob a direção de Eulália de Abreu Sampaio, com periodicidade mensal, 54 páginas, duas colunas e formato 27,5 por 18 centímetros. Era vendida por 1$500 o exemplar avulso, e por 20$000 a assinatura anual. Tinha como propósito "zelar pela boa formação da mulher e a educação das meninas", disponibilizando textos e poemas de escritores conhecidos, como Olavo Bilac, Coelho Neto e Euclides da Cunha, além de artigos nas seções "Artistas Brasileiros" e "Belezas Naturais do Brasil". Para contemplar as leitoras mais jovens, as edições eram acompanhadas do suplemento *O Colibri*, com histórias em quadrinhos e romances considerados mais apropriados a elas.

Além de literatura, havia seções de culinária e trabalhos manuais. Heloísa de Faria Cruz (1997, p. 163-164) registra "a ausência de colunas de moda, beleza e conselhos de utilidade doméstica", recorrentes nas demais publicações femininas da época, e ressalta que o principal objetivo da revista era "zelar pela boa formação da mulher e a educação das meninas".

As últimas páginas estampavam anúncios de lojas, cremes, medicamentos, livrarias, cigarros e de professoras de piano. Segundo a pesquisadora, o primeiro exemplar, pertencente ao Instituto Histórico Geográfico de São Paulo, encontra-se em precário estado de conservação. Não foram encontrados exemplares nos acervos pesquisados.

Fonte: CRUZ, Heloísa de Faria (Org.). *São Paulo em revista: catálogo de publicações da imprensa cultural e de variedade paulistana (1870-1930)*. São Paulo: Arquivo do Estado, 1997.

---

[77] Este título – *Menina e Moça* – tornou-se familiar desde o lançamento do livro de Bernardim Ribeiro (1482-1552), o primeiro romance pastoril escrito em língua portuguesa, editado três vezes apenas no século XVI. Mais tarde, em 1934, foi título da coleção lançada pela Editora José Olympio, como estratégia para a formação de um público leitor feminino infantil, obtendo enorme sucesso editorial.

O Collegial

1924-1925

O Collegial – cujo subtítulo era "Órgão Crítico, Literário e Religioso" – foi uma publicação das alunas de um colégio religioso não informado de São João del Rei (MG) que começou a circular provavelmente em 1924, interrompeu e retornou em 1925. Dirigido por duas moças identificadas pelos sobrenomes Borja e Grammont, *O Collegial* era mensal e tinha quatro páginas, sem ilustrações ou seções fixas.

O texto de apresentação da edição de abril de 1925 anuncia o retorno da publicação e recebe novamente o número 1.

O Collegial

Reaparece o *Collegial*!
Adormecido há tantos meses, ei-lo agora, surgindo enérgico e com desejos de progredir!
Sim! *O Collegial* jamais poderá morrer e há de se conservar firme, qualquer que sejam as nuvens que toldarem a paz de seus artigos. Como será recebido o nosso jornalzinho? Entre aclamações de júbilo e de prazer? Não sabemos!... Somente afirmamos que o nosso fim é desenvolver as inteligências, é divertimo-nos um pouco, é enfim gozarmos nossa feliz "vidinha" de colégio!
Esperamos, pois, a maior benevolência da parte das nossas leitoras e esperamos também grande número de colaboradoras.
Reaparece, pois, *O Collegial*, cheio de força e vigor!
(*O Collegial*, São João del Rei, ano I, n. 1, p. 1, abr. 1925.)

Os textos em prosa e também os poemas guardam um tom jovial e brincalhão, e são assinados com pseudônimos ou as iniciais dos nomes, como era comum quando as autoras não queriam se identificar. Um exemplo são os versos transcritos a seguir, que consistem na enumeração bem-humorada de nomes de colegas, ou de seus apelidos, ao lado de uma qualidade (ou defeito) que caracterizava cada uma.

Estão na berlinda
Nísia por ser Cunha,
Ophelia por roer unha!
Vera por ser chorona,
Ferreira, uma poltrona!
Dorothéa por andar pulando,
Lygia por viver prosando!
Maria Lopes por ser momenta,
E a Teresa, mui rabugenta!
[...]
Mariazinha pela eloquência,
A Severo pela imponência,
Cecília por ser magrela
E a Nair mui tagarela!
A Faria por ser risonha
E Esther por ser muito bisonha!

As Barbosas por serem amigas,
Adélia por não usar ligas!
Você por ser implicante
E eu, muito intolerante!...
(*O Collegial*, São João del Rei, ano I, n. 1, p. 2, abr. 1925.)

Ao final, uma nota alertava às leitoras para não se "escandalizarem com os versos de 'pé quebrado', pois estudante 'não tem tempo de se pôr a contar sílabas'". E ainda justificava, dizendo que "Ciência não falta"!

Mas a edição de número 2, de maio de 1925, trouxe alterações significativas no pequeno jornal, que passou a ter mais textos, inclusive sobre religião, e um tom severo e moralista que contrasta com a leveza de outros, tornando evidente a interferência da direção da escola. O texto que se segue, sobre moda feminina, é exemplar dessa mudança:

Maldita moda esta que vem acabrunhando tudo, destruindo lares, introduzindo o mal no espírito da mocidade, outrora tão modesta e recatada! Maldita moda esta! Como não se sente o rubor subir as faces, como não se cora de pejo, com estas roupas de agora? Erro quando digo roupas, pois isso não merece semelhante nome. Olhemos para o Divino Mestre, colegas, demoremos o olhar em nossa Mãe Imaculada e aboliremos, por certo, a imoralidade dos vestidos atuais. Que nenhuma aluna do colégio desmoralize tão nobre santuário, que todas primem pela modéstia e pelo recato. Lembrem-se que no dia do juízo final nos serão apresentados todos os nossos atos: lá então as admiradoras da moda atual verão quanto o nosso Deus é justo e como pune os que não amam a bela virtude. [...].
Fora a moda, fora a imoralidade!!!
A.G.
(*O Collegial*, São João del Rei, ano I, n. 2, p. 4, maio 1925.)

Após esta data, não foram encontrados outros exemplares, o que é compreensível. Quero crer que as colegiais não aceitaram a interferência em seu jornal, muito menos sua utilização para controlá-las e orientar seus pensamentos e comportamentos.

Fontes: *O Collegial*, São João del Rei, ano I, n. 1, abr. 1925; e ano I, n. 2, maio 1925, em formato impresso, localizados no Acervo de Obras Raras da Biblioteca Municipal Baptista Caetano D'Almeida, de São João del Rei (MG).

Vida Feminina

1925

Vida Feminina estreou no cenário pernambucano em maio de 1925, com o subtítulo "Mensário de modas, elegâncias e assuntos em geral". Era dirigido por Solon D'Albuquerque e Severino Nicomedes Alves Pedrosa, e contava com a colaboração de Heloísa Chagas, Olga Galvão, Angeline Ladevèse, Margot e Zezé Lindalva, Carmencita Ramos, Edwiges de Sá Pereira,[78] Amaro Pê Cavalcanti, Austro Costa, Joaquim Inojosa, Dustan de Miranda e João do Recife (pseudônimo de Alves Pedrosa). Impressa na tipografia de *A Notícia* em papel couché, contava com 26 páginas e formato 16 por 25 centímetros. Sua redação localizava-se na Rua Aurora, p. 39, e podia ser adquirida através de assinaturas nos seguintes valores: 5$000 a anual; 3$000 a semestral; o número do dia a $400; e atrasados a $500.

A revista continha seções variadas, como "Páginas Ilustres", que destacava mulheres importantes da sociedade pernambucana; "Carta íntima", destinada às correspondências das leitoras; "Modas", "Literatura", e ainda anúncios de lojas de tecidos, roupas, calçados e da Escola de Arte Culinária de Recife.

No texto de apresentação, intitulado "O que será *Vida Feminina*?", os editores informavam às leitoras sobre a nova revista, nestes termos:

> Recife, que acompanha, de perto, os surtos de progresso dos mais civilizados centros do país, ressentia-se de uma publicação que panteasse o grau de cultura da mulher pernambucana e tratasse de modas, elegâncias, enfim, de tantos outros assuntos de interesses concernentes à sua "vida feminina".
>
> Não temos a vaidade de haver preenchido essa lacuna sensível com o aparecimento da nossa modestíssima revista. No entanto, anima-nos a melhor boa fé e o amor ao trabalho. E nos esforçaremos na execução desse programa, contando, para isso, com a

---

[78] A poetisa Edwiges de Sá Pereira (1884-1958) foi a primeira mulher a integrar a Associação de Imprensa de Pernambuco, e também a Academia Pernambucana de Letras.

dedicação e a inteligência das distintas senhoras e encantadoras senhorinhas de Pernambuco, a quem confiamos o futuro de *Vida Feminina.*
(*Vida Feminina*, Recife, ano I, n. 1, p. 1, maio 1925.)

Surpreendentemente, a partir mesmo desta edição, o pensamento feminista vai se impor através de artigos que tratam com objetividade as mais diversas questões. Em um deles, a autora, Angèline Ladevese,[79] esclarece sobre o movimento que desde a década de 1920 conquistava cada vez mais adeptas, e aproveita para sensibilizar os homens sobre a importância da emancipação feminina, através do texto "Pro Libertas":

> A palavra FEMINISMO é mal compreendida até pelas próprias mulheres. Alguns homens veem no feminismo um grande perigo, digamos assim... para a soberania. Pensam que, quanto mais se lhes igualar a mulher, menos aguentará os seus abusos de força e a sua autoridade. Outros, receando para certas carreiras e empregos a comparação com ela, querem levar as suas justas pretensões pelo lado do ridículo, única arma com a qual se sentem capazes de lutar contra ela... finalmente, os mais sinceros e práticos apoiam o direito de trabalho, independência e personalidade de que ela reclama mui justamente.
> Estes últimos são os que sofrem das consequências do papel insignificante e inútil que se tem até agora reservado à mulher, neste grande drama que resulta ser a existência após a grande guerra europeia. [...]

---

[79] Pouco se sabe sobre a francesa Angeline Ladevese, que chegou em Recife em dezembro de 1910. No *Diário de Pernambuco* de 8 de dezembro de 1950, encontra-se um texto seu intitulado "Há 40 anos!", em que ela narra as peripécias de seu desembarque. Cito um trecho: "Estavam começando a construção do porto e os grandes vapores de passageiros ficavam bastante longe, sendo necessário tomar uma alvarenga [espécie de canoa] em alto-mar para chegar à antiga Alfândega, instalada sobre um estrado de tábuas mal juntas, onde era bem difícil andar. A chegada a Pernambuco apavorava os mais valentes, pois acontecia com o movimento das ondas enormes que sempre há na entrada do porto, a alvarenga desencostava do paquete e o cesto em que desciam os viajantes caía n'água, onde viam-se numerosos tubarões. Subiam de novo o rudimentário elevador com o guindaste e, no mau tempo, renovava-se a manobra duas ou três vezes até acertar a descida do cesto sobre a alvarenga". Disponível em: http://blogs.diariodepernambuco.com.br/diretodaredacao/2017/01/31/o-perigoso-desembarque-dos-passageiros-no-porto-do-recife/. Acesso em: 23 jul. 2021.

As grandes dificuldades da existência são um poderoso auxiliar do feminismo... entenda-se bem: do verdadeiro feminismo, não daquele que consiste em levarem as moças bengala e [trecho ilegível] cortando o cabelo *garçonne* e tomando atitudes demasiadamente desembaraçadas em público; não, se trata do feminismo que determina igualdade dos sexos perante as leis, a sociedade e o trabalho; do feminismo que tornará livre a mulher, honrosamente livre, independente e praticamente útil... ou utilmente prática; do feminismo que a fará verdadeiramente pura e sincera por seus sentimentos, que poderão ser então espontâneos, sem mistura de interesse e sem servilismo, resultado inevitável da escravidão social. [...]

Agora, minhas senhoras, devo chamar a vossa atenção fazendo-vos lembrar que o feminismo não é simples "cabotanage" e que, desejando gozar das mesmas vantagens dos homens, devem também compartilhar os seus trabalhos e as suas responsabilidades. O feminismo não deve ser fita.

(*Vida Feminina*, Recife, ano I, n. 1, [s.p.], maio 1925.)

Em outro artigo, "Considerações", Zezé Lindalva reivindica para si e para as leitoras, além de participação política,[80] o direito de exercer funções para além do âmbito privado, como trabalhos na área da agricultura e da indústria.

À mulher não compete somente cuidar de assuntos domésticos, educar os filhos, responder pela honra da família; deve fomentar a agricultura vigiar a indústria, propugnar enfim pela grandeza do país em qualquer modalidade de trabalho ou manifestações de inteligência.

A mulher pode votar e ser votada. O direito de voto não lhe é contrário, absolutamente. [...]

Espíritos menos otimistas acham o caso prematuro entre nós, explicando que o círculo feminista no Brasil se limita ao Rio e

---

[80] Apesar da ausência de informações sobre Zezé Lindalva (ou Maria José Lindalva?), pode-se deduzir que ela estava bem informada sobre os projetos que visavam o voto para as mulheres. Em 1924, por exemplo, o deputado Basílio Magalhães foi responsável pelo projeto de Lei 247, e em Minas Gerais discutia-se um projeto de reforma da Constituição do estado com uma emenda que concedia às mulheres o direito de votarem e serem votadas nas eleições estaduais. Todos recusados, sabemos.

S. Paulo, infelizmente; adiantando ser isto um reflexo do grau cultural do País... "essencialmente agrícola".

Parece, tem razão, pois vitórias mais significativas e retumbantes do feminismo no estrangeiro são, incontestavelmente, resultado do adiantamento da Terra onde inúmeras ligas femininas defendem os interesses da classe: realizando *meetings*, fazendo conferências públicas, escrevendo nos jornais, de todo modo propagando os seus mais belos intuitos e nobres ideais.

E por que não fundar uma dessas ligas em Pernambuco?

Capacidades de trabalho, aliadas às inteligências formosas, nós as possuímos.

E *Vida Feminina* desfralda uma santa bandeira, a cuja sombra pode abrigar-se o feminismo pernambucano. São horas do trabalho! Avante!

Assinado: Zezé Lindalva

(*Vida Feminina*, Recife, ano I, n. 1, [s.p.], maio 1925.)

Foi consultado apenas este exemplar no Acervo de Periódicos Raros da Biblioteca Nacional. Seria lamentável que o periódico não tivesse sobrevivido mais algumas edições, tal a qualidade de seu corpo de colaboradoras.

Fontes: *Vida Feminina*, Recife, ano I, n. 1, maio 1925, em formato impresso no Acervo de Periódicos Raros da Biblioteca Nacional.

NASCIMENTO, Luiz do. *História da Imprensa de Pernambuco (1821-1954).* v. VIII: Periódicos do Recife. Recife: Imprensa Universitária da Universidade Federal de Pernambuco, 1982. Disponível em: http://www.fundaj.gov.br/geral/200anosdaimprensa/historia_da_imprensa_v08. pdf. Acesso em: 14 mar. 2020.

Unica

1925-1927

Em julho de 1925, a cidade do Rio de Janeiro (RJ) ganhava mais um periódico destinado às mulheres: *Unica*, "Revista Feminina de Literatura, Arte, Elegância e Sociologia", dirigida por Francisca de Vasconcelos Basto Cordeiro.[81] Com redação situada à Rua Conde de Baependi, n. 84, era impressa mensalmente, podendo ser adquirida por meio de assinaturas anuais no valor de 30$000. Possuía um projeto editorial refinado, que incluía textos e anúncios em francês, além de figurinos de Paris. E contava com a colaboração de escritoras conhecidas, como Júlia Lopes de Almeida, Cecília Meireles, Gilka Machado e Mme. Chrysanthème, pseudônimo de Cecília Moncorvo Bandeira de Melo, entre outras. Inclusive, no cabeçalho da revista lia-se o seguinte:

---

[81] Francisca Carolina Smith de Vasconcellos de Basto Cordeiro (1875-1908) pertencia à elite carioca, filha da Baronesa Smith de Vasconcelos e neta da Condessa de São Mamede. Escritora, publicou *Almas do meu caminho* (1926), *O jardineiro* (1927), *O meu único amor* (1928) e *Brasilidade* (1929).

"Tendo completo o grupo de suas colaboradoras, a administração só excepcionalmente publicará artigos de pessoas estranhas".

Na primeira edição, o texto "Programa da revista feminina de arte, elegância, literaturas, vida social e doméstica" explicita o desejo das editoras em alcançar diferentes tipos de mulheres:

> Revista de elegância e de literatura nos moldes práticos das modernas publicações congêneres, vem a *Unica* preencher uma lacuna em nosso meio feminino culto e progressista.
>
> Instrutiva e recreativa a um tempo, abrange tudo quanto possa interessar à mulher de qualquer mentalidade: à frívola, como à intelectual; à mãe de família, como à jovem que findou a sua educação colegial.
>
> A todas e a cada uma leva uma mensagem, sugere uma ideia, dá um conselho, desvenda um novo horizonte.
>
> Exclusivamente feminina em sua diretriz e colaboração, não patrocina fins sectários de espécie alguma. Em seu ecletismo, visando canalizar as opiniões e ideais novas, acolhe todas opiniões e ideais, desde que não ofendam a moral, nem perturbem a harmonia social. [...]
>
> As páginas da UNICA estarão sempre generosamente abertas a toda e qualquer iniciativa que vise o Bem, o Belo e o Justo, correspondendo assim ao carinhoso interesse que o seu aparecimento despertou.
>
> Assina: Francisca de Vasconcelos Basto Cordeiro
> (*Unica*, Rio de Janeiro, ano I, n. I, [s.p.], jul. 1925.)

A revista pode ser considerada progressista, não só pelo elenco de colaboradoras, mas pelas reflexões pertinentes que faz de antigos problemas e a defesa enfática do movimento feminista. O texto "O que é feminismo?" é um bom exemplo:

> É o grito da mulher escrava contra o despotismo do homem.
>
> De onde veio? Devemos buscar sua origem no abuso da força masculina.
>
> Não é, como em geral pensa, a guerra contra o homem, é apenas a reivindicação dos direitos da mulher. [...]
>
> Obra de combate, concorreu muito para que cuidasse mais da cultura feminina, tão necessária ou mais que a masculina.
>
> No século XIX, tão fértil em descobertas científicas e na criação de instituições sociais, a campanha feminista encontrou terreno amplo para o seu desenvolvimento. [...]
>
> Em nossa civilização ocidental o surto do feminismo é completo.

A alma da brasileira não pode deixar de vibrar em prol das ideias do "bem" e da "equidade".

Aguardemos o próximo Congresso Feminista a se realizar no Brasil em 1928 e procuremos preparar trabalhos que elevem a mulher brasileira perante as representações das nações amigas. (*Unica*, Rio de Janeiro, ano I, n. II, [s.p.], ago. 1925.)

Ainda assim, Sylvia Paixão (1994, p. 428), em substancioso estudo sobre a revista, observa a contradição existente entre o desejo de contribuir para a autonomia feminina e a publicação de artigos que reforçam os papéis impostos pela sociedade patriarcal. Esta contradição, aliás, esteve presente em muitos periódicos feministas do país, e não apenas neste. O artigo "A alma dos nossos filhos", assinado por Guaratyra, ilustra esta dubiedade:

> Educai junto de vós, vossos filhos pequeninos! Eis o grande conselho às jovens mães. Só vós podereis perscrutar a pequena alma imprecisa onde se encontram, em gérmen, os defeitos e as qualidades futuras. [...] Não abdiqueis jamais desse dever sagrado que vos compete, em favor de uma outra pessoa da família e, menos ainda, de uma mercenária. É a vós que incumbe descobrir, apenas se manifestem, tendências e faculdades, desenvolvendo umas, corrigindo outras, canalizando e dirigindo defeitos que resultarão em qualidades. E assim transformaria lentamente a Teimosia em Força de Vontade; a Avareza em Economia; a Ira impetuosa em Energia que se domina, e assim por diante. E, ao menor resultado obtido, a vossa satisfação será tão grande que vos sentireis amplamente recompensadas. [...]
> (*Unica*, Rio de Janeiro, ano I, n. I, [s.p.], jul. 1925.)

Em "A mulher e o casamento", ao mesmo tempo em que critica as convenções sociais que impõem o matrimônio à mulher, a cronista lamenta a solteirice. Como no trecho que se segue:

> No Brasil, onde tudo para a mulher tem um grande limite, ela, desde que abre os olhos para a interpretação da vida, só pensa no casamento; e tanto é assim que, quando uma mulher casa e é infeliz, não a vemos invejar uma solteira e sim uma outra infeliz, porém... casada!
> A solteirona finge um grande desdém aos homens e um enorme horror ao casamento, mas, no íntimo, ela sente-se traída pela vida

Imprensa feminina e feminista no Brasil

que lhe negou a única ventura prometida. [...] Sente-se, então, excitada, nevrosada, histérica; esquece que é preciso *"vivre et mourir e beauté"*, principalmente pertencendo ao *belo sexo*. [...] O homem é terrível, cruel, detestável, mas o que há de fazer a mulher senão desejá-lo? É o que existe, não há outro...
Assinado: Isadora
(*Unica*, Rio de Janeiro, ano I, n. II, [s.p.], ago. 1925.)

A revista abriu espaço também para a expressão de preconceito racial, conforme consta no artigo publicado na edição 12/13, de junho/julho de 1926:

> O Preto, tão em favor em Paris, principalmente depois da guerra, da invasão do jazz e outras dançarinas americanas, continua em crescente sucesso, agora nas revistas teatrais. Já as nossas mulatinhas exibem-se mais ou menos despidas, suplantando ou criando um Bataclan nacional, com mais ou menos êxito. Em Paris, a grande vedete da revista Folies Bergère é uma negra, o que confirma a degenerescência do afamado bom gosto do parisiense... Coisas da época.
> (*Unica*, Rio de Janeiro, ano II, n. 12-13, [s.p.], jun.-jul. 1926.)

O último número de que se tem registro data de abril de 1927.

Fontes: *Unica*, Rio de Janeiro, ano I, n. I, jul. 1925; ano II, n. 12-13, jun.-jul. 1925; ano III, n. 16, abr. 1927, em formato impresso no Acervo de Periódicos Raros da Biblioteca Nacional.

PAIXÃO, Sylvia Perlingeiro. *A fala-a-menos: a repressão do desejo na poesia feminina*. Rio de Janeiro: Numen, 1991.

PAIXÃO, Sylvia Perlingeiro. Mulheres em revista: a participação feminina no projeto modernista do Rio de Janeiro nos anos 20. In: FUNCK, Susana Borneo (Org.). *Trocando ideias sobre a mulher e a Literatura*. Florianópolis: UFSC, 1994. p. 419-440.

O Nata

1925-1926

Com o subtítulo "Literário, Esportivo, Crítico e Noticioso", *O Nata* foi mais um periódico criado por estudantes do Grupo Escolar Barramanense, de Barra Mansa (RJ), que utilizaram suas páginas para se manter informadas, exercitar a literatura e, ainda, fortalecer os vínculos com folhas similares. O nome escolhido provavelmente queria dizer que ali estava a elite, o escol, o que havia de melhor na escola.

Foram localizadas três edições. Do ano I, n. 1, de 2 de setembro de 1925; n. 14, de 4 de dezembro de 1925; e do ano II, n. 70, de 31 de dezembro de 1926, que tinham o formato 23 por 33 centímetros, quatro páginas e duas cores. Sua redação ficava na Avenida Joaquim Leite, n. 129. A diretora, Mme. Elza de Castro, tinha no corpo editorial De Cintra Vidal e De C. Castro Gonçalves, e como colaboradores Francisquinho, João da Egas, Mme. X, Valete de Copas, Vera, além da própria Elza de Castro.

Na edição de 4 de dezembro de 1925, destaca-se a "Seção de Mme. Elza", semelhante a um consultório sentimental, em que ela afirma responder "a toda e qualquer pergunta que me fizerem sobre a Mulher, o Homem, o Amor e o Matrimônio". A alguém que parece duvidar da sua existência real, ela responde:

> Creia, e para isso empenho-te a minha palavra de mulher, que sou aquillo que tenho demonstrado nas minhas teses: uma mulher experiente que votou-se inteiramente de espírito e coração à santa cruzada de amparar e proteger com conselhos e ações as minhas irmãs de sexo que sofrem pela incapacidade física e moral dos homens.
>
> (*O Nata*, Barra Mansa, ano I, n. 14, 4 dez. 1925.)

E acrescenta que os rapazes que estavam com ela na direção de *O Nata* não interfeririam na sua seção: "São discretos no que me diz respeito, entregando-me fielmente a minha correspondência sem de leve procurar insinuar-se nos segredos que albergam as cartas a mim dirigidas" (*O Nata*, n. 14, 4 dez. 1925).

A pequena folha tinha uma seção social que divulgava notícias de casamentos, aniversários e nascimentos; uma literária, com poemas e textos em prosa; e outra com notícias das peças teatrais em cartaz na cidade. Contava, ainda, com a coluna "Flagrantes", assinada por João da Egas, que se divertia dando notas sobre os namoros escondidos; e uma outra, intitulada "Na berlinda", em que um rapaz era colocado em destaque e as moças faziam comentários a seu respeito. Havia também anúncios de médicos, parteiras e remédios.

Como em outros periódicos de circulação restrita, a edição de dezembro de 1925 divulgou o resultado parcial do "Concurso de Beleza" da mais bela senhorita do município de Barra Mansa, seguido de uma lista de 28 nomes, e em seguida o resultado final: Théa Corrêa recebeu 151 votos; Alice Geraldine, 109; e Juracy Monclar, 52, que foram agraciadas com produtos oferecidos pelas casas comerciais da cidade.

Apesar de não conter grandes novidade em termos editoriais, literários, nem refletir explicitamente sobre a condição feminina, o periódico deve ter contribuído para a socialização das jovens e proporcionado uma salutar experiência em jornalismo, além do incentivo à criação de poemas, textos em prosa e artigos.

Fontes: *O Nata*, Barra Mansa, ano I, n. 1, 2 set. 1925; ano I, n. 14, 4 dez. 1925; ano II, n. 70, 31 dez. 1926, em formato microfilme no Acervo de Periódicos Raros da Biblioteca Nacional.

A Escola Doméstica

1925-1926

Em outubro de 1925, Jacyra Barbalho, diretora do Grêmio Lítero-Musical Auta de Sousa da Escola Doméstica, criou o jornal *A Escola Doméstica* para divulgar as iniciativas literárias das estudantes e notícias de seu interesse. A Escola havia sido fundada em 1914 por Henrique Castriciano, em Natal (RN), e destinava-se à educação de jovens da elite nordestina.[82] As redatoras do periódico eram Maria de Lourdes Lamartine, Elsa Silva e Dolores Couto. A proposta inicial era ser mensal, mas, já no segundo número, lançado em dezembro de 1925, o atraso é justificado por um "motivo superior ao desejo administrativo".

A lista de colaboradoras era extensa. Participaram do número de estreia: Potiguara, M. L., Anaty Marin, Dextrina, Georgete da Costa e Silva e M. Nordestina, entre outras. Segundo Manoel Rodrigues de Melo (1987, p. 138), no terceiro número foram publicados poemas de Auta de Souza e de Edwiges de Sá Pereira, além de um artigo de Câmara Cascudo. A edição trazia, ainda, uma espécie de "radiografia da cidade", ao descrever seus edifícios, logradouros públicos, bairros e feiras livres.

Na quarta e última edição, de agosto de 1926, Maria Leonor assume a direção ao lado de Natércia Medeiros, Alix R. Pessoa, Priscila Nobre e Leonor Fernandes. E o periódico ganha um novo formato, passando a tratar de política e a ilustrar as páginas com fotografias do senador Washington Luiz e do governador José Augusto Bezerra de Medeiros. Há, também, fotos de Elsa Botelho, Alba Garcia, Ildérica Silva e Trezième Rosado, consideradas "expressões mais altas da beleza feminina do Estado" (MELO, 1987, p. 139).

---

[82] Henrique Castriciano (1874-1947), intelectual e político do RN, irmão de Auta de Souza e admirador da obra de Nísia Floresta, foi o idealizador e fundador, em 1914, da Escola Doméstica em Natal. Inspirada em escolas suíças, a instituição destacou-se por oferecer uma educação diferenciada às jovens, pois, ao lado de disciplinas regulares, ensinava puericultura, economia doméstica, culinária, etiqueta, enfermagem, entre outras (BARROS, 2000).

Após este primeiro periódico, a Escola Doméstica viu surgirem outros, como *O Lar*,[83] que circulou de 1928 a 1932, dirigido pela futura escritora Santa Guerra. Mas nenhum exemplar foi encontrado nos acervos pesquisados.

Fontes: BARROS, Eulália Duarte. *Uma escola suíça nos trópicos*. Natal: Offset, 2000.

MELO, Manoel Rodrigues de. *Dicionário da Imprensa do Rio Grande do Norte (1909-1987)*. Natal: Fundação José Augusto, 1987.

---

[83] *O Lar* surgiu no dia 15 de abril de 1928, sob a iniciativa de Santa Guerra e o apoio de Alix Ramalho, Celina Cavalcanti, Francisca Nolasco, Maria Augusta da Silva, Iracema Galvão e Gizelda Salustiano. Com a Revolução de 1930, a folha literária foi interrompida mais uma vez, voltando a circular em 1932 (MELO, 1987).

Jornal das Moças

1926-1932

O *Jornal das Moças* surgiu em Caicó (RN) em 7 de fevereiro de 1926, por iniciativa de Georgina Pires, Dolores Diniz e Júlia Augusta

Medeiros,[84] jovens da sociedade local, que certamente estavam antenadas com o que acontecia em Natal, em Recife e no Rio de Janeiro.[85]

Com o subtítulo "Literatura, Humorístico e Crítica", o periódico era semanal, impresso no formato 28 por 38 centímetros e apresentava uma diagramação inovadora, ora em duas, ora em três colunas. O exemplar avulso custava $200 nas bancas, e a assinatura podia ser anual, por 10$000; semestral, por 8$000; ou trimestral, por 4$000. Dedicado ao público feminino, o *Jornal das Moças* divulgava literatura, artigos e crônicas, promovia concursos de beleza e festivais literários, e também sessões de cinema, colunismo social e noticiava o que acontecia de importante na cidade.

Em sua primeira edição, um artigo assinado por Renato Dantas apresentou assim o jornal:

> Será este um semanário de caráter independente, noticioso, e contará com assídua colaboração das nossas conterrâneas. Como se trata de um órgão fundado por moças de nossa melhor sociedade, certo ele trará ensejo para o desenvolvimento da mulher caicoense, que já se há afirmando propendente às lides jornalísticas. Caicó está, portanto, de parabéns com a criação do *Jornal das Moças*.
> (*Jornal das Moças*, Caicó, ano I, n. 1, p. 1, 7 fev. 1926.)

Além das editoras, contava com as colaborações de Santinha Araújo, Julinda Gurgel, entre outras jovens da cidade, e ainda de Janúncio Bezerra da Nóbrega, José Gurgel de Araújo e do citado Renato Dantas. A primeira colaboração de Júlia Medeiros, em 28 de fevereiro de 1926, é também uma saudação à criação do *Jornal das Moças*.

---

[84] Georgina Pires (1902-1990), nascida em Caicó (RN), foi professora e principal articuladora do *Jornal das Moças*. Após o casamento com Janúncio Bezerra da Nóbrega em 1927, deixou o jornal para se dedicar à família. O mesmo aconteceu com Dolores Diniz (1901-1999), que havia redigido antes um jornal manuscrito – *A Escola* (1916-1917) –, mas também se afastou da vida pública ao se casar, em 1926. Júlia Medeiros (1896-1972), caicoense, teve uma educação diferenciada por ser filha de um rico fazendeiro. O fato de não ter se casado permitiu que ela se destacasse como professora, escritora e vereadora (em dois mandatos: 1951-1954 e 1954-1958) e que participasse ativamente da vida pública e política da região. Como feminista, tornou-se amiga e correspondente de Bertha Lutz. Foi a primeira mulher de Caicó a se alistar como eleitora, e também a primeira a dirigir um automóvel (ROCHA NETO, 2005).

[85] No Rio de Janeiro, havia circulado um periódico intitulado *Jornal das Moças* (1914-1965), que talvez tenha servido de inspiração para as norte-rio-grandenses.

Não me surpreendeu o gesto de minhas dignas conterrâneas, lançando um jornal à apreciação do nosso público, no momento atual, em que o problema do feminismo vem preocupando as camadas sociais. O *Jornal das Moças* será, portanto, o porta-voz de uma plêiade de jovens que, tratando de desenvolver o seu espírito tão rico de inteligência, ocupe-se de modo particular pelo progresso e desenvolvimento de nossa terra.
(*Jornal das Moças*, Caicó, p. 1, 28 fev. 1926.)

A repercussão e a aceitação da nova folha podem ser avaliadas com as diversas cartas de leitoras cumprimentando as editoras e solicitando assinatura. Como esta, de uma professora de Natal:

É com grande regozijo que tenho lido vosso interessante jornalzinho. Lamento ser já tão tarde para apresentar os meus efusivos parabéns à jovem e distinta falange que tão nobremente vem combatendo por um ideal tão sublime que é o amor, a cultura das letras [...] aproveito a oportunidade para pedir uma assinatura do vosso jornalzinho para cujo fim envio a respectiva importância. Às vossas prezadas ordens, amigas administradoras.
Assinado: Berthilde Guerra.
(*Jornal das Moças*, Caicó, n. 1, p. 4, 23 maio 1926.)

Segundo o pesquisador Manoel Pereira da Rocha Neto, o impresso extrapolou as fronteiras do município, alcançando outros estados. Na edição de 4 de abril de 1926, encontra-se a transcrição de uma nota do *Jornal do Sertão*, de Patos (PB), referindo-se à folha caicoense:

Recebemos a gentil visita do *Jornal das Moças*, mimoso porta-voz das inteligentes filhas de Caicó, no vizinho estado do Norte. O *Jornal das Moças*, cujo corpo redacional é composto por Georgina Pires, Dolores Diniz, entre outras senhorinhas, traz seleta colaboração que autoproclama o amor das moças caicoenses pelas causas do espírito [...]. O interessante semanário apresenta feição material muito atraente.
(*Jornal das Moças*, 4 abr. 1926 *apud* ROCHA NETO, 2008, p. 143.)

Quando decidiram encerrar o empreendimento, em 1932, "as dirigentes deram um balanço no caixa e encontraram um saldo de 120 mil réis, que foi assim distribuído: 100 mil réis para os pobres da localidade de São Vicente e 20 mil réis para Manuel Rodrigues Filho, o tipógrafo do jornal" (Rocha Neto, 2008, p. 145). O empenho das jovens professoras em se fazerem presentes na cena jornalística e literária do estado por tantos anos com certeza teve uma reverberação ainda maior, pois elas incentivaram a participação feminina e contribuíram para a educação no estado do Rio Grande do Norte.

Fontes: *Jornal das Moças*, Caicó, 28 fev. 1926; 23 maio 1926, em formato impresso no acervo pessoal de Constância Lima Duarte.

ROCHA NETO, Manoel Pereira da. Jornal das Moças *(1926-1932): educadoras em manchete*. 2002. Dissertação (Mestrado em Educação) – Universidade Federal do Rio Grande do Norte, Natal, 2002.

ROCHA NETO, Manoel Pereira da. *A educação da mulher norte-rio-grandense segundo Júlia Medeiros (1920-1930)*. 2005. Tese (Doutorado em Educação) – Universidade Federal do Rio Grande do Norte, Natal, 2005.

ROCHA NETO, Manoel Pereira. *Jornal das Moças* (1926-1932): imprensa feminina no sertão norte-rio-grandense. *Revista Estudos da Comunicação – PUC-PR*, Curitiba, v. 9, n. 19, p. 141-146, maio-ago. 2008.

Modearte

1927-1929

Seguindo a linha dos grandes magazines surgidos na cidade de São Paulo (SP) na década de 1920, *Modearte* teve início em março de 1927, mas na verdade representava a segunda fase de outra publicação, a *Brasil Moda* (1912-1926).[86] Sua redação ficava na Rua São Bento, n. 55, e era propriedade da empresa Lilla Editora Internacional. O exemplar avulso custava 2$500; a assinatura semestral, 20$000; e a anual, 38$000. Circulava por vários estados e também no exterior, em países como Alemanha, Egito, Inglaterra, Itália, Espanha, Estados Unidos, França e Áustria.

Sua redatora, Armina Médice Castellani, sobre quem nada se sabe, deu certo status à revista ao reunir um seleto grupo de artistas e intelectuais como colaboradores, tais como Achilles Naccarato, Affonso

---

[86] O que explica a edição de março de 1927 trazer "Ano XIV" em seu cabeçalho.

Schmidt, Ascânio Del Mazza, Astrô Cintra, Benjamim Motta, Cassiano Ricardo, Cleômenes de Campos, Décio Abramo, Elias de M. Salgado, Ferreira Leal, Menotti Del Picchia, Plínio Salgado, Walter Bariono e, ainda, as escritoras Maria Lacerda de Moura e Vina Centi.

Segundo Heloísa de Faria Cruz (1997, p. 170-171), estudiosa do periodismo paulista,

> Seu conteúdo é composto por artigos diversos sobre moda e beleza, que vão desde reportagens sobre modistas até aulas de "boas maneiras". Eventualmente, acompanhava a revista um molde de roupa em papel manteiga para as leitoras. Traz, ainda, textos sobre artes, que cobrem música, teatro, dança, arquitetura e, principalmente, cinema. [...]
> A revista é bastante ilustrada. Há predominância dos croquis de moda, que ocupam várias páginas e aparecem em cores e em preto-e-branco. Além disso, utiliza muitas fotos para suas coberturas. A capa é sempre estampada por um desenho colorido. [...]
> Os anunciantes são diversificados, como bancos, seguradoras, casas de móveis, médicos, produtos de beleza, bebidas, medicamentos, confecções e alfaiates.

O editorial da primeira edição tenta justificar o subtítulo, ostentado no cabeçalho, de "Grande Revista-Figurino Mensal":

> Esse periódico significa qualquer coisa mais que modas, era justa a nossa aspiração; uma revista única no gênero, em que, de fato, irão sempre juntos o útil e o agradável. *Modearte* tem tido tão bom acolhimento pelas elegantes, que, verdadeiramente, não sabemos como expressar o nosso vivo agradecimento. Só vemos um meio para isso: é de fazer todos nossos esforços para torná-la cada vez melhor.
> *Modearte* tem uma grande ambição: ser vossa amiga e vosso guia. Deseja apresentar-lhes, todos os meses, uma infinidade de coisas novas.
> *Modearte* é uma revista mensal que, além de lindas páginas de modelos para passeios, para bailes, para teatros, para festas, para interior de casa, para lingerie, para chá da tarde etc., traz uma parte literária composta de lindos contos, versos, poesias, crônica, romance, vida social e artística, cinematográfica e uma esplêndida página de conselhos úteis [...].
> (*Modearte*, São Paulo, mar. 1927 *apud* BOSO, 2009, p. 279-280.)

É certo que predomina na revista dezenas de modelos de vestuário feminino. Mas entre os figurinos da gala ou de passeio, encontram-se também romances em folhetim, poemas, textos sobre história do país ou universal, de personalidades importantes e, ainda, relatos de viagem, entre outras variedades.

Segundo Heloísa de Faria Cruz (1997), as edições de 1 a 12 de *Modearte*, lançadas em 1927, estão disponíveis para consulta no acervo da Biblioteca Mário de Andrade, em São Paulo. Já a Hemeroteca Digital Brasileira da Biblioteca Nacional possui apenas a edição de março de 1927.

Fontes: *Modearte*, São Paulo, ano XIV, mar. 1927, em formato digital na Hemeroteca Digital Brasileira da Biblioteca Nacional.

BOSO, Edna Aparecida da Silva. *Modearte*: estudo de uma revista paulistana (1927). 2009. Disponível em: http://www.ple.uem.br/3celli_anais/trabalhos/estudos_literarios/pdf_literario/029. pdf. Acesso em: 20 jun. 2021.

CRUZ, Heloísa de Faria (Org.). *São Paulo em revista: catálogo de publicações da imprensa cultural e de variedade paulistana (1870-1930)*. São Paulo: Arquivo do Estado, 1997.

Revista Elo

1927-1929

Em 2 de julho de 1927, um grupo de ex-alunas do Colégio Notre Dame de Sion, tradicional instituição de ensino do Rio de Janeiro (RJ), entre elas a escritora Lúcia Miguel Pereira e Lúcia Magalhães, fundou a *Revista Elo*.

Com a proposta de ser estritamente literária e de servir de "elo" para antigas companheiras de escola, a "Revista das *Antigas* do Sion" tinha, em média, vinte páginas sem ilustração. Curiosamente, seu número de estreia não contou com editorial ou texto de apresentação. Nele, foram publicados os textos de Maria Velloso, Sylvia Nogueira, Stela de Faro, Vitória Alves Bocaiuva Cunha, Germana Portella, Hygina de Souza Leão e Firmina Moreira da Fonseca.

Segundo Elisabete Vieira Camara, foi nas páginas desta revista que Lúcia Miguel Pereira divulgou suas primeiras críticas literárias, que já revelavam uma especial preocupação com a condição feminina de seu tempo. Sobre o artigo "O problema feminino", a pesquisadora faz o seguinte comentário:

> [Lúcia Miguel Pereira] questiona a educação feminina baseada na afetividade, o que representaria a não inserção da mulher na sociedade de forma intelectualmente participativa. Defende para a mulher outra diretriz em termos de formação humana, ou seja, uma que subjaza à educação pela construção do intelecto e da reflexão crítica, portanto, algo a mais do que uma mulher voltada apenas para a emoção (CAMARA, 2011, p. 36).

Preocupadas com as dificuldades para manter a revista, as editoras fazem um apelo às leitoras para que não deixassem de adquiri-la, colaborando, assim, para sua continuidade:

> Esta revista, que é vossa, precisa, para viver, do vosso amparo e do vosso interesse. Um e outro traduzir-se-ão pelo acolhimento que lhe fizerdes. Companheiras de ontem que a vida afastou, mas que o coração e o pensamento trazem sempre juntas, hoje se vos apresenta o *Elo* que vem unir ainda mais as numerosas

irmãs de uma grande família. Enviai vossa colaboração: estas colunas estão abertas às vossas iniciativas e aos vossos anseios. E se alguma questão vos interessar particularmente, se para alguma pergunta vos for difícil achar resposta, escrevei-nos e nestas páginas nos esforçaremos por responder ao vosso apelo. Assim, hoje e sempre, trabalhemos pela indescritível fraternidade das meninas do Sion.

(*Revista Elo*, Rio de Janeiro, ano I, n. 1, [s.p.], jul. 1927.)

Em julho de 1929, a *Revista Elo* atingiu o número 21, após um período de interrupção. As novas editoras anunciaram na capa o afastamento de Lúcia Magalhães e Lúcia Miguel Pereira.

Com o aparecimento deste novo número, depois de ligeira interrupção, entra o *Elo* no seu terceiro ano de vida, e ao mesmo tempo vê suas dedicadas redatoras, Lúcia Magalhães e Lúcia Miguel Pereira, deixarem a direção da revista de que foram a alma desde a sua fundação. Beneficiário destes dois anos de trabalho e de esforços, o *Elo* encarecidamente pede a todas que continuem a lhe dispensar o seu imprescindível concurso para que possa cada vez mais realizar o ideal de aproximação que o criou e que se acha tão lindamente expresso no seu primeiro número de 2 de julho de 1927; e a todas, redatoras, colaboradoras assinantes e leitoras, leva a sua palavra de sincero agradecimento.

(*Revista Elo*, Rio de Janeiro, ano III, n. 21, [s.p.], jul.-set. 1929.)

O último número encontrado data de 1929. No Acervo de Periódicos Raros da Biblioteca Nacional constam apenas as edições aqui citadas.

Fontes: *Revista Elo*, Rio de Janeiro, ano I, n. I, 2 jul. 1927; ano III, n. 21, jul.-set. 1929, em formato impresso no Acervo de Periódicos Raros da Biblioteca Nacional.

CAMARA, Elisabete Vieira. *A forma do ensaio e a construção do tempo ficcional em Lucia Miguel Pereira e Virginia Woolf*. 200 f. 2011. Tese (Doutorado em Letras) – Programa de Pós-Graduação em Língua Inglesa e Literaturas Inglesa e Norte-Americana, Universidade de São Paulo, São Paulo, 2011.

Yara
1927

Yara, "Revista Quinzenal Ilustrada", surgiu em Belo Horizonte (MG) em novembro de 1927. Dirigida por João Santos, apresentava-se como uma revista "ousada e moderna", aliás, bem de acordo com os ventos modernistas que sopravam na época. O editorial de estreia esclarece o título:

> Heródoto deu a cada um de seus livros o nome de uma musa. À nossa revista preferimos dar o nome de uma mulher. Ou ainda melhor: preferimos dar-lhe o nome não de uma mulher, mas de

referência a todas elas, como um preito à graça e ao espírito da mulher brasileira. É que, para nós, no puro nacionalismo que empolga a atualidade, o nativismo tem tais contrastes e harmonias tantas em seu conjunto, que seria desmedida profanação esquecer o padrão de sua beleza, simbolizada em Yara, para aceitar qualquer outra dominação menos sugestiva, menos radical ao nosso ponto de vista. Não combatemos o Modernismo. Sentimos, mesmo, a necessidade da evolução. [...]

Não só de literatura e de artes é *Yara*. Tem na mulher, essa outra obra prima do maior dos Artistas, o seu objetivo. Em torno dela, cuja harmonia sutil é penetrante é o enlevo da vida, fará vibrar toda uma obra capaz de exalçar-lhe a perfeição, os encantos, a beleza e sua complicada psicologia. O mundanismo, a crítica, o humorismo e a ironia, não essa temperada com o veneno, mas a ironia verdadeiramente ática e sempre discreta, completarão, em suma, o objetivo de nossos propósitos.

(*Yara*, Belo Horizonte, ano I, n. 1, p. 9, 15 nov. 1927.)

Impressa nas oficinas da Gráfica Americano & Cia., na Avenida Afonso Pena, n. 350, sua redação localizava-se na mesma avenida, no número 924. O exemplar avulso custava $800, a assinatura anual, 26$000, e a semestral, 14$000. As 38 páginas do número de estreia foram ocupadas com poemas de Miêtta Santiago,[87] Olavo Bilac, Abílio Machado, Belmiro Braga e Abílio Barreto, e também com fotografias, colunismo social e anúncios de automóveis, casas de comércio, salões de beleza, cinema e loterias.

Foram examinadas duas edições, e em ambas aparece a coluna "Crônica esportiva". No primeiro número, um artigo de Gilvaz encarregava-se de dizer que a presença desta coluna nas páginas de uma publicação feminina devia-se ao fato de *Yara* ser uma revista moderna:

YARA, com seu feitio de revista moderna e que pretende interessar a todas as classes, não poderia deixar de dedicar uma

---

[87] Pseudônimo de Maria Ernestina Carneiro Santiago (1903-1995), poeta, romancista, jornalista, professora e advogada, nasceu em Varginha (MG). É considerada a primeira mulher a exercer o direito de voto no estado através de sentença judicial em 1928, o que fez, votando em si mesma para deputada federal. Impressionado com ela, Carlos Drummond de Andrade lhe dedicou o poema "Mulher eleitora". Ela publicou, entre outros, *Gosto de alma* (1934), *Namorada de Deus* (1936), *Maria ausência* (1941) e *As 7 poesias* (1941).

página aos esportes, que, diga-se de passagem, têm progredido consideravelmente em nosso Estado, principalmente em Belo Horizonte.

Com efeito; além do popular futebol, já temos o tênis, basquetebol, o box, e alguns outros jogos apreciados.

De todos os esportes, o futebol é indiscutivelmente o predileto, o rei. Chega a tornar-se uma doença, uma mania que avassala todas as classes, desde o mais modesto operário, até o médico e o bacharel. Todos, sem distinção, jogam o futebol ou torcem pelo seu clube predileto. [...]

E é sobre a torcida feminina que falaremos proximamente.

(*Yara*, Belo Horizonte, ano I, n. 1, p. 6, 15 nov. 1927.)

A edição número 3, de 15 de dezembro de 1927, trouxe instantâneos de jovens no Parque Municipal, notícias do jogo entre Atlético Mineiro e América, artigos variados sobre a cidade, a moda, as principais escolas, a exposição de trabalhos manuais na Escola Normal e, ainda, conselhos de saúde e uma seção intitulada "O que as leitoras pensam da vida e do amor". Mas não há referência ao importante momento nacional que o feminismo vivia, na luta pelo sufrágio feminino. Precisamente em 1927, o deputado Juvenal Lamartine, do Rio Grande do Norte, consegue aprovar seu projeto de lei que dava às norte-rio-grandenses o direito de votar e de serem votadas, deixando as feministas de todo o país em polvorosa.[88]

A edição de número 2 não foi localizada, nem outra após a terceira, de dezembro de 1927.

Fontes: *Yara*, Belo Horizonte, n. 1, 15 nov. 1927; n. 3, 15 dez. 1927, em formato impresso no Acervo de Obras Raras da Biblioteca Universitária da Universidade Federal de Minas Gerais (UFMG). Os dois exemplares encontram-se digitalizados no site da Prefeitura Municipal de Belo Horizonte. Disponível em: www.pbh.gov.br. Acesso: 15 mar. 2017.

Yara, Belo Horizonte (MG), n. 3, 15 dez. 1927, em formato digital no Arquivo Público da Fundação Municipal de Cultura de Belo Horizonte. Disponível em: https://prefeitura.pbh.gov.br/fundacao-municipal-de-cultura/arquivo-publico/acervo/revistas. Acesso em: 25 jul. 2021.

---

[88] Ainda neste ano, a Federação Brasileira para o Progresso Feminino (FBPF) enviava ao Senado Federal uma mensagem contendo duas mil assinaturas de mulheres reivindicando o voto feminino. O precedente aberto pelo Rio Grande do Norte deu ânimo novo às sufragistas.

Dicionário Ilustrado: Volume 2 – Século XX (1900-1949)

Andorinha

1929

Na segunda quinzena de junho de 1929, surgiu em Campinas (SP) mais uma revista literária: *Andorinha*. Com redação situada na Rua Doutor Campos Salles, n. 86, tinha como diretor e redator Oscar Bratfhisch e Pedroso Junior, respectivamente. Suas mais de quarenta páginas estampavam os primeiros sinais de modernização da imprensa no Brasil: grande tiragem, impressões coloridas e venda ostensiva de anúncios. Retratos de "senhoras elegantes" e os anúncios de medicamentos, produtos de higiene e limpeza, seguradoras, consultórios médicos, lojas de roupas, joalherias e outras casas de comércio ajudavam a ilustrar e a sustentar a publicação.

Soma-se a isso a inserção de fotografias, gravuras e seções dedicadas ao colunismo social. A crônica de abertura anunciava sua chegada num clima dúbio, de entusiasmo e, ao mesmo tempo, de incerteza quanto à sobrevivência do periódico:

Toda engalanada, toda florida, toda festiva, toda cheia de esperança surge hoje *Andorinha*! Será feliz essa revista? Terá vida longa, ou efêmera como outras tantas? De vós depende gentis leitoras a vida da novel *Andorinha*. Sim, de vós, lindas criaturas, que tornais menos ásperas as pedregosas estradas da vida. De vós, lindas brasileirinhas, que trazeis nos olhos um pedaço do nosso céu ou a cor da noite trevosa. [...] E *Andorinha* vos promete boas colaborações, belas páginas cheias de espírito, cheias de sol, páginas onde encontrareis, lindas e gentis leitoras, uns momentos de alegria, de sã e comunicativa alegria. [...]

A *Andorinha* não poupará esforços, publicando sempre belíssimos clichês. E vós, que vos dedicais às belas letras, deveis também nos auxiliar com os lampejos da vossa inteligência, enviando as vossas produções literárias. Fontes de inspirações vos não faltam. (*Andorinha*, Campinas, ano I, n. 1, [s.p.], 2ª quizena jun. 1929.)

Mas a modernidade ficou restrita à apresentação formal da revista, porque o conteúdo trazia a mesma linguagem empolada e a representação de uma imagem essencialista da mulher como um ser puro de ar divinal, além de reiterar os velhos papéis de mãe, esposa e dona de casa. Embora o editorial convidasse as leitoras a enviar colaborações, o que se vê são textos assinados por escritores homens, entre eles Fagundes Varella e Olegário Mariano.

O pequeno texto que se segue é representativo das ideias conservadoras que dominaram o periódico:

A mulher, esse ente que veio à terra, a fim de com sua graça alegrar os engrumes [problemas] desta vida, é a mais bela concepção do Criador. Dizemos mais bela concepção do Criador, porque ela é, e será sempre o ponto culminante para onde se dirige e se converge a atenção dos homens. A mulher é a célula mater do progresso, é o farol que nos guia para o porvir. [...] Em todas as mulheres há um quê de bondade, um quê de graça, um quê de sublime, que a dignifica e separa do homem. [...] Depois, quereis coisa mais edificante, prova mais perfeita para mostrar a sua superioridade moral perante os homens do que o amor maternal? [...]

Em todas as mulheres há um quê de bondade, um quê de graça, e um que de sublime que a dignifica e a separa dos homens. Não existe mulher que não tenha uma centelha de bondade, um resquício de alguma coisa que a leva sempre a ocupar um pedestal. [...]

Assina: Gumercindo de Campos
(*Andorinha*, Campinas, ano I, n. 1, 2ª quinzena jun. 1929.)

O texto fala por si e dispensa comentários. Os demais presentes na edição examinada acompanham o tom artificial e romântico que idealiza a figura feminina e está longe da mulher do dia a dia. Já as piadas estão em outra categoria, pois acham "graça" justamente em ridicularizá-la.

Em uma sessão de alta magia do prestidigitador Onoffrof: — Agora, meus senhores, aqui têm este armário. Peço a qualquer senhora a fineza de entrar nele, porque, afianço, desaparecerá imediatamente. Diversos maridos às suas mulheres: Vai tu, querida... vai tu...

Certas mulheres parecem-se, perfeitamente, com as sacadas: embora estando em casa, vivem metidas na rua...

Há mulheres que educam as suas filhas pelo mesmo motivo que enfeitam a sala: para mostrar às visitas.

Há casas em que as mulheres são como certas paredes: para uso, e gozo...

Bem poucos são os quintais e as cabeças das mulheres de onde se possa colher alguma cousa boa.

(*Andorinha*, Campinas, ano I, n. 1, 2ª quinzena jun. 1929.)

Fonte: *Andorinha*, Campinas, ano I, n. 1, 2ª quinzena jun. 1929, em formato digital na Hemeroteca Digital Brasileira da Biblioteca Nacional. Disponível em: www.hemerotecadigital.bn.br. Acesso em: 15 mar. 2021.

Sacré Cœur de Marie
1929-1933

Sacré Cœur de Marie, "Órgão das alunas do Colégio Sacré Coeur de Marie de Belo Horizonte", foi inaugurado em 7 de julho de 1929 nas dependências do colégio, à Rua dos Timbiras, n. 1497. A impressão era feita na Tipografia Guimarães, situada na Rua do Espírito Santo, n. 980, e sua periodicidade, quinzenal, ao longo de quatro anos alcançou 53 edições. Teve como diretoras as jovens Yole Campos, Tereza Portela de A. Pena, Branca Sete Câmara e Marina de Andrade. Por vezes, a numeração do jornal é confusa. Por exemplo, foram encontrados dois números 44: o primeiro de 13 de julho de 1932, e o segundo de 15 de setembro do mesmo ano.

Joaquim Nabuco Linhares (1995, p. 274), ao descrever seu cabeçalho, informa que ele trazia à esquerda do título um emblema com dois ramos de café e de fumo, unidos por um laço de fita em cujas dobras lia-se: "*Spes, Salus, Consolatio Nostra*". Ou seja: "Esperança, saúde e conforto de todos nós". No centro dos ramos, ficava o emblema do Coração de Maria, encimado por uma cruz. As letras do título eram enfeitadas com figuras de crianças, em posições várias, de acordo com os traços e curvas peculiares às mesmas letras.

Dentre os diversos textos, alguns eram dedicados à Virgem Maria e a outras santas católicas, além de crônicas, romances traduzidos do francês e notícias de eventos realizados no colégio. Em geral, as alunas assinavam com pseudônimos, como Lyrio, Violeta e Saudade. *Sacré Coeur de Marie* possuía colunas fixas, como "Coisas incríveis", "Tradução" e "Aniversários do mês". Como a maioria dos periódicos vinculados a escolas religiosas, também este devia seguir os preceitos de conduta defendidos pela Igreja Católica.

Não por acaso, o artigo "A missão sublime das jovens cristãs no século XX" faz uma crítica ao movimento feminista, enquanto incentiva a prática de princípios cristãos:

> Neste século, em que tanto se propugnam os direitos da mulher, em que, saindo do retraimento a que a condenaram os costumes antigos, ela ressurge como animada por uma seiva nova de liberdade; em que, já não limitada ao círculo restrito da família, ela aparece em toda a parte, havendo até quem queira [...] fazê-la igual ao homem nos seus direitos e nos seus encargos; neste ambiente de expansão e independência, é preciso que, usando dos direitos que a situação lhe outorga, a donzela cristã, educada em princípios religiosos, formada sob o influxo benfazejo de um colégio piedoso, saiba fazer prevalecer os seus princípios, mostrar a fé que a anima e, vivendo segundo a sua crença, possa exercer sobre a sociedade um apostolado cujo benefício será imenso, incalculável.
> (*Sacré Coeur de Marie*, Belo Horizonte, ano III, p. 2, 15 ago. 1932.)

A partir de 31 de maio de 1933, o ano IV, o impresso tomou o formato de revista, com vinte páginas e duas colunas. Houve mudança também na direção, que passou aos cuidados de Marina de A. Rezende. As novidades foram anunciadas na primeira página:

Um triunfo a mais

Foi no dia 7 de julho que, na Rua Timbiras, pela primeira vez apareceu o SACRÉ COEUR DE MARIE. Com que delirante entusiasmo e alegria não lemos aquele primeiro número de um jornalzinho nosso que nos falava do Colégio, das companheiras, de tudo o que amávamos enfim. Mas, quanto trabalho, quantas dificuldades não custou a fundação do jornal.

A sua primeira diretora foi Yole Campos, a segunda foi Tereza Portela de A. Pena, a terceira Branca Sete Câmara, a quarta Marina de Andrade, a atual.

E o *Sacré Coeur de Marie*, vencendo mil lutas e obstáculos, vem progredindo sempre. Hoje, ei-lo transformado em revista. [...] Mas que o nosso entusiasmo seja sempre grande e profundo. Trabalhemos pela revista, colegas, é o nosso dever, e um dever bem suave de que o prazer da leitura dos seus artigos divertidos e alegres nos recompensará largamente.

À nova e cara revista, pois, os nossos votos de felicidade e progresso.

(*Sacré Coeur de Marie*, Belo Horizonte, ano IV, p. 1, 31 maio 1933.)

Foram localizados 23 números, que se mostraram semelhantes no tocante ao conteúdo das matérias e ao posicionamento acanhado diante de reinvindicações para as mulheres. Ainda assim, é louvável a iniciativa, que agregou e permitiu às jovens o exercício, ainda que incipiente, do jornalismo e a oportunidade que tantas tiveram de refletir, criar e publicar textos literários.

Fontes: Coleção de 23 edições do *Sacré Coeur de Marie*, Belo Horizonte, no formato impresso, depositados no Acervo de Periódicos Raros da Biblioteca Universitária da Universidade Federal de Minas Gerais (UFMG).

LINHARES, Joaquim Nabuco. *Itinerário da Imprensa de Belo Horizonte: 1895-1954*. Belo Horizonte: Fundação João Pinheiro; Centro de Estudos Históricos e Culturais, 1995.

P'ra Você

1930-1950

Publicada pela primeira vez em 22 de fevereiro de 1930, *P'ra Você*, "Revista Semanal Ilustrada", foi lançada durante um baile carnavalesco do Clube de Tênis da Boa Viagem e repercutiu fartamente na imprensa e em toda a sociedade recifense. De propriedade da empresa Diário da Manhã S/A, instalada à Rua do Imperador, n. 227 e sob a sob direção de Willy Lewin e Luiz C. Aires, o semanário tinha o formato de 30 por 22 centímetros, 32 páginas em papel *couché*, inclusive a capa, muitas fotografias e anúncios coloridos, o que fazia dela uma publicação moderna para os padrões da época.

O texto de apresentação do primeiro número revela as ambições dos editores: queriam não apenas concorrer com as publicações nacionais consolidadas, como *A Revista Feminina* (1914-1936) e *A Cigarra* (1914-1975), mas também com as grandes magazines internacionais, como *Vogue* (1892-atual) e *Harpers Bazar* (1867-atual).

P'ra você

Você pediu um presente.
Um presente bem bonito...
Mas você não sabia o que pedisse.
Porque você queria uma porção de cousas.
Você gosta de poesia.
Você queria figurinos preciosos. *Feminina, Vogue, Harper's Bazar.*
Você gosta de cinema. Você queria *"hot news"* de Hollywood,
retratos de artistas.
Você gosta principalmente de você mesma.
Você queria um álbum cheio das coisas lisonjeiras que os rapazes
dizem.
De você.
Era preciso reunir tudo isso.
Tudo isso a gente reuniu.
Não sabemos se você gostará do nosso presente.
 Mas ele é só *Pra você...*
(*P'ra Você*, Recife, ano I, n. 1, p. 9, 22 fev. 1930.)

Como ocorria na maioria das revistas, também nesta predominam as colunas socais, notícias de festas, os filmes em cartaz, os artistas, muitos textos literários e a moda, que, aliás, mereceu um longo artigo – "A influência do esporte na moda" – logo na primeira edição do periódico.

A moda feminina deve ao esporte inúmeras das suas fases práticas e cômodas. A saia curta foi iniciada pela célebre campeã de tênis Luzanne Lengien, que jamais procurou alongar as que havia usado na infância, considerando a falta de liberdade nos movimentos necessários nos seus jogos.
As grandes modistas adaptaram sua ideia, e as saias encurtaram para todas as horas até alcançarem exagero pouco estético. [...] A meia-estação é a época propícia para intensificar o esporte, seja porque fatigados dos dias cinzentos procuram-se as festas ao ar livre; seja porque, pressentindo o inverno, se faça dissipação de energias e se cuide de aprovisionar luz e oxigênio.
(*P'ra Você*, Recife, ano I, n. 1, p. 26, 22 fev. 1930.)

Foram muitos os colaboradores homens, entre eles Crispim Fialho, Esdras Farias, Álvaro Lins, Carlos J. Duarte, Jorge de Lima, Olegário Mariano, Aurélio Buarque de Holanda Ferreira, Valdemar Cavalcanti, Paulo Malta Filho, Vicenti Fittipaldi e Josué de Castro.

Ao contrário do que acontece com nomes femininos – Débora Gonzaga, Mauricéia Filho e Teresinha Caldas – e alguns pseudônimos ou iniciais que parecem denunciar a autoria.

No segundo número, datado de 1º de março de 1930, uma crônica assinada por Anita faz uma interessante e bem-humorada reflexão sobre a sujeição das mulheres à moda. Segue-se um trecho:

> De tempos em tempos a mulher transforma o seu corpo. De fato, é somente imutável a figura: o resto se transforma de acordo com um código secreto e jamais publicado. Surgem as mais extraordinárias mudanças... geográficas. Onde havia colinas pouco elevadas, estendem-se planícies. Regiões inteiras são novamente demarcadas.
> Nos últimos anos assistiu-se à desapropriação dos quadris e dos seios. Por último havia a queda da cintura. O homem no seu valor estabilizado, perde o raciocínio e procura desvendar o segredo. [...]
> A nova moda cria um ideal não muito fácil de realizar: busto pequeno, cintura fina e quadris delicados. As pernas naturalmente devem ser delgadas, uma vez que ainda são necessárias durante o dia. A questão se formula desta maneira: absoluta esbelteza. (*P'ra Você*, Recife, ano I, n. 2, p. 34, 1º mar. 1930.)

Na extensa pesquisa que realizou sobre o periódico, a historiadora Ewennye Rhoze Augusto Lima (2017) fez descobertas interessantes: *Pr'a Você* teve sua publicação interrompida no número 18, de 21 de junho de 1930, e reapareceu dois anos depois, em 31 de outubro de 1932, passando a ser quinzenal. A direção ficou a cargo de José Campelo e Eugênio Coimbra Junior, e a Empresa Diário da Manhã S/A tornou-se proprietária. No número 32, do ano III, em 24 de junho de 1933, encerrou-se novamente suas vendas, voltando o periódico a circular na década de 1950.

Fontes: *Pr'a Você*, Recife, ano I, n. 1, 22 fev. 1930, em formato digital no site da Fundação Joaquim Nabuco. Disponível em: www.fundaj.gov.br. Acesso em: 11 mar. 2015.

LIMA, Ewennye Rhoze Augusto. *Revista* P'ra Você*: uma história das seduções do moderno no Recife do ano 1930*. 2017. Dissertação (Mestrado em História) – Programa de Pós-Graduação em História, Universidade Federal de Campina Grande, Campina Grande, 2017.

Brasil Feminino
1932-1937

"De Mulher – Para a Mulher – Pela Mulher": assim se apresentou a revista *Brasil Feminino*, lançada no Rio de Janeiro (RJ), em fevereiro de 1932, por Iveta Ribeiro.[89] Com quinze páginas e periodicidade mensal, tinha inicialmente a proposta de divulgar as letras femininas nacionais. Mas logo se deixou contaminar pela política, tornando-se porta-voz de propaganda do Integralismo[90] junto às mulheres. Seu primeiro número

---

[89] Iveta Ribeiro (1886-1963), jornalista, poetisa, pintora e dramaturga, além de dirigir *Brasil Feminino* fundou o Clube das Vitórias Régias, que pretendia ser a versão brasileira de uma sociedade literária feminina francesa, dirigida pela escritora Marie Croci. Publicou *Meus versos*, *Mutação* e *Migalhas* (versos); *Despertar* e *Almas simples* (romances); e o ensaio *A mulher no Integralismo*, de 1937, entre outros.

[90] Integralismo foi o movimento de caráter nacionalista e fascista liderado pelo jornalista e parlamentar Plínio Salgado, que havia se tornado conhecido por sua participação na Semana de Arte Moderna de 1922.

apresenta em uma fotografia o grupo de redatoras e colaboradoras da revista, ao todo, catorze mulheres, algumas bem jovens. Entre elas estava a diretora Iveta Ribeiro, Sarah Villela de Figueiredo, conhecida pintora e responsável pela capa, e Odelli Castello Branco, também pintora que ilustrou a publicação.

Vendida por 2$000 o exemplar avulso e por 25$000 as assinaturas anuais, parte do valor arrecadado era destinado "às instituições de caridade, especializadas em amparo à mulher, em qualquer das cidades, tais como asilos e reformatórios para meninas, recolhimentos para velhas cegas, transviadas e enfermas; maternidade e creches" (*Brasil Feminino*, ano I, n. 1, p. 4, fev. 1932).

As seis edições existentes no Acervo de Periódicos Raros da Biblioteca Nacional trazem artigos de cunho político ao lado de fotografias de mulheres, anúncios de produtos de beleza, de alimentos e casas de jogo. No editorial de lançamento, a redatora parecia prever as dificuldades que teria para manter um jornal dirigido a um público tão segmentado:

> É vasto o programa de ação do BRASIL FEMININO; não poderá ser cumprido em pouco tempo; carecerá mesmo de muito sacrifício, de muita coragem e de muita persistência para ser cumprido fielmente, mas ao traçá-lo contei primeiro comigo própria, depois com a capacidade intelectual das companheiras que escolhi para a jornada difícil; depois com o amparo de toda a intelectualidade feminina de minha pátria, e por fim, pensando que sem um alicerce forte não se pode erguer fortalezas, com todas as mulheres do Brasil, pois para elas é a nossa revista, delas depende a sua vida, por elas trabalharemos sem descanso! [...] No lar ou na sociedade; na oficina ou no escritório; nas academias ou nos cenáculos, enfim, por toda a parte hoje, incontestavelmente, se impõe a vossa vontade e a vossa cultura, fazei da nossa revista um pavilhão de espírito, de graça e de superioridade, não como órgão agressivo de um feminismo combativo e intransigente, criador de ridículos justificados e de antipatias derrotistas, mas como luminosa e amiga demonstração de Igualdade, de Liberdade e de Fraternidade.
>
> (*Brasil Feminino*, Rio de Janeiro, ano I, n. 1, p. 1, fev. 1932.)

O feminismo, cujas ideias começaram a ser divulgadas entre nós ainda no século XIX, era assunto recorrente na revista de Iveta Ribeiro, merecendo, inclusive, uma seção fixa. Mas, por vezes, as interpretações do tema eram as mais disparatadas. Albertina Silveira, autora do texto que se segue, "O Feminismo que eu amo", parece perdida em meio aos princípios conservadores do movimento integralista, o mito da feminilidade e uma conceituação do que seria o feminismo.

> Sou da opinião que a mulher deva simplificar os seus vestidos; mas o nosso feminismo aqui neste amado Brasil, graças a Deus, nunca poderá perder sua personalidade: – a arte, a poesia, a delicadeza de suas rendas e de todo um conjunto que é próprio da mulher e que lhe dá, aos olhos do homem, a beleza espiritual. O feminismo que eu amo é a mulher intelectualmente preparada para colaborar junto ao homem e nunca independente dele. Se é casada, se tem que lutar, porque a sorte não sorri a todos, deve ser harmoniosamente com o homem, sem perder a beleza de mulher; sem perder, o que vulgarmente chamamos, o atrativo do nosso sexo; a delicadeza do nosso vestir.
> (*Brasil Feminino*, Rio de Janeiro, ano I, n. 1, p. 2, fev. 1932.)

Como a emancipação era uma realidade nos anos 1930, mesmo um movimento conservador como o Integralismo não podia ficar indiferente a ela. É compreensível, portanto, que a revista tenha assumido a defesa do sufrágio, ao se dar conta de que ele seria inevitável e, provavelmente, já interessado nos votos das mulheres. Na edição de fevereiro de 1932, um artigo decisivo de Bertha Lutz é aí publicado, obtendo grande divulgação nos demais jornais:

O voto feminino

> O momento atual é altamente significativo para o progresso do sexo feminino. O projeto de lei eleitoral, que acaba de ser apresentado à opinião pública pela subcomissão de direitos políticos, permite o direito de voto às mulheres que possuem economia própria, abrindo horizontes promissores à colaboração cívica feminina na vida política do nosso país. É um passo decisivo ainda que aquele que, há doze anos, permitiu à mulher o exercício de funções públicas, consideradas pelos juízes como direito político inerente ao conceito de cidadão. [...]
> Terminando, limitar-me-ei a apelar para todas as mulheres brasileiras, para que estudem e meditem os seus dispositivos. Aquelas que se acham contempladas, peço que preparem para o desempenho corajoso e consciente dos seus novos deveres

cívicos. As outras, as mães de família e donas de casa, concito trabalharem para obter a sua inclusão. Ao ver do feminismo, elas representam altos valores econômicos e sociais. Devem colaborar conosco para que este fato seja reconhecido e para que se aproxime o dia em que, longe de descuidar dos seus lares e da sua prole, venham beneficiar a ambos pela intervenção judiciosa na estrutura das leis.

(*Brasil Feminino*, Rio de Janeiro, ano I, n. 1, p. 36, fev. 1932.)

A principal contribuição deste texto, a meu ver, está no firme incentivo para que as mulheres insistissem em participar do pleito eleitoral, e não se acomodassem às restrições de idade, classe ou grau de escolaridade que a Lei estava exigindo.

Além de temas políticos, a revista também trazia conselhos sobre gravidez, educação e saúde dos filhos, como no artigo publicado no número 6, de julho de 1932, na seção "Cartilha da Maternidade":

A mulher sadia é apta, portanto, para a glória da maternidade. Um corpo sadio é presidido por um espírito sadio, que a educação, principalmente da sensibilidade, aprimora. E é esse espírito sadio que vai receber com alegria a confirmação bendita da gravidez, isto é, de que o seu amor santificado floriu em flor humana...
A gravidez não é moléstia; com as regras de higiene observadas, pode, portanto, decorrer sem maiores incômodos além dos suportáveis constrangimentos de um estado psicológico acrescido. [...] Não se torna necessário que a grávida modique a sua vida desde que [esta] esteja normalizada.
(*Brasil Feminino*, Rio de Janeiro, ano I, n. 6, p. 4, jul. 1932.)

A partir da edição 35, de maio de 1937, *Brasil Feminino* passou a ser "Órgão Oficial da Ação Integralista Brasileira – AIB". E para inaugurar a nova etapa, que manteria em parte a antiga proposta, mas teria mais reportagens e notícias sobre as "blusas verdes" [cor do uniforme dos integralistas], Plínio Salgado foi convidado a assinar uma página do número especial de reaparecimento.

O periódico circulou até a edição 38, de novembro de 1937.

Fontes: *Brasil Feminino*, Rio de Janeiro, ano I, n. 1, fev. 1932; ano I, n. 2, mar. 1932; ano I, n. 3, abr. 1932; ano I, n. 4, maio 1932; ano I, n. 5, jun. 1932; ano I, n. 6, jul. 1932, em formato digital no Acervo da Hemeroteca Digital Brasileira da Biblioteca Nacional. Disponível em: http://memoria.bn.br/. Acesso em: 4 out. 2021.

MANCILHA, Virgínia M. Netto. *Brasil Feminino: uma visão social sobre a participação feminina no movimento Integralista*. 2007. Disponível em: https://www.prp.unicamp.br/pibic/congressos/xvcongresso/cdrom/pdfN/767.pdf. Acesso em: 30 maio 2021.

PACHECO, Gabriela Santi Ramos. As capas integralistas da Revista *Brasil Feminino*: uma análise imagética (1937). 2018. Disponível em: https://ebooks.pucrs.br/edipucrs/acessolivre/anais/ephis/assets/edicoes/2018/arquivos/24.pdf. Acesso em: 12 ago. 2021.

Silhueta

1932

Silhueta, "Revista Mensal Ilustrada de Circulação em Todo o Brasil", foi lançada em Belo Horizonte (MG) em março de 1932. Os responsáveis pelo empreendimento – J. A. Barbosa Mello, J. Xavier Bruno e Erico de Paula – divulgavam que *"Silhueta* não se empresta. Compra-se". A redação localizava-se na Avenida Afonso Pena, n. 726, 1º andar, e a revista era vendida por meio de assinaturas ao preço de 12$000 a anual, e 1$000 o número avulso.

Apesar de dirigida por homens, *Silhueta* abriu espaço para a colaboração de mulheres, que prontamente atenderam ao chamado. Entre elas, Berenice Martins Prates, Edelweiss Barcellos, Hilda Nogueira da Gama, Lúcia Monteiro Machado, Maria Auxiliadora de Lima, Maria Helena Monteiro Caldeira, Maria Lacerda de Moura e Maria José de Pádua Risoleta Campelo. Entre os homens, figuras conhecidas da cultura e da política mineira também marcaram presença, como Abílio Machado,

Abílio Barreto, Abgar Renault, Carlos Drummond de Andrade, Cyro dos Anjos, Djalma Andrade, Luiz de Bessa, J. Guimarães Menegale, Milton Campos, Orlando de Carvalho, Pedro Bernardo Guimarães e Sandoval Campos.

Com uma diagramação semelhante à da revista *Fon-Fon!*,[91] que circulou com enorme sucesso no Rio de Janeiro de 1907 a 1958, *Silhueta* possuía 68 páginas ocupadas com artigos variados, capa elaborada artisticamente, muitas fotos de mulheres, propagandas de produtos de beleza, utilidades domésticas e de estabelecimentos comerciais, como lojas de roupas, consultórios médicos e farmácias. Com periodicidade mensal, a revista circulava nacionalmente e se apresentava como uma revista "moderna", conforme consta em seu primeiro editorial:

Silhueta

Uma revista moderna, sem ser futurista. Feita para todos os gostos. Uma espécie de jornal cinematográfico: um pouco de tudo e de toda parte.
Sem credo literário.
Sem cor política.
Uma revista que almeja merecer, tão somente, os aplausos da sociedade.
Se tal coisa for alcançada estarão compensados, e fartamente, os nossos esforços e os nossos não pequenos sacrifícios.
(*Silhueta*, Belo Horizonte, ano I, n. 1, p. 19, mar. 1932.)

Como a revista teve apenas três números (de março, abril e maio), e só foram localizados o primeiro e o terceiro, foi possível verificar que suas poucas colunas fixas eram destinadas a divulgar os novos filmes, acontecimentos sociais, textos literários e os passatempos de praxe: grafologia, palavras cruzadas, pensamentos e anedotas. Dentre as seções, destaco a "Coluna Elegância Feminina", assinada por Anabelle, que se dispunha esclarecer as dúvidas das leitoras sobre a moda.

Tendo recebido algumas consultas, antes mesmo da publicação de *Silhueta*, respondo-as com prazer, declarando que serei

---

[91] Revista semanal editada no Rio de Janeiro, cujo nome era uma alusão ao som da buzina de automóveis, pois inicialmente destinava-se ao público masculino. A partir de 1922, seu foco passou a ser as mulheres, com a inserção de colunas e temáticas de interesse feminino.

sempre feliz se puder auxiliar, de algum modo, às minhas gentis consulentes:

Mlle. X (Capital) – As guarnições em cor barradas de branco são de um bonito efeito e relativamente fáceis e baratas. O amarelo ouro presta-se especialmente ao generoso que deseja. Deve-se usar o mesmo motivo em todas as peças.

Aurora Carmem (Barbacena) – Os vestidos de tarde usam-se mais compridos, estando em moda o rosa pálido. Os botões de vidrilho dão um grande *chic à toilette*. Não há inconveniente em usar chapéu de crochê.

Assinado: Anabelle.

(*Silhueta*, Belo Horizonte, ano I, n. 1, p. 49, mar. 1932.)

Ainda na edição de estreia, Edelweiss Barcellos publica o poema "Canção triste", e Risolete Campello, o conto "Caprichos do destino", cuja apresentação dispensa maiores comentários. Cito: "Vivido em Veneza, escrito especialmente para *Silhueta*, é o extravasamento de uma alma sensível e de um temperamento feminino doentiamente triste, na classificação da própria autora".

Para fechar esta edição, a quarta capa trazia uma propaganda da Gasolina Energina – "Puxa mais e gasta menos" – que chama a atenção por exibir dois símbolos nazistas coloridos e entrelaçados. O "agente depositário" era Sebastião Lincoln, Avenida do Comércio, n. 626, Belo Horizonte.

A terceira edição, publicada em maio, traz uma colaboração de Maria Lacerda de Moura, "escrita especialmente para *Silhueta*" e intitulada "Oração", em que ela revela suas crenças e dogmas religiosos e pode ser lida como verdadeira *profissão de fé*:

Minha alma flutua por sobre o Cosmos...

O mundo é criação do meu sonho...

Eu sou o criador de mim mesma.

Através de mim perpassam todas as correntes de Amor, refletidas no Arco-íris de Luz da Grandeza Espiritual do Cosmos incriado. [...]

Sou um Centro irradiador de poder sobre mim mesma, um ritmo no hino Bi-Cósmico, uma nota perdida a orquestração infinita da Beleza, na concepção máxima a que pode atingir na mente Humana.

Cada Ser é um elo da grande corrente do Amor Universal. [...]

Os erros e crimes de lesa-felicidade humana não estou disposta a continuá-los com a cumplicidade do meu ser. [...]

Glória à suprema beleza do Amor no coração dos homens e das mulheres de boa vontade... [...]

Glória a todas as estupendas maravilhas do Universo, de que cada Ser livre é um Centro irradiador de força e de Beleza, de Amor e Sabedoria.

Glória...

Glória...

Glória...

(*Silhueta*, Belo Horizonte, ano I, n. 3, p. 9, maio 1932.)

As edições citadas podem ser examinadas no site do Arquivo Público da Cidade de Belo Horizonte.

Fontes: *Silhueta*, Belo Horizonte, ano I, n. 1, mar. 1932; ano I, n. 3, maio 1932, em formato impresso no Acervo do Arquivo Público da Cidade de Belo Horizonte.

Silhueta, Belo Horizonte, ano I, n. 1, mar. 1932; ano I, n. 3, maio 1932, em formato digital no site da Prefeitura Municipal de Belo Horizonte. Disponível em: https://prefeitura.pbh.gov.br/fundacao-municipal-de-cultura/arquivo-publico/acervo/revistas. Acesso em: 30 jul. 2021.

Senhorita X!...
1932

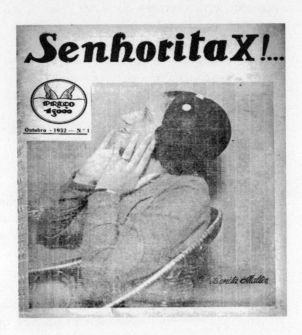

Apresentando-se como "Revista Mensal, Social, Ilustrada", *Senhorita X!...* surgiu no Rio de Janeiro (RJ) em outubro de 1932 e teve pelo menos mais dois números: em novembro e dezembro do mesmo ano. Considerada sofisticada para os padrões da época, a revista impressa em papel *couché* tinha 26 páginas, muitas fotografias de jovens, notas sobre festas nos clubes e salões da elite carioca, além de anúncios de produtos de higiene, saúde, beleza, casas de tecidos, joalherias e seguradoras.

O texto de apresentação, assinado por J. Nunes Vieira, diretor da publicação, e dedicado às "Senhoritas Brasileiras", lembra o tom formal, artificial e rebuscado do século XIX. Confiram:

> Perdoem-nos, senhoritas, se roubamos o que de mais precioso existe em vós, para título de tão modesto trabalho. [...] Perdoemnos, ainda, se involuntariamente ferimos a vossa suscetibilidade

com alguma coisa que publicarmos, e que não esteja de acordo com o vosso pensar. Uma coisa, porém, podemos afirmar e com sinceridade: se tivéssemos a felicidade de adivinhar que qualquer das nossas modestas produções (da redação ou dos colaborados) fosse magoar, entristecer ou de qualquer forma chocar alguma Senhorita [...] – nunca a publicaríamos; e se estas são as nossas intenções, certos estamos que esses belos corações que dão acolhida às nossas modestas páginas nos perdoarão.

E, agradecidos, aqui prometemos às nossas lindas, joviais e bondosas patrícias procurar corresponder à vossa preferência, dando-vos sempre, em nossas edições, algo que vos agrade em prosa e verso. (*Senhorita X!...*, Rio de Janeiro, ano I, n. 1, p. 5, out. 1932.)

Na segunda edição, de novembro de 1932, o texto assinado por O. S. C. pretende explicar o título da revista, mas seu estilo confuso e palavroso termina por não explicar muito.

> *Senhorita X* – Título encantador e curioso, título que encerra dúvidas, pensamentos ocultos, ideais confusos e impenetráveis – expressão dominante e misteriosa, que desperta sentimentos vagos e torturas indefinidas... [...].
>
> Senhoritas X, jovens indecifráveis e misteriosas; existenciais que se nutrem dos acasos, das esperanças; que deslizam silenciosas como as barquinhas sem leme, soltas aos ventos, na superfície das águas – Ninfas transparentes, que correm vagarosas, de lago em lago, de margem em margem, sem ouvir os murmúrios do futuro e as sinfonias do mais belo sentimento da humanidade – O Amor!
>
> (*Senhorita X!...*, Rio de Janeiro, ano I, n. 2, p. 9, nov. 1932.)

A revista promovia concursos literários e convidava moças e rapazes a enviarem suas "belas produções". Dentre as colaboradoras do primeiro número, encontra-se um poema da mineira Henriqueta Lisboa. E, na tentativa de acompanhar os ecos da modernidade, *Senhorita X!...* dedica duas seções ao cinema e aos atores de Hollywood: "O que vai pelo cinema" e "Os astros da tela".

No artigo que se segue, a publicação dirige-se às mães exaltando sua dedicação ilimitada, afinal, "O sacrifício de mãe é sublime":

> Uma mãe passa os maiores sofrimentos desde o nosso nascimento e extingue sua vida visando um ideal: o de sermos dignos da

sociedade sendo dignos do nome que usamos. Será sempre feliz o ente que meditar na afeição materna, porque mesmo que a felicidade em si não o assista, encontrará alívio para o seu infortúnio nas palavras consoladoras de sua santa Mãe; palavras que encerram um sentimento imenso e que traduzem o seu santo Amor procurando diminuir, amaciar a sua desdita.
(*Senhorita X!...*, Rio de Janeiro, ano I, n. 2, p. 27, nov. 1932.)

Ainda nesta edição, na seção "Página histórica", foram publicados dois poemas de Dom Pedro II, "O Adeus" e "Terra do Brasil", por ele escritos após ser exilado.

A terceira e última edição, de 31 de dezembro de 1932, trouxe na capa a fotografia da poeta e feminista Gilka Machado (1893-1980) e teve o divórcio como tema de destaque. Apesar de ele ser legalmente instituído apenas em 1977, já nessa época o assunto era debatido na imprensa, com argumentos contra ou a favor. No caso do periódico, sua oposição era ferrenha, como pode-se ver nas palavras de Jetgo Sinemãe:

O divórcio

A mulher, pelo seu meio mais representativo, defende a "boa" nova, salientando o bem que nos pode trazer essa *louvável* medida, se for tomada, quer pela Constituinte, quer pelo Código Civil. [...].
Detêm-se em discussões, estudos, análises e julga que a consequência do divórcio traz para a classe social um verdadeiro flagelo. [...].
Ora, o divórcio nada mais é do que o golpe mortal, o lance decisivo, "xeque mate" na sociedade. Veja-se os exemplos dos Estados Unidos. [...].
Eu, por meu turno, penso que o divórcio vem para desmoralizar a família brasileira e não para moralizar, como dizem por aí...
(*Senhorita X!...*, Rio de Janeiro, ano I, n. 3, p. 29, 31 dez. 1932.)

Fontes: *Senhorita X!...,* Rio de Janeiro, ano I, n. 2, nov. 1932; ano I, n. 2, nov. 1932; ano I, n. 3, 31 dez. 1932, em formato digital na página: http://bndigital.bn.br/projetos/periodicosliterarios/titulos.htm#19.1. Acesso em: 20 maio 2018.

Boa Nova
1932-1940

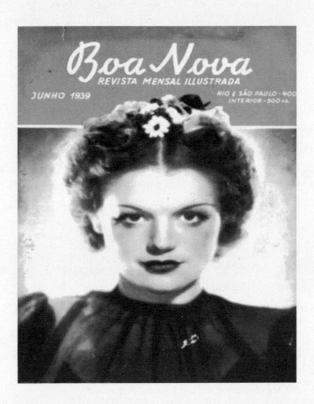

    Boa Nova foi uma revista mensal ilustrada dirigida pelo jornalista Samuel Lima Rocha, que pertenceu à Empresa Boa Nova Ltda. e circulou pelo menos entre 1932 e 1940. Sua redação e administração situava-se na Avenida Mem de Sá, n. 261, no Rio de Janeiro (RJ). Dentre seus colaboradores, que assinam contos, artigos e poemas, estavam Álvaro Moreira, Anatole France, Mário Pederneiras, Mello Moraes Filho, Giovanni Papini, J. Simões Lopes Netto, Augusto de Lima, Ronaldo Santiago, Renato Almeida, Epaminondas Martins e Alderico Perdigão.
    Apesar da ausência de nomes femininos assinando artigos ou textos literários – pelo menos nos exemplares examinados –, a revista destinava-se às leitoras. Praticamente todas as propagandas nela veiculadas eram de produtos ou objetos de uso da mulher, inclusive o

remédio A Saúde da Mulher,[92] que devia ser o principal patrocinador. Apresentado de diferentes formas – pelas mãos de uma enfermeira ou de um médico –, o tônico prometia "acabar com os dias de sofrimento", "cuidar dos males do corpo", e um futuro feliz:

> Sorria, pois, para a vida, e fique tranquila porque o poderoso medicamento protegerá a sua saúde, a sua beleza, o seu bem-estar. Continue a usá-lo e não tema os contratempos que só afetam as senhoras que desconhecem a ação maravilhosa desse grande remédio.
> (*Boa Nova*, Rio de Janeiro, p. 28, dez. 1938.)

Também outros medicamentos eram anunciados, como as Pílulas de Vida do Dr. Ross, Nutrion, Bromil, Vigoron, Depurativo Lyra, Leite de Magnésia de Phillips e cosméticos para "A beleza tropical da mulher brasileira". O dentifrício Odol aproveitou para dar o seguinte conselho:

> É de urgente e imperiosa necessidade que as mães brasileiras adquiram o hábito de levar periodicamente seus filhos ao dentista. Este é o profissional consciencioso e atento que velará pela marcha regular e correta da dentição da criança. Ele perceberá aquilo que os olhos leigos não distinguem, e corrigirá defeitos, evitando dores e futuros sofrimentos. Rumo ao dentista!
> (*Boa Nova*, Rio de Janeiro, p. 9, jul. 1939.)

Como em outras publicações, uma seção de modas e outra de cartas das leitoras estão presentes em *Boa Nova*. Na primeira, assinada por Tia Bonifácia, os figurinos eram minuciosamente descritos, orientados para as diferentes ocasiões e acompanhados de sugestões de adereços, como golas, chapéu e luvas.

> Realmente estão muito em moda essas golas de *organdy*. Podendo ser de vários feitios e de diversas fazendas de acordo com a *toilettes* com as quais são usadas [...]. Um vestido escuro não é

---

[92] O site https://www.trocandofraldas.com.br/saude-da-mulher-fitoterapico-eficiente-para-o-ciclo/ informa que a base do tônico "Saúde da Mulher" é a planta agoniada (tintura de pluméria lancifolia) associada à passiflora e ao salicilato de sódio. Esses elementos em conjunto formam uma medicação natural que ajudam na regularização do ciclo menstrual e a engravidar.

próprio para todas as ocasiões; entretanto, uma gola clara havia de torná-lo tão mais alegre, que permitiria o seu uso com mais facilidade.

Melhor resultado conseguiríamos ainda se, além da gola, enfeitássemos o vestido com uma flor. O sucesso de tais recursos repousa naturalmente na escolha do feitio da gola e da flor, bem como na combinação de cores. [...]
(*Boa Nova*, Rio de Janeiro, ano VI, n. 65, p. 40, dez. 1938.)

A revista trazia, ainda, figurinos masculinos e infantis e oferecia moldes prontos para quem os solicitasse. Na edição de julho de 1939, a colunista, que não se identifica, inicia com o seguinte comentário:

"A moda oscila como o coração da mulher" – dizia com convicção alguém que observava um elegante mostruário. A mulher de hoje apresenta-se ora com o cabelo liso, *tailleur* clássico, sapato masculinizado, e pouco mais tarde com um penteado de estilo, vestido vaporoso, tendo em cada detalhe uma nota bem feminina. Ela tanto pode ser prática, expedida e enérgica, como sonhadora, espiritual, complicada... E, por ter uma personalidade tão extensa, é classificada de volúvel pelo simples fato de variar de toalete e aspecto geral.
(*Boa Nova*, Rio de Janeiro, ano VII, n. 72, p. 41, jul. 1939.)

E termina sugerindo carteiras e bolsas de tricô e crochê, feitas em linha grossa, bege ou de cor, e vestidos brancos de seda, para serem usados com chapéu vermelho com aba grande, cinto, sapatos e carteira da cor do chapéu. A mesma edição divulgou o resultado do "Concurso do pequeno conto", cujo júri contou com as presenças ilustres de Augusto Meyer, Carlos Drummond de Andrade, Graciliano Ramos e Álvaro Moreira. Teriam sido, segundo a revista, mais de 1.200 concorrentes, mas entre os seis ganhadores não se encontrava nenhuma autora.

É inegável que este tipo de revista devia contribuir para o hábito de leitura das mulheres, mas também é inegável que se limitava a incentivar o consumo de determinados bens, inclusive de medicamentos, e a padronizar um estilo de comportamento.

Fontes: *Boa Nova*, Rio de Janeiro, ano VI, n. 65, dez. 1938; ano VII, n. 72, jul. 1939, em formato impresso no acervo pessoal de Constância Lima Duarte.

Pétalas

1933-1961

Em Florianópolis (SC), no largo período de 1933 a 1961, circulou a revista *Pétalas*, criada pela direção do Colégio Coração de Jesus com o objetivo de divulgar notícias da instituição e também de incentivar a produção literária de suas alunas e professoras.

Dentre as colaboradoras, encontram-se nomes que depois se tornaram conhecidas escritoras, como Vera da Costa Vianna, Lourdes Maria Moritz Santos Lima, Leatrice Moellmann Pagani, e também Laíla Freyesleben Ferreira e Almira Jacinto, jornalistas do periodismo catarinense.

Fundado em 1898 pelas Irmãs da Divina Providência, de origem alemã e teuto-brasileira, o Colégio destinava-se principalmente à educação e formação de jovens da elite, ou seja, a prepará-las para assumir as funções sociais que lhes estavam reservadas, dotando-as de um lastro cultural significativo.

O sucesso da revista entre as estudantes e o corpo docente foi tal que incentivou a criação de um outro periódico com o mesmo nome: *Pétalas* (1945-1948), destinado às crianças das primeiras séries, que circulava inclusive entre as famílias.

O Colégio Coração de Jesus, que já completou 100 anos de existência, teve a brilhante iniciativa de criar um Curso de Letras em 1933, com duração de quatro anos, que permitia às jovens da região estudar línguas e literaturas – portuguesa, francesa, inglesa e alemã –, suprindo, assim, a ausência de uma Faculdade de Letras, enquanto as dotava de uma profissão (CUNHA, 1990, p. 71).

Com certeza, este e outros periódicos surgidos no espaço escolar, seja por iniciativa da direção ou das próprias estudantes, constituem-se verdadeiros arquivos que documentam e preservam a memória do tempo em que circularam, a produção literária neles contida, bem como a história da educação feminina em nosso país. Apesar de não ter tido a oportunidade de examinar pessoalmente exemplares da revista, considero válido incluí-la neste arrolamento.

Fontes: CUNHA, Sylvia Amélia Carneiro da Cunha. "As colaboradoras da revista *Pétalas* e sua contribuição para o desenvolvimento da Literatura catarinense". *Travessia – Revista do Curso de Pós-Graduação em Literatura Brasileira da UFSC*, Florianópolis, v. 21, número especial "Mulher e Literatura", organizado por Zahidé L. Muzart, Florianópolis, 2º semestre 1990.

Luzes Femininas

1934

Editado por Kefeline G. Tognet Mossone, *Luzes Femininas* deve ter surgido no Rio de Janeiro (RJ) em maio de 1934, pois a edição de número 4, localizada no Arquivo Edgar Leuenroth, data de agosto desse ano. Tinha periodicidade mensal, e sua redação funcionava na Rua dos Inválidos, n. 42. Impresso no formato de livro, a edição apresenta 38 páginas.

Como os artigos são assinados pelas "Senhoras Benfeitoras das Luzes Femininas", praticantes da religião católica, o periódico expressa principalmente o ponto de vista da Igreja Católica, ataca o feminismo e defende a manutenção do patriarcado. O trecho a seguir é exemplar do pensamento nele dominante.

A moça no lar

Na época atual, em que uma filosofia criminosa tenta romper os laços que existem entre a filiação e a paternidade, condenando os atos de respeito e obediência, surge que a moça moderna, ávida de liberdade saiba que esta doutrina é repelida por todos que têm bom senso e que consideram a família como fator preponderante da felicidade na sociedade humana. [...]
Em contraposição a esta filosofia malsã, manda o preceito divino honrar pai e mãe, devendo respeito, amor e obediência. A vida da moça no lar paterno não deve se restringir a uma simples deferência ou polidez para com seus pais. Deve-lhes respeito, mas respeito religioso, que se manifesta por meio de uma atitude modesta, por uma palavra delicada, calma e discreta. (*Luzes Femininas*, Rio de Janeiro, ano I, n. 4, p. 214, ago. 1934.)

O periódico, por suas colocações conservadoras, devia ser uma resposta aos demais jornais feministas que circulavam na época. A edição examinada contou com a colaboração de Aura, Marina Delamare, Gilda Belucci e Antônio Magaldi, único colaborador do sexo masculino. As últimas páginas são dedicadas a anúncios diversos, principalmente de consultórios médicos.

Não foram encontradas referências sobre a continuidade da publicação.

Fonte: *Luzes Femininas*, Rio de Janeiro, ano I, n. 4, ago. 1934, em formato impresso no Arquivo Edgar Leuenroth da Universidade Estadual de Campinas (Unicamp).

Boletim da FBPF
1934-1937

Em outubro de 1934, a Federação Brasileira pelo Progresso Feminino (FBPF), entidade fundada e dirigida pela cientista carioca Bertha Lutz, publicava seu primeiro *Boletim*, que tinha como subtítulo "Órgão Oficial da Opinião Feminina Organizada". Editado no Rio de Janeiro (RJ), suas páginas documentam a luta pela efetivação do sufrágio universal, já conquistado no Brasil em 1932, como também o protagonismo de um vibrante grupo de mulheres, como Maria Sabina de Albuquerque,[93] Jerônima Mesquita,[94]

---

[93] Maria Sabina (1898-1981) nasceu em Barbacena (MG). Doutora em Letras Inglesas pela Universidade de Cambridge, foi declamadora, poetisa, feminista e professora de Francês, Literatura Universal, Arte Poética e Oratória. Integrou a diretoria da FBPF em 1932, tendo exercido a presidência da instituição por vários períodos. Nomeada pelo governo delegada do Brasil na Comissao Interamericana de Mulheres da OEA, durante 19 anos participou do Programa do Itamarati, além de representar o Brasil por onze vezes na Organização dos Estados Americanos, fazendo palestras e defendendo ideias feministas.

[94] Jerônima Mesquita (1880-1972), natural de Leopoldina (MG), apesar de sua origem abastada e aristocrática, durante a Primeira Guerra Mundial foi voluntária da Cruz Vermelha de Paris e também da Suíça. No Brasil, participou da fundação da Cruz Vermelha. Com Bertha Lutz e outras companheiras, fundou a Federação Brasileira

Maria Eugênia Celso,[95] Anna Amélia Queirós Carneiro de Mendonça,[96] Elza Pinho e Bertha Lutz, entre outras.

Os propósitos do *Boletim* foram assim apresentados no editorial da primeira edição, assinado por Maria Eugênia Celso:

> O *Boletim da Federação Brasileira pelo Progresso Feminino*, que inicia hoje a sua atividade, tem como fim reunir e congraçar em torno da ideia feminista todos os esforços dispersos, constituindo destarte numa espécie de centro irradiador onde todas as correntes de opinião encontrarão o eixo necessário de sua expansão e cuja utilidade aproximadora e atuação unificadora não carece realmente enaltecer.
>
> Ponto de contato espiritual entre todas aquelas que trabalham pela grande causa da mulher, propõe-se o Boletim da Federação ser, não somente o fiel divulgador do labor realizado, como o incentivador máximo de todas as iniciativas eficientes de que possa receber as sugestões aproveitáveis, estabelecendo assim a mais produtiva maneira do trabalho comum, esse trabalho que deve ser a base orientadora de toda a ação feminina.
>
> Elo entre as filiais dos Estados distantes e a sede centralizadora da Capital, o *Boletim da Federação Brasileira pelo Progresso Feminino* conta com a colaboração assídua e desinteressada de todas as suas sócias e o apoio de todas as associações e pessoas, às quais não seja indiferente o progresso feminino, elemento educacional imprescindível ao surto vitorioso do progresso coletivo.
>
> (*Boletim da FBPF*, Rio de Janeiro, ano I, n. 1, p. 2, out. 1934.)

Para Maria Eugênia Celso, as conquistas das mulheres estavam constantemente ameaçadas, daí ser fundamental a participação de todas nos assuntos políticos e sociais para, assim, conseguirem transformar a sociedade. Entre os compromissos que as brasileiras deveriam assumir,

---

pelo Progresso Feminino (FBPF) em 1922. Em sua homenagem, o dia do seu aniversário, 30 de abril, foi instituído Dia Nacional da Mulher.

[95] Maria Eugênia Celso Carneiro de Mendonça (1886-1963), mineira de São João del Rei (MG), era filha do Conde Afonso Celso e neta do Visconde de Ouro Preto. Como escritora, publicou vários livros e, como feminista, dedicou-se à luta pelo voto.

[96] Anna Amelia de Queiroz Carneiro de Mendonça (1896-1971) nasceu no Rio de Janeiro, foi poetisa, tradutora e feminista. Publicou em importantes jornais do país e atuou em defesa dos direitos das mulheres e nas iniciativas promovidas pela Federação Brasileira pelo Progresso Feminino.

estavam o de votar apenas em candidatas feministas e interessar-se pelas questões públicas do país:

Toda mulher deve:

1. Exercer seus direitos políticos e cumprir seus deveres cívicos.
2. Interessar-se pelas questões públicas do país.
3. Ter ocupação útil à sociedade.
4. Alistar-se e votar.
5. Votar consciente e criteriosamente.
6. Não entregar o seu título eleitoral.
7. Dedicar-se à causa feminista, crente no triunfo dos seus ideais.
8. Votar somente em quem for feminista.
9. Bater-se pela conquista e pleno exercício de seus direitos sociais e políticos.
10. Trabalhar pelo aperfeiçoamento moral, intelectual, social e cívico da mulher.

(*Boletim da FBPF*, Rio de Janeiro, n. 1, p. 2, out. 1934.)

Ainda no primeiro número da revista, Bertha Lutz assina o artigo "Idealistas e garimpeiros", em que observa com muita pertinência que o voto feminino não era um fim em si mesmo, mas um instrumento a ser usado para a melhora do status das mulheres. Segundo ela, os direitos recém-conquistados eram precários, e "a verdadeira batalha ainda estava por ser travada": as mulheres não haviam ingressado na "Terra prometida", mas apenas chegado às margens de um sistema político corrupto. Sendo assim, era necessário que elas se unissem na defesa de seu sexo, usando seus direitos democráticos para eleger feministas idealistas e incorruptíveis, capazes de alterar as leis em benefício das mulheres e das crianças, para os cargos públicos e, por fim, para impregnar o sistema político de "valores intensamente sociais, pacíficos e humanitários" (*Boletim da FBPF*, p. 1, out. 1934).

Na última página dessa edição, foi publicado o artigo "The National of the Brazilian Federation for the Advancement of Women", que evidencia o prestígio das editoras e da FBPF junto às associações internacionais. O mesmo se deu no número 4, de 1935, que apresentou as três primeiras páginas em inglês, com a seguinte justificativa:

Este número, dedicado ao Congresso da Aliança Internacional Feminina, Confederação das Associações Femininas Nacionais de mais de 40 países, aparece, para maior difusão do movimento feminino brasileiro e seus triunfos, em inglês. Na primeira página apresenta as saudações da mulher brasileira ao Congresso da Aliança e às delegadas ali reunidas. No corpo do texto narra os resultados da jornada de quinze anos, que culminou no triunfo total. (*Boletim da FBPF*, Rio de Janeiro, ano I, n. 4, p. 4, fev. 1935.)

Como era previsível, as ideias das militantes da Federação encontraram resistência em diversos setores da sociedade, uma vez que propunham a subversão da ordem para as mulheres deixarem de ser simples adornos e começarem a participar da política. E logo teve início verdadeiro *backlash*,[97] através de uma campanha difamatória pela imprensa contra Bertha Lutz e o movimento feminista, visto como ameaça à moral e aos bons costumes.

Em resposta aos insultos, a edição de março de 1935 foi toda dedicada à defesa da cientista. Na primeira página, um artigo de Anna Amélia Carneiro de Mendonça defendia a presidenta da FBPF nos seguintes termos:

> A mulher brasileira ascendeu com ela, orgulhosa, essa altura escarpada; acompanhou-a no esforço sem descanso; viu-a dominar os obstáculos, dominando as agruras da jornada.
> Sofre, por isso, com ela, neste instante, a injúria que lhe tenta macular o nome – padrão e patrimônio do movimento feminista no Brasil.
> Faltava a Bertha Lutz a auréola de martírio que sangra o sacrifício e marca definitivamente a conquista dos grandes ideais.
> A mulher brasileira, solidária com a sua grande *leader*, aqui está para pedir-lhe que aceite mais este sofrimento, como um tributo da sua abnegação à grande vitória conquistada por ela para a definitiva emancipação da mulher.
> (*Boletim da FBPF*, Rio de Janeiro, ano I, n. 5, p. 1, mar. 1935.)

Mas as críticas ao movimento liderado por Bertha Lutz não vieram apenas dos homens, mas também de contemporâneas que defendiam um feminismo menos burguês e mais voltado para as classes populares.

---

[97] *Backlash*: a partir da definição do termo enquanto "reação contrária", a jornalista e feminista Susan Faludi publicou o clássico *Backlash: o contra-ataque na guerra não declarada contra as mulheres* em 1981, nos Estados Unidos, em que analisa a onda conservadora que visava destruir as conquistas feministas da década de 1970. Traduzido no Brasil em 1991, tornou-se leitura essencial para feministas.

Em *O feminismo tático de Bertha Lutz*, Rachel Soihet (2006, p. 94-95) assim resume algumas leituras feitas recentemente daquele importante momento:

> A brasilianista Susan K. Besse, de forma similar à outra historiadora norte-americana June Hahner, considera que numa sociedade autoritária, patriarcal e capitalista estas [Lutz e suas companheiras] contribuíram, no máximo, para a modernização das relações de gênero. As feministas dessa vertente teriam evitado assumir posições radicais de contestação em relação aos homens, mantendo-se numa atitude contemporizadora, em nada alterando os padrões da dominação sexual. [...] as referidas feministas buscaram transformar as mulheres em ativas "colaboradoras" dos homens, evitando assumir posições ou adotar táticas que fossem interpretadas como "segregacionistas".
>
> [...] Branca Moreira Alves, cujo trabalho destaca-se por exaustiva pesquisa, igualmente tece inúmeras críticas ao referido movimento, entre elas, à ênfase atribuída ao papel das mulheres como mães e colaboradoras dos homens para justificar a importância na aquisição de direitos.

Concluo dizendo que Rachel Soihet está correta ao afirmar que não é possível analisar o movimento empreendido nas décadas de 1920 e 1930 a partir de experiências "propiciadas e decodificadas por um outro momento histórico", no caso, a década de 1970.

O acesso aos jornais mencionados foi possível graças às edições digitalizados no site do Museu Virtual Bertha Lutz.

Fontes: Coleção *Boletim da FBPF*, Rio de Janeiro, ano I, n. 1, out. 1934; ano I, n. 2, nov. 1934; ano I, n. 3, dez. 1934; ano I, n. 4, fev. 1935; ano I, n. 5, mar. 1935. Disponível em: www.ihs.unb.br/bertha. Acesso em: 30 abr. 2018. Também o Acervo da Biblioteca Rio-Grandense, na cidade de Rio Grande (RS), dispõe desta mesma coleção.

BESSE, Susan Kent. *Modernizando a desigualdade: reestruturação da ideologia de gênero no Brasil (1914-1940)*. Tradução de Lólio Lourenço de Oliveira. São Paulo: Unesp, 1999.

SOIHET, Rachel. *O feminismo tático de Bertha Lutz*. Florianópolis: Editora Mulheres; Santa Cruz do Sul: EDUNISC, 2006.

Walkyrias
1934-1961

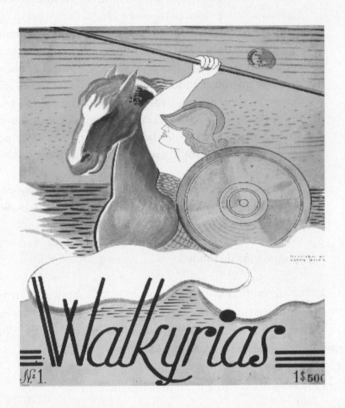

Poucas semanas após as brasileiras conquistarem o direito ao voto, foi lançada no Rio de Janeiro (RJ) a revista *Walkyrias*, dirigida pela jornalista e escritora paulista Jenny Pimentel de Borba.[98] O corpo editorial – formado por sufragistas conhecidas como Gilka Machado, Bertha Lutz e Anna Amélia Queiroz Carneiro de Mendonça – garantia o prestígio da revista, tanto que seu lançamento foi notícia em diversos

---

[98] Jenny Pimentel de Borba (1906-1984), paulista, escritora, jornalista e militante feminista, dirigiu também a revista *Fon-Fon*, colaborou na *Café Society* e com os jornais *Correio da Manhã* e *Diário de Notícias*. Em 1940, fundou a Borba Editora, por onde publicou seus livros *Mendiga de amor* (1939), *40 graus à sombra* (1940), *Mormaço* (1941), *Braza* (1942) e *Paixão dos homens* (1943).

jornais, inclusive em *O Paiz* (1884-1934), em 1º de julho de 1934 assim se manifestou:

> Este mês será publicado o primeiro número da revista *Walkyrias*, sob a direção da escritora Jenny Pimentel de Borba.
> *Walkyrias* apresentar-se-á material e intelectualmente com as melhores condições de êxito.
> Colaboram em *Walkyrias*: Gilka Machado, Maria Eugênia Celso, Bertha Lutz, Ana Amélia Queiroz Carneiro de Mendonça, Enaide Andréa, Lina Hisrch, Maria Vimar, José Américo de Almeida, Mucio Leão, Berilo Neves, Augusto Maurício, Olegário Mariano, Santa Rosa, Fritz, Oscar, Oswaldo Santiago, Murilo Araújo, Pongetti, Carlos Maul, Notvega de Siqueira, Alfredo Sade, Leôncio Correia, Tasso da Silveira, Pereira da Silveira e outros nomes evidentes nos nossos meios literários e artísticos.
> *Walkyrias* é o órgão oficial da Federação pelo Progresso Feminino, entidade máxima do Feminismo e de outras associações desta capital.
> (*O Paiz*, Rio de Janeiro, p. 10, 1º jul. 1934.)

No mês seguinte, em 1º de agosto, o mesmo jornal informou que

> Encontra-se à venda o primeiro exemplar de *Walkyrias*, que aparece sob a direção de nossa colega de imprensa Sra. Jenny Pimentel de Borba.
> De magnífica feição material, com belas ilustrações e fotografias, *Walkyrias* mantém em seu texto, além de novelas, ampla seção sobre o movimento feminista no Brasil, cinema, modas, artes decorativas, consultório médico e de beleza, etc., uma selecionada colaboração. [...]
> *Walkyrias* inicia uma forte campanha de reivindicações femininas que será intensificada em seus exemplares seguintes, para o que já conta com elementos de mais evidência nos nossos meios culturais, os quais, nas páginas de *Walkyrias*, escreverão sobre esse momentoso assunto.
> (*O Paiz*, Rio de Janciro, n. 17042, p. 7, 1º ago. 1934.)

Segundo Ana Arruda Callado (1994, p. 346), o número de estreia da revista teve 56 páginas, preenchidas com notícias, literatura e artes e assinadas por intelectuais de renome como Múcio Leão, Carlos Maúl, Berilo Neves, Murilo Araújo, e com conselhos do

Dr. Raimundo Fraga. Porém, eram os textos sobre a condição feminina que norteavam a revista:

> *Walkyrias* acolherá tanto os ataques como a defesa de todos os assuntos para esclarecer as mulheres, neste momento em que fomos elevadas à categoria de cidadãos. O ecletismo de tal proposta fica logo visível. Todas as posições ideológicas estão retratadas neste primeiro número. Não é demais lembrar que as deusas virgens escandinavas que batizaram a revista montavam cavalos velozes e usavam lanças, escudos e capacetes, mas serviam de mensageiras de Odin, que as enviava aos campos de batalha a fim de que selecionassem os heróis mortos, os trouxessem para o Valhala e lhes organizassem festas. Quer dizer, trajavam-se de guerreiras, mas exerciam atividades de gueixas – nada melhor para simbolizar a dubiedade da revista (CALLADO, 1994, p. 346).

Coube a Anna Amélia de Queiroz Carneiro de Mendonça assinar o artigo "Amazonas e Feministas", em que se nacionaliza o simbolismo do nome da revista.

> Eu venho da terra das amazonas, essas estranhas feministas das selvas... Na sua ânsia de conquistas e vitórias, elas ambicionavam uma liberdade selvagem, afrontaram os encontros sangrentos, as lutas com o inimigo e com as feras, afirmando a bravura do sexo e proclamando a revolta contra o homem. Não quiseram permanecer submissas, embaladas no aconchego da rede de tucum, na doce dependência do braço viril que abatia a caça e afastava o perigo. Adivinharam, na rudeza de seus ímpetos, que a metade de um povo não deve pesar sobre a outra metade (*apud* CALLADO, 1994, p. 346-347).

E coube a Bertha Lutz assinar o manifesto feminista, tão consciente quanto radical – pois, "sem romper todas as cadeias e derrubar todas as barreiras, não chegaremos nunca a edificar a civilização duradoura" –, em tudo oposto às crônicas de Mme. Chrysanthème publicadas na mesma revista. A diversidade de ideias torna-se mais acentuada com o passar dos anos e, inclusive, abre espaço para a divulgação do texto "O que eu penso das mulheres", assinado pelo ditador Benito Mussolini, na edição 38, desvirtuando completamente a proposta inicial do periódico.

A partir de 1957, *Walkyrias* passa a ser "Revista da Elite", divulgando a Fábrica de Tecidos Bangu. Júlio Ruy, marido de Jeny Borba, assume sua direção, e as edições se tornam cada vez mais esparsas, até chegar à última, em 1961.

Concluo com a lúcida reflexão de Anna Callado sobre esta interessante publicação:

> Apesar de suas posições confusas e de seu fim melancólico, pode-se afirmar que *Walkyrias* é um dos maiores sucessos da imprensa feminina brasileira de todos os tempos. [...] Feminista? Sim. Do feminismo possível durante o Estado Novo, quando não se estava engajada em uma luta de partido político nem se tinha "berço". Porque minha avaliação é que *Walkyrias* é tão feminista quanto Jenny, ou melhor, feminista à maneira de Jenny: mais interessada na liberdade sexual que na emancipação social, partidária da sedução e do brilho, não conformada com o "aconchego da rede de tucum", para usar a expressão de Anna Amélia, sua colaboradora. Jenny não era comunista nem cientista como Bertha Lutz, tampouco de família ilustre do Rio e escritora reconhecida como Anna Amélia. Restava-lhe – é minha hipótese – o caminho de franco-atiradora, que ela tomou, com sua *Walkyrias* (CALLADO, 1994, p. 355).

Fontes: *O Paiz*, Rio de Janeiro, 21 jun. 1934; 22 jun. 1934; 1º jul. 1934; 19 jul. 1934, em formato digital na Hemeroteca Digital Brasileira da Biblioteca Nacional. Disponível em: www.hemeroteca.bn.br. Acesso em: 25 nov. 2015.

CALLADO, Ana Arruda. Uma *Walkyria* entra em cena em 1934. *Revista Estudos Feministas*, Rio de Janeiro, ano II, p. 345-355, 2º semestre 1994.

CALLADO, Ana Arruda. *Jenny: Amazona, Valquíria e Vitória-Régia*. Rio de Janeiro: DL/Brasil, 1996.

Anuário das Senhoras
1934-1958

Publicado no Rio de Janeiro (RJ) em 1934, o sucesso obtido pelo *Anuário das Senhoras* deveu-se principalmente à variedade de suas seções, à ampla distribuição por quase todo o país e a sua longa existência. Dirigido por Alba de Mello e propriedade da Sociedade Anônima "O Malho", visava "a mulher moderna que pratica esportes, trabalha, participa dos empreendimentos cívicos, mas não descuida das lides caseiras". Em suas páginas, eram veiculadas notícias sobre as conquistas femininas nos diferentes países, apesar de ainda predominar o apelo da moda, da beleza, culinária, saúde, decoração, horóscopo. E um pouco de literatura também, felizmente.

Foram examinadas duas coleções: uma com as edições de 1947, 1948 e 1949; e outra do ano de 1952. A modernização por que passava o país fica visível nos anúncios dos produtos de higiene e beleza e das novidades em utilidades domésticas, como refrigeradores, toca-fitas e rádios. Os costumes estadunidenses e europeus, em especial os franceses, estão presentes nos artigos e nas fotografias de astros e estrelas de cinema de Hollywood, nas propagandas de meias, máquinas de costura e produtos de limpeza, e também nos romances e contos traduzidos.

A influência estrangeira aparece, ainda, na moda, nos costumes e nas dicas de boas maneiras.

Na edição de 1947, em artigo intitulado "Decoração da casa", ilustrado com a fotografia de uma mulher de avental e cabelos presos numa sala de visita tirando a poeira de um móvel, encontra-se o seguinte texto:

> No cinema ou fora dele as artistas conservam o glamour, mesmo quando de entregam aos afazeres domésticos, tal como Lucille Ball, da Metro-Goldwyn-Mayer. Quem tem seu bem cuida dele – diz o rifão, ao que a estrela acrescenta: trabalhos de casa ajudam a beleza. Aqui está ela, justamente limpando a vitrina que contém algumas das raridades chinesas de que faz coleção. Tudo se harmoniza bem: a figura e a roupa da dona da casa, o ambiente decorado à antiga, com um sofá amplo e confortável, paninhos de filé no encosto e nos braços, papel florido nas paredes, fartas e elegantes cortinas de musselina branca, uma lâmpada da velha guarda, e os mil nadas necessários à vida rotineira.
>
> (*Anuário das Senhoras*, Rio de Janeiro, ano XIV, p. 83, 1947.)

A mensagem não podia ser mais explícita: para ser feliz, a mulher deveria estar "harmonizada" com a casa, cuidando amorosamente de cada um dos seus "mil nadas". A mística da feminilidade, que pregava a dedicação da mulher ao lar e à família, atingia seu auge na década de 1940, e textos como este tentavam se impor diante de outros que pregavam outras opções de vida para as mulheres. Na mesma edição (p. 84; 85), sob o título "Mulheres célebres do Brasil", encontram-se pequenas biografias de personalidades femininas, como Anita Garibaldi, Bárbara Heliodora, Ana Neri, Maria Quitéria, Ludovina Porto Carreiro, Damiana da Cunha, Júlia Lopes de Almeida e Rosa da Fonseca. Encontram-se também dezenas de modelos de vestidos de noiva, camisolas, riscos de bordados, figurinos infantis ao lado de poemas e textos pretensamente literários.

Segundo Janaína A. B. Garcia (2004, p. 5),

> Os anúncios de produtos norte-americanos, tanto alimentos quanto bens de consumo, atestam a abertura da economia brasileira para artigos vindos daquele país. E a autoridade conferida aos estadunidenses é praticamente inquestionável: a grande maioria das matérias de caráter "científico", que anunciavam descobertas ou pesquisas em andamento, têm o aval de algum estudioso da América do Norte.

Na edição de 1948, repetem-se as propagandas de cosméticos, lojas e produtos para mulheres. Um deles, encimado pela figura de um casal de noivos e sob o título "Uma nova família", contém o seguinte texto:

A boa saúde da esposa é o principal alicerce da felicidade de um lar. As noivas devem ter bem presente esta verdade, para que em tempo possam preparar-se para constituir uma família feliz, um lar feliz.

Corrijam com tempo o mau funcionamento do útero e do ovário, evitando todas as penosas consequências que ele acarreta: amenorreias, corrimentos, obesidade, dores de cabeça, flores brancas, suspensões e uma série de sofrimentos que produzirão nervosismo, mal-estar, incapacidade de bem desempenhar seu papel de anjo tutelar da família. Usem, com regularidade, o grande regulador que é o melhor amigo da mulher, da puberdade à idade crítica: "A Saúde da Mulher".
(*Anuário das Senhoras*, Rio de Janeiro, ano XV, p. 13, 1948.)

À medida que se examina o *Anuário das Senhoras*, verifica-se que, na verdade, ele faz a propaganda de um tipo ideal de mulher, que pode ser assim resumido: deve estar sempre bonita e elegante, como as estrelas de Hollywood, ser uma dona de casa incansável e mãe extremada. A vida feminina teria como único objetivo "ser feliz" ao lado de um homem. O texto a seguir exemplifica perfeitamente a proposta da publicação.

Você é bonita e seu marido a ama. Mas não abuse disso para relaxar os tratamentos de beleza. Seja mais bonita para seu marido particularmente que para o público em geral. Não se esqueça de que, se o conquistou, sem dúvida foi porque ele a achou encantadora, muito bem tratada, o "maquillage" perfeito, cabelos brilhantes e penteados lindamente, olhos luminosos. [...] Tudo em que você se esmera para sair deve ser pouco quando fica em casa, junto do seu bem querer que é o homem que escolheu para marido.
(*Anuário das Senhoras*, Rio de Janeiro, ano XV, p. 78, 1948.)

Mas, na mesma edição do periódico, um artigo intitulado "A mulher na política nacional" (p. 205) destoa dos demais ao trazer notícias de quatro vereadoras do Rio de Janeiro e de uma deputada estadual de São Paulo, com suas fotos, cujos projetos privilegiavam o ensino, a infância, questões sociais e a saúde pública. No ano seguinte, 1949, a seção "Mulheres célebres do Brasil" (p. 148-150) traz fotografias e a biografia de Chiquinha Gonzaga, autora de 77 partituras de peças teatrais e de mais de 2 mil composições populares, e é assinada por J. Silveira Thomaz.

Em outras edições, temos as biografias de Princesa Isabel, Maria Quitéria, Anita Garibaldi, Júlia Lopes de Almeida e Rosa da Fonseca (mãe de Deodoro da Fonseca). Além do artigo sobre a figura em destaque, havia fotografias ilustrando a matéria. E as propagandas eram as de sempre: figurinos, vestidos de noiva, lingerie, roupas infantis, riscos de bordados e também livros, móveis, remédios e aparelhos elétricos.

Na edição de 1952, destaco "Conselhos a uma senhora pouco oportuna..." para ilustrar o didatismo e o nível de doutrinação a que as mulheres estavam sujeitas em suas leituras:

> Não chegue atrasada sistematicamente. Ao fim de um instante o homem mais enamorado impacienta-se. E, quando você chegar, a satisfação será apenas a de não mais que esperar...
> Se o seu marido conta uma história que você conhece bem, não experimente interrompê-lo ou precipitar o final. Uma esposa amante é a que pode escutar vinte vezes a mesma coisa. [...]
> Se o acompanha à caça não se apiede dos animais. Os caçadores sabem que não é nada bonito matar, mas gostam do esporte. E conseguirá que tal homem abandone a caça por sua causa? (*Anuário das Senhoras*, Rio de Janeiro, p. 183, 1952.)

Em estudo sobre o periódico no ano de 1953, Janaína A. B. Garcia (2004, p. 4-5) faz a seguinte observação:

> O *Anuário das Senhoras* atravessa o período da guerra e continua nos "anos dourados" da década de 1950, período em que o Brasil vivenciou uma política industrializante e de internacionalização da economia. [...]
> Às mulheres brasileiras dos anos 50, principalmente as de maior poder aquisitivo, exigia-se, socialmente, que tivessem um pouco de cultura geral, o suficiente para que pudessem desempenhar em público um de seus papéis: era preciso que soubessem conversar. E as publicações femininas, cumprindo a função de guias de comportamento, traziam essas necessárias doses de informações.

A pesquisa realizada por Ramona Lindsey Rodrigues Mendonça sobre o *Anuário* informa que na Biblioteca Nacional estão depositados os exemplares de 1934, 1936, 1937, 1938, 1941, 1945, 1946, 1950, 1953, 1954 e 1956. E na Biblioteca Municipal Ney Pontes Duarte, de Mossoró (RN), os *Anuários* dos anos de 1939, 1940, 1942, 1944, 1947, 1949, 1951, 1952, 1957.

Fontes: *Anuário das Senhoras*, Rio de Janeiro, ano XVI, 1949, contendo as edições publicadas entre 1947 e 1949; *Anuário das Senhoras*, Rio de Janeiro, ano XIX, 1952, em formato impresso no acervo pessoal de Constância Lima Duarte.

GARCIA, Janaína A. B. Mulheres exemplares: vidas contadas no *Anuário das Senhoras* de 1953. *Revista História Hoje*, São Paulo, n. 5, p. 1-19, 2004.

MENDONÇA, Ramona Lindsey Rodrigues. *A Ausência Publicada: as noções de feiura a partir das definições de beleza no* Anuário das Senhoras *(1934-1958)*. 183 f. 2020. Dissertação (Mestrado em Ciências Sociais e Humanas) – Programa de Pós-Graduação dm Ciências Sociais e Humanas, Universidade do Estado do Rio Grande do Norte, Mossoró, 2020.

O Bebê

1935-1938

O Bebê, que trazia como subtítulo "Semanário das Mães" e era publicado em benefício da Creche Menino Jesus, começou a circular em Belo Horizonte (MG) em 23 de fevereiro de 1935. Durante dezessete números, seu responsável foi Vicente Guimarães, conhecido escritor e folclorista do estado. Depois dele, Juraci Barra assumiu a direção e lançou mais sete edições. Com formato 28 por 20,5 centímetros, seis páginas e quatro colunas, era impresso na Tipografia Guimarães, à Rua do Espírito Santo, n. 980, com tiragem de 3 mil exemplares. Sua redação situava-se à Rua dos Carijós, n. 408.

Como se tratava de uma publicação destinada a esclarecer e instruir as mães acerca da criação e da saúde dos filhos, trazia inicialmente no corpo editorial diversos nomes de pediatras, como Francisco de Sousa Lima, Fernando Magalhães Gomes, Macedo Moreira e Tupi Coutinho Soares. Mas, a partir do número 9, esses nomes desaparecem de seu cabeçalho.

O Bebê possuía colunas variadas, como "Batizados", "Anedota da semana", "Aniversários da próxima semana", "Gente nova" (com os nomes de bebês recém-nascidos), "Conselhos úteis às mães" e, ainda, "Indicador profissional", contendo sugestões de endereços e telefones de médicos, clínicas e consultórios. Predominava o tom didático, em especial nos textos e artigos assinados pelos profissionais da saúde.

Segundo Joaquim Nabuco Linhares (1995, p. 322-323), se à primeira vista o título do periódico sugeria uma publicação para o divertimento infantil, na verdade ele consistia em "utilíssimo repositório de informações e conselhos sobre puericultura, que inestimáveis serviços devem ter prestado às mães". E como se tratava de um projeto beneficente, o periódico faz questão de lembrar este importante detalhe às suas leitoras:

> Cada assinatura de *O Bebê* representa alguns copos de leite a mais em favor das criancinhas pobres da Creche Menino de Jesus. Magnífico é o nosso programa: instruir às mães e levar o alimento às criancinhas pobres.
> Assinem *O Bebê*; ajudem-nos em nosso empreendimento.
> Pouco é o que pedimos em comparação com o benefício que esperamos oferecer a humanidade.
> (*O Bebê*, Belo Horizonte, ano I, n. 2, p. 2, 2 mar. 1935.)

Em artigo publicado em 2 de março de 1935, Dr. Fernando Magalhães Gomes alertava para os perigos da má alimentação das crianças, e incentivava o aleitamento materno, que perdia terreno diante da agressiva propaganda do leite em pó.

> A nossa criança se alimenta mal – é uma verdade cediça. Tanto qualitativa como quantitativamente. Fruto da miséria, da ignorância e dos preconceitos, os erros de alimentação consistem nos fatores mais comuns da elevada morbiletalidade infantil. [...] Preliminarmente, cumpre mais uma vez acentuar: "Nenhuma alimentação artificial substitui o leite materno". Estafadíssima

Dicionário Ilustrado: Volume 2 – Século XX (1900-1949)

verdade, cuja repetição não é despicienda, dada a fraqueza com que o leite materno é substituído pelos motivos mais fúteis. [...] É comuníssimo prolongar o aleitamento materno até 1 ou 2 anos. Nada mais.

(*O Bebê*, Belo Horizonte, ano I, n. 2, p. 1, 2 mar. 1935.)

Em outro texto, "Nosso Aparecimento", o editor agradece a "franca aceitação do jornal" e reafirma o propósito de auxiliar as mães para evitar mortes prematuras:

Confortou-nos grandemente a franca aceitação que teve o nosso jornalzinho. Grande foi o número de felicitações que tivemos pela feliz ideia de editarmos um jornal para o ensino da puericultura e dedicado às mães.

Geralmente as mães brasileiras são excessivamente dedicadas, carinhosas e amorosas, mas, infelizmente, completamente ignorantes ao que relaciona à higiene e aos cuidados necessários aos seus queridos filhos. [...]

Não só às mães, mas às pessoas que convivem com as crianças, dedicamos os nossos artigos e os nossos conselhos.

(*O Bebê*, Belo Horizonte, ano I, n. 2, p. 2, 2 mar. 1935.)

É inegável a utilidade que um impresso como este pode ter junto às mães com pouca instrução ou mal informadas. Desde o século XIX, médicos e jornalistas tomaram a si a incumbência de orientar as mães, visando principalmente reduzir a mortalidade infantil que em alguns lugares costumava ser alta. Um dos periódicos que fez sucesso foi *A Mai de Familia*, que circulou no Rio de Janeiro entre 1879 e 1888.

Segundo consta, *O Bebê* teria circulado até meados de 1938, mas não foram encontrados exemplares dessa época.

Fontes: *O Bebê*, Belo Horizonte, ano I, n. 2, 2 mar. 1935, em formato impresso no Acervo de Obras Raras da Biblioteca Universitária da Universidade Federal de Minas Gerais (UFMG).

LINHARES, Joaquim Nabuco. *Itinerário da Imprensa de Belo Horizonte: 1895-1954*. Belo Horizonte: Fundação João Pinheiro; Centro de Estudos Históricos e Culturais, 1995.

Cinco P'ras Dez
1935-1940

Em 20 de abril de 1935, alunas do Internato Escola de Enfermagem Carlos Chagas, de Belo Horizonte (MG), lançaram o periódico intitulado *Cinco P'ras Dez*, que vai circular pelo menos até 1940, para divulgar textos literários e sobre a enfermagem. Impresso na Gráfica Queiroz Breyner Ltda., na Avenida Afonso Pena, n. 351, teve como redatoras de suas primeiras edições Walesca e Walda Paixão. Mais tarde, Regina Mendes da Rocha, Primavera Collaço Veras, Flora Monsentier e Nina Cisneirosa assumiram a responsabilidade do periódico.

Joaquim Nabuco Linhares (1995, p. 324) explica o curioso título: "cinco p'ras dez" era a hora determinada pela direção do Internato para se guardar silêncio à noite. "Daí nasce o nome da folha. Fácil a decifração, não há dúvidas, mas... depois de explicada." O título era duplamente fixado no cabeçalho: por extenso e também por um relógio marcando 9 horas e 55 minutos. O cabeçalho original foi desenhado pelo artista Rodolfo.

As primeiras edições eram mimeografadas e tinham de quatro a seis páginas, cada uma dividida em duas colunas. A partir do ano II, n. 12, de 19 de julho de 1936, passou a ser impresso. Algumas vezes, sua numeração é confusa, como nestes casos: a edição de 26 de abril de 1936 traz o número 26; a de 19 de julho do mesmo ano, o número 12; a de janeiro de 1937, o número 1, do ano III; a de setembro deste ano, traz o número 30 do ano II; e a de março de 1938, o número 24, e novamente o ano III.

Para comemorar os três anos da Escola de Enfermagem e a primeira edição impressa do *Cinco P'ras Dez*, Wanda Paixão publica o texto "Nova etapa":

> Três anos completa hoje a Escola.
> E as alunas, querendo corresponder à imensa dedicação que lhes foi dispensada nesse período, vão colocar um marco inesquecível nesse dia 19 de Julho, publicando pela primeira vez, impresso, o seu "5 P'RAS 10". [...]
> Ele deixará gravadas as grandes datas da Escola e dirá às colegas que nos sucederem que suas irmãs mais velhas trabalharam para o futuro, desejaram firmar as tradições da casa e legar-lhes, com o exemplo da boa vontade e do esforço para melhorar, um espírito de cooperação impregnado de caridade, que nos torne a todas menos indignas do ideal de cristãs. Enfermeiras e Brasileiras.
> (*Cinco P'ras Dez*, Belo Horizonte, ano II, n. 12, p. 1, 19 jul. 1936.)

Outro texto, intitulado "O problema da educação", publicado na edição de 22 de setembro de 1936, de Salvador Pires Pontes, apresenta uma visão mais ampla de educação feminina, ao propor uma reflexão sobre o compromisso do internato na formação das jovens destinadas não apenas ao lar, mas ao progresso da sociedade:

> A nossa geração está vivendo uma era de verdadeira revolução no sentido de crescer, aprender, melhorar e progredir. [...]
> Assim considerando foi que o Governo Mineiro facilitou a criação de tantas casas de ensino destinadas à educação dos jovens mineiros.

Imprensa feminina e feminista no Brasil

Porque, formando a personalidade da moça mineira, estamos preparando o lar, a escola e a sociedade futura, na qual preponderantemente vai ser a atuação benéfica da mulher instruída, educada e fortalecida pela nossa religião, na faina altamente bela, patriótica e humanitária de mãe, mestra e enfermeira que criam, educam, aliviam e consolam.

Dentre estes estabelecimentos, destaca-se a Escola de Enfermagem Carlos Chagas,[99] que tão promissores frutos apresenta, podendo considerar uma conquista em prol da civilização mineira, porque veio preencher uma grande lacuna existente no sistema educativo do Estado. [...]

Às suas alunas, samaritanas do bem, que "se tornam grandes fazendo-se servas dos outros" – apresento as saudações mais expressivas por serem denodadas obreiras de cuja ação a sociedade moderna tanto precisa.

Assina: Salvador Pires Pontes.

(*Cinco P'ras Dez*, Belo Horizonte, ano II, n. 9, p. 3, 22 set. 1936.)

A última edição examinada refere-se ao ano V, número 10, de abril de 1940. Após essa data, não há informações quanto à continuidade do periódico.

Fontes: Coleção de 23 edições impressas, localizadas no Acervo de Obras Raras da Biblioteca Universitária da Universidade Federal de Minas Gerais (UFMG). Os primeiros números estão bastante deteriorados e são de difícil leitura.

LINHARES, Joaquim Nabuco. *Itinerário da imprensa de Belo Horizonte: 1895–1954*. Belo Horizonte: Fundação João Pinheiro; Centro de Estudos Históricos e Culturais, 1995.

---

[99] A Escola de Enfermagem Carlos Chagas (EECC) foi criada em 7 de julho de 1933, pelo Decreto Estadual n.10.952, no Governo Olegário Maciel, por iniciativa da Diretoria de Saúde Pública do Estado e da Diretoria da Faculdade de Medicina da Universidade de Minas Gerais. Foi a primeira escola estadual de enfermagem criada no país e pioneira em diplomar religiosas.

O Collegial

1935-1937

O Collegial, "Órgão Mensal do Colégio Santa Terezinha", foi fundado por um grupo de estudantes, entre elas a escritora Maria Natalina Jardim de Almeida,[100] em Araguari (MG) no segundo semestre de 1935, e circulou até 1937. O impresso tinha quatro páginas, com três colunas, uma diagramação simples, mas com seções bem organizadas.

No primeiro ano, Maria Natalina foi a diretora; no seguinte, Niva Camarano assumiu a direção. As redatoras eram as alunas do colégio que publicavam suas primeiras investidas literárias, ao lado de cartas, notas sociais, culturais, charadas e até piadas, na coluna "Anedotas". Os textos revelam o comportamento e as reflexões das jovens do Colégio Santa Terezinha.

Na edição de número 2, de novembro de 1935, a variedade de matérias testemunha o leque de interesses das estudantes, assim como a ausência de uma diretriz para o jornal. A primeira página traz a carta de uma aluna se despedindo porque ia se mudar para Goiás, ao lado de um teste de conhecimentos gerais, de um texto informativo sobre o arroz e, ainda, de um outro com pretensão literária. Nas páginas seguintes, temos uma fábula de Esopo, mais textos literários, informações sobre os exames finais e as férias de verão, cartas de estudantes, notas sociais e charadas.

Dentre as anedotas, uma merece ser transcrita pelo registro que faz das mudanças de comportamento e, ao mesmo tempo, revela a permanência do preconceito contra uma moça que estudava.

---

[100] Maria Natalina Jardim de Almeida (1911-2019), natural de Matias Barbosa (MG), foi professora, poeta, contista, cronista e romancista. Em 1999, foi agraciada com o Prêmio Mérito Cultural da União Brasileira de Escritores do Rio de Janeiro. Ocupou a cadeira número 13 da Academia Feminina de Letras de Minas Gerais (AFEMIL) e faleceu aos 108 anos, incrivelmente lúcida e produtiva. Publicou *Rosa menina* (1982), *Jerônimo* (1994), *Perdas e danos (um escritor conta a sua história) Jorge de Freitas* (2007), *Flores das 4 estações* (2007), *Minha poesia minha tela* (2010) e *De lá pra cá: minha família e eu* (inédito).

Entre marido e mulher

– A nossa filha completou a sua educação – diz a esposa. – A Mathilde sabe pintar, dançar, montar a cavalo e tocar piano. É chegada a ocasião de a casarmos.
– Tens razão – responde o esposo –, preciso arranjar-lhe um marido que saiba cozinhar e dar pontos nas meias...
(*O Collegial*, Araguari, n. 2, nov. 1935.)

Na edição de setembro de 1936, há um ligeiro predomínio de textos cívicos e de cunho moral, como "Saudação à árvore", de Niva Camarano; "Amor filial", de Neuza de Almeida; e "A mocidade e a velhice", de Yolanda Calixto. Como os demais periódicos que circularam no âmbito escolar, em suas páginas não faltaram brincadeiras entre as colegas, notas sociais e textos planejando passeios ou narrando uma excursão. Apesar de não trazer reflexões sobre o momento político e cultural, o periódico teve a função de ocupar as jovens estudantes com um trabalho editorial e criativo que, seguramente, frutificou em algumas delas, como foi o caso de Natalina Jardim.

Fontes: *O Collegial*, Araguari, ano 1, n. 2, nov. 1935; ano 1, n. 5, set. 1936, em formato impresso na coleção particular de Maria Natalina Jardim.

Carioca
1935-1954

Em 25 de outubro de 1935, começou a circular no Rio de Janeiro (RJ), sempre aos sábados, a nova revista *Carioca*. Seus responsáveis eram Anísio Motta, Vasco Lima e Raymundo Magalhães. No primeiro editorial, "Mensagem aos leitores", eles explicam a origem etimológica da palavra "carioca" (do tupi, "água que corre da pedra" ou "casa de água"), para, em seguida, ressignificá-la:

> *Carioca* é, hoje, sinônimo de beleza e de elegância. A mulher carioca é um padrão de formosura sem par, de graça inconfundível. Tem a intuição da arte de vestir e o segredo de seduzir com gestos ou com sorriso. Todas elas, sejam de Copacabana ou da Tijuca, de Ipanema ou de Botafogo, de Laranjeiras ou do Flamengo, têm o dom do *chic* e do *savoir faire*. [...]
> *Carioca*, revista moderna, leve, ágil, prefere fugir à velha praxe e conversar com o leitor. [...] *Carioca* será um espelho da vida da cidade e do país, focalizando, através de notas e reportagens gráficas, tudo quanto possa interessar sobretudo ao público feminino e à juventude. *Sports*, rádio, cinema, novelas e contos, turismo,

curiosidades, divulgação científica e didática, sob forma nova, além de ampla seção de modas e assuntos femininos, constituirão o texto que *Carioca* oferecerá todos os sábados aos seus leitores. (*Carioca*, Rio de Janeiro, ano I, n. 1, p. 5, 25 out. 1935.)

Inicialmente, foram examinadas apenas a primeira e a segunda edições, de 25 de outubro e 1º de novembro de 1935, que eram semelhantes na diagramação e no conteúdo: continham muitas fotografias e reportagens de jovens na praia, notícias do ator Clark Gable no Rio de Janeiro, filatelia e a tradicional Festa da Penha. A literatura foi contemplada com contos de Thereza Chapin Philips, ilustrados por H. Cavalheiro. A revista divulgava lançamento de filmes, figurinos para serem copiados, os "penteados em voga" para os diferentes momentos, e ainda informava sobre as temporadas lírica e dramática e as corridas de cavalos no *Country Club*.

Nem a enquete "Que pensa você da guerra?" conseguiu dar à *Carioca* um tom mais sério, pois as fotos e caricaturas que a ilustram, mais as respostas divulgadas, banalizaram e diluíram a seriedade do tema. As propagandas em ambos os números são as mesmas: Coleção Tesouro da Juventude, Regulador SIAN para tratamento de moléstias do útero e dos ovários, produtos de perfumaria feminina e uma sapataria especializada em calçados femininos.

Posteriormente, foi possível conhecer outros exemplares e perceber o quanto o periódico havia se transformado com o passar dos anos. De revista voltada apenas para o público feminino, tornou-se uma magazine eclética que tentava abarcar tudo que acontecia (de menos sério) no mundo – principalmente no Rio de Janeiro, em Hollywood, Paris e Nova York. Alterando em diferentes edições as reportagens sobre as "cantoras de rádio" que mais faziam sucesso – Marlene, Emilinha Borba, Dalva de Oliveira e Ângela Maria –, de certa forma a revista incentivava a rivalidade entre elas e também entre as fãs, que não se cansavam de escrever cartas elogiando as entrevistas e fotografias das divas. Da mesma forma, agia com os astros estadunidenses de cinema, enaltecendo uns e depreciando outros, incentivando torcidas por determinados filmes tendo em vista o Oscar.

A última edição examinada, de 10 de julho de 1954, que traz Martha Rocha na capa; exalta o sucesso do programa de César de Alencar na Rádio Nacional; a nova cantora gaúcha, Alda Cotrin, que estreou na Rádio Carioca; o emocionante jogo de vôlei entre as equipes femininas do Rio de Janeiro e de São Paulo; e traz, ainda, uma extensa reportagem sobre "as doze mulheres mais célebres da França", entre elas, Édith Piaf e Brigite de Carreras.

Ao seu modo, a revista cumpriu a proposta de oferecer matérias de interesse para as jovens leitoras, bem como de entretê-las.

Fontes: *Carioca*, Rio de Janeiro, ano I, n. 1, 25 out. 1935; ano I, n. 2, 1º nov. 1935, em formato impresso no acervo particular de Constância Lima Duarte.

Coleção incompleta de *Carioca*, Rio de Janeiro, 1935-1954, em formato digital na Hemeroteca Digital Brasileira da Biblioteca Nacional.

Lux

1935-1936

No final de 1935, as jovens Edith Maria e Martha A. Costa, alunas do Colégio Santa Maria de Belo Horizonte (MG), fundaram *Lux*, um impresso de quatro páginas, três colunas, em formato 22,5 por 19 centímetros, sem ilustrações e com textos sobre assuntos de interesse geral ou relacionados à Igreja Católica. Segundo Linhares (1995), a publicação apresentava os seguintes objetivos:

> Pregar o respeito aos poderes constituídos do Estado e da União. Prestigiar o governo de Minas. Reprimir com veemência o comunismo e tudo que se disser imoral. Defender de alma e coração a Religião e a Igreja Católica e intensificar o ensino cultural e o problema de assistência hospitalar em nosso Estado (*apud* LINHARES, 1995, p. 332).

Apesar do tom sisudo do editorial, a leitura dos números 5 e 8, de maio e outubro de 1936, respectivamente, revela que o jornal era também um espaço de diversão. O despretensioso texto "Retrato de uma colega", assinado por Ângela Soares de Moura, comprova o tom cordial que dominava as relações entre as jovens:

A sua descrição quanto ao físico atual é fácil: é, sem mais nem menos, um interessante espécime de menina moderna, com toda a sua graça robusta e vivacidade. Os seus olhos muito grandes, muito abertos, parecem estar sempre sondando a vida, com tudo o que ela contém – coisas boas e más.

Não se pode dizer que seja bonita: mas o seu "it" é tão forte que o vemos em qualquer um de seus traços, em seus menores movimentos, tornando-os quase belos e escondendo as imperfeições físicas – muito pequenas, aliás.

A sua inteligência profunda é insaciável: está sempre aberta, à procura de alimento do espírito. [...]

A sua primeira qualidade, para mim, é a franqueza: franqueza, às vezes, brutal, que a torna, contudo, a muitos olhos, profundamente simpática. [...]

Às vezes provoca a antipatia de algumas colegas – não muitas, é verdade – quando passa orgulhosa, sobranceira e inacessível, com ares "mances" da altivez de uma pequena rainha. Apesar disso, é uma boa coleguinha, querida por nós todas.

(*Lux*, Belo Horizonte, ano II, n. 5, p. 4, maio 1936.)

Seguindo esta mesma linha, na edição de número 5 encontra-se uma curiosa observação feita pelas organizadoras do "Concurso de Robustez": "Pedimos as meninas exageradamente fortes, como: Eunice, Verena, Manóla, Maura, Yara, Conceição Assumpção, Heloisa Sampaio e Cia., para que não se inscrevam, a fim de evitar pugilismo na hora da classificação" (*Lux*, ano II, p. 4, out. 1936).

A última página era ocupada pelas seções "Charadas", "Humorismo" e "Para as crianças". À parte as brincadeiras e os textos relacionados à religião, o periódico com certeza ocupou as jovens estudantes do Colégio Santa Maria, dando-lhes responsabilidade e consciência de grupo.

Não foram encontradas informações quanto à continuidade do jornal.

Fontes: *Lux*, Belo Horizonte, ano II, n. 5, maio 1936; ano II, out. 1936, em formato impresso no Acervo de Periódicos Raros da Biblioteca Universitária da Universidade Federal de Minas Gerais (UFMG).

LINHARES, Joaquim Nabuco. *Itinerário da imprensa de Belo Horizonte: 1895-1954*. Belo Horizonte: Fundação João Pinheiro; Centro de Estudos Históricos e Culturais, 1995.

Imprensa feminina e feminista no Brasil

Rubicon
1936-1952

O jornal *Rubicon* surgiu em Barbacena (MG) em 1936, por iniciativa da italiana Ines Piacesi, cuja família estabeleceu-se na cidade ainda em 1900, fortalecendo a colônia de imigrantes que ali já existia. O nome do impresso foi uma homenagem ao rio do norte da Itália de

Dicionário Ilustrado: Volume 2 – Século XX (1900-1949)

onde a família de Piacesi era proveniente. Vendido a 80 réis, tinha quatro páginas divididas em três colunas e formato 25 por 37 centímetros.[101]

Ao longo dos anos, *Rubicon* passou por diversas mudanças, a começar pelo seu subtítulo: no primeiro número se apresentava como "Recreativo, Noticioso, Brincalhão e Teimoso"; depois, ora anunciava ser um jornal "Político e Partidário", ora exatamente o contrário. Na edição de 21 de novembro de 1937, abaixo do cabeçalho lê-se: "Domingueiro – Recreativo – Noticioso – Independente e Teimoso. Propriedade e Direção de INES PIACESI da ABI – Colaboradores diversos".

O periódico destaca-se de outros não só por sua longevidade – 16 anos de circulação, mais de 350 edições, a maioria de periodicidade quinzenal –, mas também pela identificação da diretora com o Integralismo e o Fascismo[102] e pelas ideias contraditórias sobre a mulher que costumava divulgar.

No livro *Pedaços d'alma, flores do coração*, Ines Piacesi reúne alguns trabalhos literários e jornalísticos publicados no *Rubicon* e em outros periódicos, que não nos permitem ter dúvida sobre sua orientação político-partidária. O texto em que ela defende a instalação do Departamento de Imprensa e Propaganda do governo de Getúlio Vargas é exemplar:

> O D. I. P. é o novo Departamento de Imprensa e Propaganda do Ministério da Educação. Agora ficou sob o controle dele a fiscalização também da Produção Cinematográfica Nacional e ele já estabeleceu CONCURSOS para apurar as melhores que vêm sendo produzidas. [...]
> Graças a Deus, vamos caminhando firme e certo! E os filmes educativos nacionais começam a ser notados e comentados. Tenhamos confiança no Regime Novo e colaboremos com ele! (*Rubicon*, Barbacena, ano V, n. 158, p. X, 3 mar. 1940.)

Mas *Rubicon* não se limitou a discutir questões políticas, pois artigos preocupados em instruir as mulheres nas atividades domésticas,

---

[101] Em 1923, seu marido, Aroldo Piacesi, havia fundado o Cine Theatro Apollo e o *Apollo Jornal*, que circulou entre 1923 e 1924.

[102] Segundo Everton F. Pimenta (2015, p. 22), outros jornais simpáticos ao fascismo circularam na região com o apoio de Aroldo e Ines Piacesi, como o *Jornal de Barbacena*, que deu continuidade ao jornal *O Sericicultor* (1924-1936) e *O Nacionalista*, cuja circulação se deu entre 1937 e 1940.

no cuidado com os filhos e no casamento estão presentes em praticamente todas as edições. Como este, de 25 de junho de 1950:

> À mulher é que assiste o direito de concordar com ele ou não. Está na esposa-espírito, atividade-inteligência, saber reagir e se impor com critério em certas emergências. Sim, porque o homem educado de sentimentos e espírito delicado, se ama realmente a mulher, sabe valorizar a companheira que escolher para a vida. Com o que não concordamos é que uma criatura, só porque se casou, tenha de abdicar de suas faculdades intelectuais desenvolvidas, do seu prestígio de bom elemento, no ambiente a que tenha conduzido o destino (*apud* PIACESI, [s.d.], p. 87).

Através da coluna intitulada "Rumo ao lar", Ines Piacesi aconselhava as mulheres sobre o comportamento que considerava o melhor, que não era outro senão aceitar o velho papel de dona de casa e de responsável pela harmonia do lar.

> Mulher médica, advogada, mulher engenheira, muito bonito, distinto, louvável, mas como exceções da regra. Mas não se pode argumentar com as exceções, todo mundo sabe. A MULHER deve fazer é o CURSO DE DONA DE CASA, pedra fundamental da felicidade do mundo. [...] É o reino da mulher na qual o homem é o Soberano. E como rainha, a mulher tem que se revelar também na plenitude intelectual.
> (*Rubicon*, Barbacena, ano II, p. 4, 26 set. 1936.)

> O avanço feminino nos empregos desbancando o homem é absurdo, principalmente no Brasil, país novo, onde a guerra não fez ainda devastações. A mulher em atividade pública não deixa de ser tão perfeita e talvez, mais meticulosa do que o homem, mas [...] o que faz a grandeza duma nação – não são as feministas nem as Chefes de Seção –, mas sim – AS BOAS DONAS DE CASA –, as boas mães e dedicadas esposas. A grandeza da Nação requer que em cada lar haja uma Cornélia – tal como a imortal mãe dos Gracos.
> (*Rubicon*, Barbacena, ano II, p. 2, 31 out. 1936.)

Ainda que se declarasse feminista e favorável à emancipação, ela defendia que a brasileira precisava antes evoluir intelectualmente como as companheiras europeias e estadunidenses, para depois poder pleitear a independência financeira e o voto. O "Decálogo da mulher casada", divulgado na edição de 20 de março de 1938, é um primor de contradição feminista e contributo à *mística feminina*[103] que tanto mal fez às mulheres, em tudo coadunado com o ideário mais reacionário de muitas revistas "femininas" que se seguirão nas décadas de 1940, 1950 e até 1960.

1º – No dia do teu casamento supõe que todos os homens morreram. Para ti só um existe – o teu marido.

2º – Nunca deixeis de cuidar da tua beleza: pela higiene, pela ginástica, artifício.

3º – Não feches o piano e lê sempre que possas. Acompanha-o também intelectualmente.

4º – Quando ele não estiver em casa, ocupa-te com os trabalhos domésticos. Mas depois, nunca lhe fales nas contrariedades pequenas que o pessoal te causa.

5º – Aparece-lhe sempre vestida, sorridente e perfumada. És a paisagem da tranquilidade que ele contempla depois da faina diária.

6º – Quando te convidar para sair à noite, nunca lhes diga não.

7º – Recalca o ciúme. Não lhes vás tu lembrar aquilo que ele não pensava.

8º – Preocupa-te com a comida. Uma boa cozinheira é um elemento de felicidade.

9º – Do dinheiro que ele te der para casa, economiza sempre alguma coisa para quando for necessário de repente.

10º – Não esqueças nunca que ele é tua vida. Tornando-o feliz, crias a tua própria felicidade.

(*Rubicon*, Barbacena, p. 3, 20 mar. 1938.)

Em 15 de outubro de 1938, no artigo "O que é educar?", a articulista defende a importância da formação intelectual e do caráter das crianças, pois "Educar é desenvolver os sentimentos de dignidade e de caráter, tornando a criatura consciente e responsável, capaz de dar conta

---

[103] A expressão *Mística feminina* – título do conhecido livro de Betty Friedan (1921-2006) publicado nos Estados Unidos em 1963 e traduzido no Brasil em 1971 – passou a representar o "problema sem nome" ou o "sentimento de vazio" sentido por muitas mulheres que acreditaram que bastava se casar, ter marido e filhos para se realizar e ser feliz.

do que faz! Educar enfim, é fazer jorrar luz nos cérebros embrutecidos ou em formação" (*apud* PIACESI, [s.d.], p. 174).

Enfim, o jornal também divulgava contos, poemas, notícias de Barbacena e de cidades próximas, além de notícias internacionais. Segundo Everton F. Pimenta (2010, p. 115), o periódico circulou até 22 de junho de 1952.

Fontes: Coleção de *Rubicon*, Barbacena, em formato impresso, obtida junto à família de Ines Piacesi e gentilmente cedida por Angela Laguardia.

PIACESI, Ines. *Pedaços d'alma, flores do coração: Literatura e Jornalismo*. Barbacena: Edição do Autor, [s.d.].

PIMENTA, Everton Fernando. As relações de Ines e Aroldo Piacesi com o Fascismo e o Integralismo. Barbacena, MG (1923-1945). In: SIMPÓSIO DA LAHPS, 3, Juiz de Fora, 10 a 13 de maio de 2010. *Anais do Encontro Nacional de Pesquisadores do Integralismo: Ideias e Experiências Autoritárias no Brasil Contemporâneo*. Juiz de Fora: UFJF, 2010.

PIMENTA, Everton Fernando Pimenta. *Duas faces de uma mesma moeda: recepção e circulação do ideário fascista e integralista em Barbacena-MG através do casal Ines e Aroldo Piacesi, 1924-1945*. 362 f. 2015. Dissertação (Mestrado em História) – Programa de Pós-Graduação em História, Universidade Federal de São João del Rei, São João del Rei, 2015.

Alterosa
1939-1964

Um dos mais importantes periódicos de circulação nacional editado na capital mineira entre os anos de 1939 e 1964, *Alterosa* foi inicialmente conhecida como "Revista Mensal Ilustrada". O primeiro número surgiu em 1º de agosto de 1939, e seu diretor, até 1962, foi o jornalista Olímpio Miranda de Castro. No período de maior divulgação, alcançou a tiragem de 80 mil exemplares, com uma média de 150 páginas por edição. Era vendida em diversos estados, e também na Europa e nos Estados Unidos, através de assinaturas.

Entre 1939 e 1952, circulou mensalmente, conforme anunciava o subtítulo, mas a partir de 1953, com o sucesso alcançado, passou a ser quinzenal. Depois, em virtude de uma brusca queda nas vendagens, voltou a ser mensal a partir de 1960. Em suas páginas, encontram-se contos, poesias, crônicas, colunismo social, cinema e anúncios publicitários.

É possível dividir a história da revista em três períodos: a primeira corresponde ao período de sua criação até 1945, e suas páginas traziam assuntos diversificados, como política mineira e nacional, colunismo social, notícias de artistas e curiosidades em geral, talvez porque tivesse a pretensão de atingir um público amplo, desde o mais jovem ao homem de idade, à mulher e à criança. Entre 1945 e 1962, a revista voltou-se predominantemente para o público feminino com intensa divulgação de anúncios e matérias sobre moda, saúde, higiene, beleza e sexualidade, além de colunas fixas destinadas às mulheres, como "Página das Mães", "Para as donas de casa", "Bazar Feminino" e "Caixa de Segredos". Esta última consistia numa seção destinada a "solucionar problemas sentimentais" das leitoras.

Segundo a pesquisadora Cláudia de Jesus Maia (2010, p. 102),

> A partir, sobretudo, de 1945, período que culmina com o pós-guerra e a consolidação da influência norte-americana no país, a revista aos poucos altera seu repertório, aumentando a importância dada ao cinema, aos acontecimentos e aos produtos norte-americanos, e à publicidade. As estrelas de Hollywood ganham as capas da revista e ampliam os números de anúncios de produtos de higiene, toalete, saúde e beleza destinados, quase que exclusivamente, às mulheres. A revista parece voltar-se em especial ao público feminino, o que justifica a ampliação do número de matérias cujas discussões incluem assuntos canonizados como femininos ou aqueles nos quais as mulheres começam a se destacar.

A título de ilustração, transcrevo um texto publicado na seção "Páginas das Mães", que, conforme o título sugere, oferecia conselhos para a educação e a saúde dos filhos:

> Se as mães soubessem o perigo que correm as crianças habituadas com a chupeta, jamais consentiriam seu uso. Quantas vezes, amas secas ignorantes as apanham do chão, onde se contaminam as chupetas com micróbios mortíferos, e as induzem inconscientemente na boca da criança.

***

Na formação da personalidade da criança, o procedimento ideal dos pais está sempre no meio termo – nem mesmo exagerado, nem maus tratos; não condescendente demasiado, nem reprimir em excesso. O equilíbrio é o caminho a seguir para habituar a criança a cumprir normalmente suas obrigações e colocar-se pouco a pouco em seu verdadeiro lugar na família e na sociedade.

(*Alterosa*, Belo Horizonte, ano VIII, n. 85, p. 64, maio 1947.)

"Bazar Feminino", dedicado à moda e à beleza, exercia a função de orientar as leitoras quanto à maneira de se vestir, sempre com críticas aos exageros e conselhos moralistas. Um artigo da edição de novembro de 1959 é exemplar do tom dominante à época:

Se julgam bem vestidas e elegantes quando exibem vestidos e decotes pouco recomendáveis, em casos menos recomendáveis ainda. [...] Em uma cidade como a nossa, onde felizmente esses abusos ainda não constituem uma regra geral (e permita Deus, que não venham constituir em tempo algum), quando aparece uma senhora vestida de modo inconveniente, é um verdadeiro Deus nos acuda! Comentários surgem de todas as quinze bordas e olhares curiosos não se cansam de focalizar a dama em questão, não porque a esteja apreciando, mas, porque ficam deveras alarmadas com tanta coragem. E o que é mais interessante é que ela não recebe tais olhares como uma recriminação, mas sim como um elogio lisonjeiro.

(*Alterosa*, Belo Horizonte, ano XI, n. 318, p. 90-91, nov. 1959.)

Alterosa também reservava espaço às letras, promovendo concursos literários patrocinados pela Seguradora Minas-Brasil. Escritores e escritoras conhecidos, como Fagundes Varela, Machado de Assis, Menotti Del Picchia, Gilka Machado, Henriqueta Lisboa, Lygia Fagundes Telles, Murilo Rubião, João Alphonsus de Guimarães e Miêtta Santiago, tiveram contos e poemas publicados na revista. A edição 71, de março de 1946, por exemplo, dedicou cinquenta páginas à literatura.

A terceira e última fase da revista ficou marcada pela morte de seu fundador Miranda e Castro, em 1962, e por uma grave crise financeira. O escritor e jornalista Roberto Drummond assume, então, sua direção e tenta dar novo rumo à revista, tirando o foco da leitora e privilegiando a política. O anúncio da "nova fase" da *Alterosa* é assim apresentado:

Sua revista seguirá por caminhos definidos: terá uma personalidade própria, capaz de distingui-la entre as demais e de impedir que seja confundida com quaisquer outras experiências de aquém ou além mar. Agradar, principalmente, a seus leitores de Minas, é o objetivo central da nova ALTEROSA, [...]. Buscando dar uma leitura fácil, capaz de satisfazer a sua curiosidade, [...] que se filia ao moderno jornalismo brasileiro, terá um único critério da escolha de seus temas: – tudo que for digno do interesse, e da atenção de seus leitores. Por fim: não será uma revista nem masculina, nem feminina, mas vai procurar oferecer, sem puritanismo, leitura para toda família. Será uma moderna revista para o lar.

(*Alterosa*, Belo Horizonte, p. 2, ago. 1962 *apud* MAIA; SILVA, 2010, p. 106.)

As colunas femininas cedem então espaço para matérias sobre personalidades como John Kennedy, Fidel Castro, Winston Churchill, Ernesto Che Guevara, João Goulart e o Papa João XXIII. Também muda sua equipe de colaboradores, que passa a contar com Fernando Gabeira, Jorge Amado, Lúcia Machado de Almeida e com o cartunista Henfil.

A última edição foi lançada justo em 1º de abril de 1964, que marcava o início da ditadura militar. A chamada da capa – "Em 20 páginas: o que ninguém contou sobre a Revolução" – deixa evidente que a revista era contrária ao golpe. Além disso, dezessete páginas foram dedicadas ao cinema novo, à denúncia da miséria, da pobreza e da alienação em que o país vivia. Também o tom irônico da crônica de Carlos Wagner não deixava dúvidas sobre o posicionamento do corpo editorial do periódico quanto ao novo regime político:

Notícias em Abril
Você me diz que Paris está linda nesta primavera. E que os dólares acabaram. [...] Você me pede notícias daqui. Tudo velho. Aqui as coisas não acontecem, fluem. Em todo caso, deixe-me lembrar: ah, o Jango foi deposto pelas forças vivas da nacionalidade. Isto é, não há mesmo nada de novo. [...]
O perigo passou. Estamos todos tranquilos. Foi uma lição para os demagogos. Sabe de uma coisa? O novo Governo devia baixar um decreto criando a pena de morte para os candidatos que falarem outra vez em reformas de base. [...]
A ameaça está conjurada, para felicidade general da Nação. Agora é reconstruir o Brasil, conduzi-lo aos seus verdadeiros caminhos.

Paris, na primavera. Gostaria de estar aí também, tomando pilequinhos na Margem Esquerda. Você é um homem feliz. Sem dinheiro, sem carteira de identidade, sem um problema sequer nesta manhã de abril. Deve ser bom.

(*Alterosa*, Belo Horizonte, ano 25, p. 27, 1º abr. 1964.)

Após esta edição, declaradamente contrária ao governo, a revista foi censurada, impedida de continuar circulando e deixou de ser publicada.

Fontes: Coleção de 68 números da revista *Alterosa*, Belo Horizonte, em formato digital no site da Prefeitura Municipal de Belo Horizonte. Disponível em: www.pbh.gov.br. Acesso em: 12 fev. 2017.

Coleção completa em formato impresso na Hemeroteca da Biblioteca Estadual Luiz de Bessa, de Belo Horizonte (MG).

MAIA, J. Cláudia; SILVA, Telma Borges. *Alterosa* para a família do Brasil – breve história de uma revista. *Revista Caminhos da História*, v. 15, n. 2, p. 97-111, 2010.

Novidades
1939-1945

Dirigida por Newton Prates e Clarindo de Mello Franco, *Novidades* tinha como objetivo ser "Uma Revista de Minas para o Brasil, de Artes, Literatura, Modas, Informações Mundiais", conforme consta no subtítulo. Sua redação localizava-se à Rua da Bahia, n. 887, sala 211, em Belo Horizonte (MG). As assinaturas anuais e semestrais custavam Cr$22,00 e Cr$10,00, respectivamente, e o número avulso, Cr$2,00. Tinha uma sucursal no Rio de Janeiro (RJ) e outra em Porto Alegre (RS).

Não foi localizada sua primeira edição, nem a data em que foi lançada, mas as três edições encontradas no Arquivo Público da Cidade de Belo Horizonte, datadas de 1944 e 1945, levam a crer que a revista tenha surgido em 1939. Tendo em média 52 páginas, apresentava-se como mensal, porém, entre as edições 78 e 79 houve um intervalo de quatro meses.

Seguindo a tendência da imprensa feminina das décadas de 1940 e 1950, suas páginas eram "marcadas por discursos visuais e textuais de modernidade, assim como importantes elementos para refletir sobre a difusão de novos modos de vida e de novas formas de consumo ligadas às práticas capitalistas modernas", nas palavras de Oliveira Junior (2011).

Fotografias, literatura, política, cinema e colunismo social mereceram destaque, assim como notícias de Belo Horizonte, do país e do exterior. Os anúncios eram muitos e variados: alfaiatarias, bancos, bares, bilhares, boliches, cinemas, a maioria acompanhada de imagens de mulheres.

Destacavam-se as seções: "Culinária", "Cinema" e "Modas", sendo que esta última ocupava quatro páginas e continha figurinos e sugestões de como as mulheres deviam se vestir. Trazia, ainda, seções com dicas domésticas, comentários sobre comportamento e conselhos sobre a educação dos filhos. O fragmento que se segue é exemplar do tom incisivo que dominava a seção "Como criar e educar os filhos":

Mimos e "luxos" em excesso

Há crianças que são verdadeiros "senhores" do lar. Tudo mais se escraviza à sua vontade, aos seus desejos, aos caprichos da sua péssima educação. São, em geral, as crianças ricas. Possuem tudo quanto sonham, ou ainda aquilo que nunca sonharam possuir... [...] Aí começa a tragédia. Acostumados a serem satisfeitos nos menores caprichos, não se submetem à disciplina escolar. [...].
Por outro lado, quando esses garotos se tornam adultos, mostram-se, via de regra, incapazes para a luta pela vida. O choque provocado pelo contraste entre o seu "mundo" e o "mundo dos outros", isto é, o conflito entre a "realidade" e o "prazer" cria inúmeros estados neuropáticos difíceis de vencer. Nunca mais esses indivíduos se amoldam à sociedade em que vivem. Tornaram-se inadaptados.
Assinado: G. Pereira da Silva
(*Novidades*, Belo Horizonte, n. 72, p. 16, fev. 1944.)

Já o texto "Bem vestir" acompanha o caráter normativo e pedagógico, que também dominava a imprensa feminina da época, ao apresentar os "sete preceitos que as pessoas de bom gosto deveriam conhecer". São eles:

1 – É melhor vestir bem nos dias úteis do que fazer-se elegante aos domingos.
2 – A roupa é como uma segunda pele, à qual é necessário dispensar tantos cuidados quantos àquela que nos foi dada pela natureza.
3 – Mancha na roupa é vergonha para a qual não há desculpa; dez remendos são melhores do que uma mancha.

4 – É futilidade tornar-se alguém escravo da moda; é, porém, loucura não a ter em conta.

5 – Que a mulher se enfeite, mas que o homem se vista.

6 – Cada qual pode se vestir como quiser. Não deve, entretanto, perturbar o próximo...

7 – Na *toilette*, tudo que é falso, artificial, é prejudicial.

(*Novidades*, Belo Horizonte, n. 79, p. 48, jul. 1945.)

Dentre os colaboradores mais conhecidos da seção literária, estavam Rubem Braga e Yêda Prates,[104] que teve seu poema "Ambição" publicado em março de 1945. A coleção da revista encontra-se digitalizada e disponível no site da Prefeitura Municipal de Belo Horizonte.

Fontes: *Novidades*, Belo Horizonte, n. 72, fev. 1944; n. 76, mar. 1945; n. 79, jul. 1945, em formato impresso no Arquivo Público da Cidade de Belo Horizonte.

Novidades, Belo Horizonte, n. 72, fev. 1944; n. 76, mar. 1945; n. 79, jul. 1945, em formato digital no site da Prefeitura Municipal de Belo Horizonte. Disponível em: www.pbh.gov.br. Acesso em: 23 jan. 2016.

OLIVEIRA JUNIOR, Virgílio Coelho de. *Moda e cidade: representações da modernidade na capital mineira das décadas de 1940 e 1950*. 2011. Dissertação (Mestrado em Ciências Sociais) – Pontifícia Universidade Católica de Minas Gerais, Belo Horizonte, 2011.

---

[104] Yeda Prates Bernis nasceu em Belo Horizonte (MG), em 1926. Poetisa premiada, é autora de vários livros, como *Enquanto é noite* (1974); *Palavra ferida* (1979); *Pêndula* (1983, 1986); *Grão de arroz* (1986); *Rosto do silêncio* (1992); *À beira do outono* (1994); *Anotações sobre Zen e Hai Kai* (1996); *Entre o rosa e o azul* (1997); *Encostada na paisagem* (1998); *Cantata* (2004); *Viandante* (2006); *Entressombras* (2013), entre outros.

Presença

1945-1948

Em abril de 1945, um grupo de universitárias soteropolitanas, em sua maioria alunas da Faculdade de Filosofia e integrantes da Juventude Universitária Católica (JUC), segmento da Ação Católica cujo objetivo era a cristianização de uma futura elite intelectual, lançou em Salvador (BA) *Presença*, "Revista para moças". Impressa na Tipografia do Mosteiro de São Bento, teve vida relativamente longa, pois circulou de abril de 1945 a agosto de 1948, com periodicidade mensal.

Soubemos que há exemplares da revista *Presença* nas bibliotecas da Fundação Clemente Mariani e na da Faculdade de Filosofia e Ciências Humanas da Universidade Federal da Bahia (UFBA), ambas em Salvador. Mas, como não foi possível ter acesso a eles, buscamos informações no substancioso trabalho realizado por Ayêsca Paulafreitas de Lacerda (2000).

Ao todo, foram 29 números, cada um com 24 páginas e formato 23,5 por 16 centímetros. A direção ficou sob a responsabilidade de Maria José Nolasco de abril a setembro de 1945; depois, assumiu Dyrce Franco de Araújo, de outubro de 1945 a abril de 1948; e, por fim, Maria Antônia Matos, de maio a agosto de 1948. No editorial do primeiro número, a revista foi assim apresentada:

> No sentido de preservar os nossos elementos moços de influência dessa propaganda, e no intuito de neutralizar essa propaganda, é que surge, hoje, *PRESENÇA*. Seu objetivo é divulgar a boa leitura, através de uma crítica imparcial e honesta, dentro da qual possam aparecer as boas qualidades da arte, ciência e literatura contemporâneas do Brasil e do estrangeiro, cuja produção é inegavelmente maravilhosa. [...]
>
> Outro objetivo primordial de *PRESENÇA* é dar oportunidade aos moços de nossa terra para divulgar os seus trabalhos e produções literárias, artísticas, científicas e religiosas, bem como unir essa mesma mocidade por intermédio de um órgão que, pela sua seriedade e honestidade, possa servir de elemento de ligação e seja igualmente um guia dos sentimentos puros e belos da mocidade baiana. [...]
>
> (*Presença*, Salvador, ano I, n. 1, p. 1-2, abr. 1945.)

Para as leitoras que sentiam falta de mais "seções femininas", a explicação surgiu em outro editorial, nestes termos:

> Recebemos muitas cartas, colegas e amigas nos deram sugestões. Todas elogiam *PRESENÇA*, dizem-se satisfeitíssimas com a matéria que apresenta. Mas a maior parte sente que falta ainda algo para torná-la mais atraente. Umas acham que devia ter uma seção de corte e costura, outras de arte culinária, outras desejam uma parte humorística ou, ao menos, leituras amenas em meio aos artigos mais sérios e secos.
> Levaremos em conta os desejos de todas, enquanto possível, mas cremos que existem revistas e livros muitos que tratam exclusivamente das artes domésticas. Não há lacuna para encobrir neste ponto. O que falta a nós, moças modernas, é formação, cultura geral, conhecimento do nosso meio feminino e de suas necessidades. *PRESENÇA* quer suprir, ou, ao menos, fazer sentir esta falta. [...]
> (*Presença*, Salvador, ano II, n. 1, p.1, abr. 1946.)

Além de literatura, *Presença* se ocupava principalmente de religião, filosofia, política e psicologia. Segundo Ayêska Paulafreitas de Lacerda (2000, p. 24), "a formação e o comportamento adequados à mulher pontua todos os números da revista. O matrimônio e a maternidade são apontados como a vocação natural da mulher, salvo para aquelas chamadas para a vida religiosa. A leitura apropriada para as moças é a que une literatura e moral".

E, para mais acertadamente indicarem a literatura "apropriada", as editoras recorriam ao manual de Frei Sinzig – *Através dos romances: guia para as consciências*, de 1915 –, que se tornou numa espécie de "bíblia" para os divulgadores da moralidade católica.[105] Sinzig classificava os livros em três categorias: recomendados, recomendados com reservas

---

[105] Em estudo sobre o *Guia para as consciências*, de Sinzig, Aparecida Paiva (1997, p. 27) afirma: "É uma censura pautada em critérios moralistas, que funcionavam como referência para a catalogação dos romances permitidos ou proibidos para os leitores católicos. A significativa difusão deste livro, em escolas confessionais e entre os leigos, o notabilizou como um discurso de veto, em parte por configurar a postura de Sinzig como censor e, em parte, por carregar em seu bojo um projeto católico mais amplo de controle da leitura". Mas, bem antes de Sinzig, também visando o controle sobre a leitura dos fiéis, a Igreja Católica já havia lançado o *Índice dos livros proibidos*, em 1559.

e perigosos. E os sugeridos pela revista *Presença* eram sempre aqueles que não iriam interferir na formação da jovem, e menos ainda prejudicar seu desempenho enquanto esposa e mãe de família.

Embora contasse com alguns colaboradores, é nas colaboradoras que reside a importância da revista, até por não se ter notícia de haver outra semelhante na Bahia na época. Eram trinta e seis mulheres atuando como autoras, tradutoras ou editoras, sendo duas estrangeiras, vinte brasileiras (uma paulista, uma catarinense e dezoito baianas) e catorze de origem não identificada.

O grupo baiano era integrado por Anete Nolasco de Carvalho, Dyrce Franco de Araújo, Estella Fróes, Lavinia Machado, Lêda Ferraro, Letícia Fernanda Trigueiros, Lycia Margarida Alves, Maria Antônia de Mattos, Maria Thetis Nunes, Maria José Nolasco de Carvalho, Bernadete Sinay Neves, Antonieta Selmi Guimarães, Cândida Cerne de Carvalho, Iza Maria Moniz de Aragão, Maria Helena Barreto Campos, Marta de Sousa Dantas, Stela Maria Gamboa Pereira de Carvalho e Zulmira Moscozo Barreto de Araújo.[106]

O interesse da Igreja Católica em incentivar e abrir espaço para a produção literária feminina – no caso desta revista e também de *A Paladina do Lar* – visava, no fundo, manter controle sobre o que era escrito e reafirmar, através da voz de mulheres respeitadas da elite baiana, o ideário católico e a moral cristã. E, apesar de seu nível de informação, as jovens universitárias deixaram-se enredar pelo discurso ideológico religioso e ocuparam a linha de frente no combate às ideias materialistas, em franca expansão naquele tempo, não se dando conta da mística que ajudavam a cristalizar em torno da figura da mulher.

Só aparentemente *Presença* se diferencia das demais revistas femininas que falavam de moda, culinária e puericultura, pois predominava a preocupação com a formação adequada da mulher e a reiteração de que seu destino natural era o matrimônio e a maternidade, e que o casamento era indissolúvel. Essa linha de pensamento foi bem explicitada por Marta Maria no artigo "Matrimônio", publicado na edição número 3, de 1945: "O matrimônio e a maternidade são a vocação natural da mulher, que para essa missão sublime e nobilíssima deve preparar-se com todo cuidado. Ela também pode ser chamada por Deus para a vida religiosa – ativa ou contemplativa – tornando-se mãe espiritual de muitas almas" (*apud* LACERDA, 2000, p. 127).

---

[106] Informações colhidas em LACERDA, 2000.

Presença contou com muitos anunciantes, que provavelmente foram fundamentais para a manutenção de sua publicação. Segundo Ayêsca Paulafreitas de Lacerda (2000), encontravam-se em suas páginas propagandas de publicações religiosas, perfumarias, seguradoras, remédios, instituições de ensino, dentre outras.

A revista chegou ao fim em agosto de 1948, quando atingiu sua vigésima nona edição.

Fontes: LACERDA. Ayêsca Paulafreitas de. Presença: *"Revista para moças": um lugar para leitoras e escritoras do pós-guerra.* Dissertação. (Mestrado em Letras) – Programa de Pós-Graduação em Letras e Linguística da Universidade Federal da Bahia, 2000.

PAIVA, Aparecida. *A voz do veto: a censura católica à leitura de romances.* Belo Horizonte: Autêntica, 1997.

Grande Hotel

1947-1984

Inaugurando o promissor nicho de revistas femininas em quadrinhos e também na contramão do movimento feminista, surgiu no Rio de Janeiro (RJ), em julho de 1947, o *Grande Hotel*, da Editora Vecchi, que faria história no mercado editorial até 1984. Curiosamente, apesar do enorme sucesso junto ao público leitor, este tipo de publicação costuma ser desvalorizado pelos próprios jornalistas e pelas editoras como sendo "de pouca importância" e apenas "leitura de mulheres". Como ocorreu com outras revistas, também esta era uma tradução quase literal de periódicos estrangeiros, no caso a revista francesa *Grand Hotel*. Segundo Lenira Alcure,

> A leitora procura na fotonovela uma situação que lhe permita projetar algumas coisas que ela queria que fosse verdade. Durante a leitura, experimenta um certo tipo de felicidade. Não podendo viver sua realidade, vive naqueles momentos, através de seus ídolos, situações de catarse, idealismo e fantasias.
> (*Jornal do Brasil*, Rio de Janeiro, 15 jun. 1977.)

Foram analisados os seguintes exemplares: número 139, de 21 de março de 1950; número 241, de 4 de março de 1952; número 488, de 27 de novembro de 1956; número 1081, de 23 de abril de 1968; número 1428, de 16 de dezembro de 1974; e número 1439, de 3 de março de 1975. Nos três primeiros, cujo subtítulo era "A mágica do amor", as capas eram desenhadas e apresentavam casais jovens, brancos e sorridentes. Também as histórias em quadrinhos eram desenhadas e continuavam na edição seguinte, como nos velhos folhetins. E havia contos, horóscopos, cartas das leitoras, notícias dos astros de Hollywood, passatempos e humorismo, além de propagandas de creme dental, remédios, médicos e de cosméticos.

As edições de 1968, 1974 e 1975 já se apresentam diferentes das anteriores. Em suas capas, vemos jovens bonitas e as chamadas para as principais matérias que deviam impulsionar as vendas: "Você tem complexo de inferioridade?" (1968); "Decoração de um cantinho para as crianças", "Moda: o que usar em 75", "Culinária: os doces fazem a festa" e "Trabalhos manuais: borde suas blusas" (1974); "Moda: modelos para festas e formatura e fim de ano", "Beleza: a volta dos cabelos crespos" e "Teste: conheça os segredos do amor" (1975).

Além destas chamadas, as capas traziam os títulos das fotonovelas que deixaram de ser desenhadas e passaram a ser ilustradas com fotografias, inclusive de atores nacionais conhecidos. Outra novidade é que os enredos passam a ser completos, começando e terminando na mesma edição.

Algumas mudanças, mesmo as mais sutis, que ocorriam na sociedade podem ser detectadas através dos anúncios – de Leite Ninho, sutiã De Millus, linha Du Loren para a praia, Fermento em Pó Royal, tecido Linholene para cortinas – que revelam o aumento do poder de decisão e de consumo das mulheres. E no exemplar de 16 de dezembro de 1974 vem explícito o controle do Estado sobre a publicação, pois sua capa contém a recomendação "Desaconselhável para menores de 16 anos", que permanecerá nos anos seguintes.

A revolução sexual em curso nas décadas de 1960 e 1970 surge timidamente na revista. Primeiro, o corpo feminino aparece nos anúncios de biquínis, maiôs e lingerie. Depois, na edição de 1974, aparece o teste "Você é sexy?" para as leitoras "medirem" sua sensualidade; e, na fotonovela "A ilha da última esperança", a protagonista deixa de ser a mocinha ingênua e se mostra decidida e dona de si. Na edição de 1975, há anúncios de livros sobre sexo – como *Seja feliz na vida sexual* – e de produtos para a "mulher completa" (bonita, elegante, segura, feliz sexualmente), como a cinta abdominal unissex, a touca termoelétrica e o modelador de pernas. Mas, ainda assim, permanecem as dicas de moda, de decoração, beleza, culinária, fofocas sobre "celebridades" e as seções "Semana de Carlos Renato" e "Mundo Pop", com notícias do mundo musical.

Dada sua importância no cenário feminino e a influência que exerceu na formação de milhares de brasileiras, são inúmeros os estudos que analisam *Grande Hotel* a partir dos mais diferentes aspectos. E muitos estão disponíveis na internet.

Fontes: *Grande Hotel*, Rio de Janeiro, n. 139, 21 mar. 1950; n. 241, 4 mar. 1952; n. 488, 27 nov. 1956; n. 1081, 23 abr. 1968; n. 1428, 16 dez. 1974; n. 1439, 3 mar. 1975, em formato impresso no acervo particular de Constância Lima Duarte.

SAMPAIO, Isabel Silva. *Para uma memória da leitura: a fotonovela e seus leitores.* 287 f. 2008. Tese (Doutorado em Educação) – Universidade Estadual de Campinas, Campinas, 2008.

Momento Feminino
1947-1956

"Um jornal para o seu lar": assim se apresentava *Momento Feminino*, publicação lançada por um grupo de militantes comunistas no Rio de Janeiro (RJ), em 25 de julho de 1947. Sob a direção de Arcelina Mochel,[107] e inicialmente com edições semanais, o periódico contou com a colaboração de Ana Montenegro,[108] figura destacada por seu ativismo

---

[107] Arcelina Mochel (1918-1974), nascida em São Luiz (MA), foi uma advogada filiada ao Partido Comunista do Brasil, tendo sido, em 1947, eleita para a Câmara Municipal do Distrito Federal (RJ) com 3.704 votos. Com outras intelectuais, fundou a Federação de Mulheres do Brasil, em 1949.

[108] Ana Montenegro (1915-2006), cearense de Quixeramobim, era advogada e escritora. Em 1945, fundou a União Democrática de Mulheres da Bahia. No Partido Comunista do Brasil, participou da Frente Nacional Feminista. Com o golpe militar de 1964, exilou-se no México, onde permaneceu até 1979. É autora do livro *Ser ou não ser feminista*, de 1981, que se tornou um clássico na biblioteca feminista.

político, além de Alina Paim, Diana de Brito, Edíria Carneiro,[109] Eneida de Moraes,[110] Gilda Braga Linhares, Hilda Campoflorido, Lia Correa Dutra, Lígia Lessa Bastos,[111] Maria Luiza, Marieta Jacques, Maura de Sena Pereira, Sagramor de Scuvero,[112] Sílvia e Yvone Jean. Nos primeiros anos, a redação funcionou na Rua do Lavradio, n. 55, mudando de endereço pelo menos três vezes ao longo dos seus 10 anos de existência.

Como pretendia atingir as mulheres em sua diversidade, os artigos nele veiculados se dirigiam em especial às trabalhadoras, às camponesas e às donas de casa, tratando da emancipação e de problemas sociais e políticos, como carestia, fome, pobreza, educação e analfabetismo. Os temas mais femininos juntavam-se aos princípios do Partido Comunista do Brasil (PCdoB), conforme Arcelina Mochel explica no editorial de estreia:

Nossos problemas

Precisamente quando avultam os problemas do povo brasileiro e sua solução encontra obstáculos cada vez maiores, aparece o MOMENTO FEMININO, órgão de luta auxiliar de todas as mulheres para cumprir uma grande tarefa no seio da coletividade brasileira, para ajudar o soerguimento intelectual, político e econômico em nossa pátria.

Conscientes de nossas responsabilidades como colaboradoras indispensáveis em todos os momentos da vida nacional, também necessitamos de uma poderosa arma na imprensa, capaz de atrair todas as mulheres das cidades movimentadas, como dos sertões nordestinos, do litoral como dos campos, para que, numa única

---

[109] Edíria Carneiro (1925-2011), militante e artista plástica baiana e companheira de João Amazonas, dirigente histórico do Partido Comunista do Brasil (PCdoB), ajudou a perpetuar a história do partido através de suas gravuras e telas. Muitas das ilustrações que estão em *Momento Feminino* têm sua assinatura.

[110] Eneida de Villas Boas Costa de Moraes (1904-1971), ou apenas Eneida, como preferia ser chamada, era natural do Pará. Foi jornalista, escritora, militante política e pesquisadora brasileira.

[111] Ligia Maria Lessa Bastos (1919-2020), professora, esportista e parlamentar, foi eleita e reeleita por dez vezes consecutivas, por quatro décadas, para representar a cidade e o estado do Rio de Janeiro, primeiro pela Aliança Renovadora Nacional (ARENA), depois pelo Partido Democrático Trabalhista (PDT). Por muitos anos foi a única mulher brasileira com assento no Congresso Nacional.

[112] Sagramor de Scuvero Martins (1920-1995), importante nome no rádio brasileiro, foi a primeira radialista eleita vereadora no Rio de Janeiro, em 1947, e depois deputada estadual. Publicou livros nos anos 1940, hoje desaparecidos.

frente, marchássemos em direção a um objetivo comum, a um horizonte de luz, alegria, saber, conforto e felicidade. [...]

Nosso lema deve ser a união ampla, união de todas as mulheres, união infinitamente concebida, para que nossa voz ultrapasse as fronteiras de nossa pátria e seja recebida com a mesma ternura pelas mulheres do mundo inteiro numa consagração universal de um ideal comum. [...]

Assim é que, unidas num esforço comum, nascido do nosso próprio sentir, veremos com o fulgor dos tempos a realidade fecunda dos nossos anhelos [anseios], que é a vida feliz para todos nós. MOMENTO FEMININO refletirá força e energia, trabalho e vigilância, compreensão e altivez, porque está certo de que assim define a atitude da mulher brasileira.

(*Momento Feminino*, Rio de Janeiro, ano I, n. 1, p. 2, 25 jul. 1947.)

Ainda na primeira edição, encontra-se a reportagem "Elas também ganharam a guerra", de Maura de Sena Pereira; os contos de Lia Correa Dutra, "Bodas de Prata", e de Alina Paim, "Inauguração da Luz elétrica"; e os artigos "Educação física", de Lygia Maria Lessa Bastos; e "Falam as mulheres eleitas do povo", uma entrevista às recém-eleitas vereadoras da Câmara Municipal do Rio de Janeiro: Lygia Maria Lessa Bastos, Odila, Sagramor de Scuvero e Arcelina Mochel. Também merece destaque a coluna assinada por Eneida, intitulada "Mundo de hoje", presente em várias edições, em que ela se posiciona francamente a favor da participação e do empoderamento das mulheres. Cito este pequeno trecho:

Não é possível deixar de reconhecer o papel importante e decisivo da mulher no cenário da política internacional. Fizemos a guerra de libertação dos povos, e lutamos hoje com o mesmo vigor e a mesma perseverança para construir um mundo democrático, para garantir a paz.

(*Momento Feminino*, Rio de Janeiro, ano I, n. 1, p. 2, 25 jul. 1947.)

No segundo número, publicado em 1º de agosto de 1947, após comemorar o sucesso da primeira edição, que teria se esgotado rapidamente, a diretora apressa-se em esclarecer às leitoras que "*Momento Feminino* não é um jornal feminista, mas uma publicação para os lares". E aparecem os nomes de suas principais responsáveis: Arcelina Mochel, diretora; Lia Correa Dutra, redatora-chefe; Silvia Leon Chalreo, secretária; Eneida Costa de Morais e Maria de Sena Pereira, redatoras; Heloísa Ramos, gerente; e Gloria Cordeiro de Andrade, chefe de publicidade.

Praticamente todas as capas foram ilustradas com rostos de mulheres, as primeiras com desenhos, depois com fotografias de artistas do rádio e do teatro, e cada edição tinha em média quinze páginas. As seções variavam entre "Arranjos do Lar", cuja finalidade era "auxiliar as leitoras a resolver problemas domésticos"; "Educação Física", assinada por Lygia Maria Lessa Bastos; "Atividades femininas", destinada a divulgar seminários e eventos do movimento de mulheres; e ainda "Puericultura", "Cozinha" e "Moda".

Para Juliana Dela Torres (2009, p. 81), a existência de sessões "típicas do universo feminino" sinalizava o desejo da editora de assegurar um número maior de leitoras, o que propiciaria a continuidade do jornal e possivelmente o aumento do número de associadas ao PCdoB e à causa da mulher. Mas, em meio à variedade de assuntos ali tratados, o movimento pela Anistia de presos políticos também teve espaço. Segundo Arcelina Mochel, cabia às mulheres fazer parte dessa luta.

Anistia para todos os presos

Dias após dia, casa por casa, caminham as mulheres brasileiras pelas ruas e morros, em busca de mais assinaturas em favor da Paz. São quase dois milhões de brasileiros que, ao lado de milhões de pessoas simples do mundo inteiro, assinaram o Apelo por um Pacto de Paz entre as Cinco Grandes Potências. [...]
Surge, então, um mesmo anseio em todos os corações: ANISTIA PARA OS PRESOS E PERSEGUIDOS POLÍTICOS!
É o mesmo movimento que em 1945, graças à enorme pressão popular, restituiu à liberdade o Cavaleiro da Esperança, Luiz Carlos Prestes, e a todos os prisioneiros políticos. [...]
Está nas mãos do povo brasileiro arrancar das prisões Elisa Branco e suas companheiras! Está nas mãos do povo brasileiro deter a marcha de nosso país para o fascismo e a guerra! [...]
As mulheres brasileiras têm a seu lado, na conquista de uma pátria próspera e independente, todas as mulheres do mundo – pois todas anseiam por aquilo que constitui o maior bem da humanidade: a PAZ!
(*Momento Feminino*, Rio de Janeiro, ano III, n. 85, p. 4, set.-out. 1951.)

Também a conhecida psiquiatra Nise da Silveira colaborou com o periódico escrevendo artigos sobre a participação da mulher no mercado de trabalho, defendendo seu direito de exercer funções fora do lar, exigindo do governo a construção de creches, e ainda uma maior participação dos homens nos afazeres domésticos e no cuidado dos filhos. A seguir, um trecho:

A mulher casada e o trabalho

Hoje em dia não cabe discutir se a mulher deve ou não trabalhar em todos os setores das atividades humanas, ou se deve permanecer em casa atendo-se aos serviços domésticos, pois o trabalho, em geral, está franqueado a todas as pessoas, homens e mulheres, solteiras e viúvas. [...]

Cabe, porém, afirmar que também a mulher casada, pode e deve dedicar-se a uma profissão, não só pelo valor social que representa o trabalho, como pela garantia individual que o trabalho oferece. [...]

É necessário compreender que o serviço doméstico merece uma atenção relativa, mas não pode nem deve ser a finalidade exclusiva das mulheres. O que não se pode admitir é a limitação das atividades da mulher em nome dos empecilhos facilmente removíveis. Removam-se as dificuldades e sobrará tempo a toda mulher para se dedicar a atividades que assentem melhor com a sua dignidade de animal racional, que, se presume, tem um cérebro para trabalhar também.

(*Momento Feminino*, Rio de Janeiro, ano I, n. 20, 5 dez. 1947.)

O periódico divulgou também romances no formato folhetim, como *A pequena Fadette*, de Georg Sand, traduzido por Lia Corrêa Dutra; *Vidas secas*, de Graciliano Ramos, que teve publicados treze capítulos, de setembro de 1951 a novembro de 1953; e o conto de Arthur de Azevedo, "O viúvo", entre outros.

Como a venda de assinaturas não era suficiente para garantir a circulação do jornal, Arcelina Mochel e as companheiras frequentemente lançavam campanhas para arrecadar recursos. Tais esforços se justificavam por estarem convencidas da importância da imprensa no processo de educação e emancipação da mulher. Nesse sentido, na edição de 5 de dezembro de 1947 foi publicado um artigo de Ana Montenegro, "Imprensa feminina: fator de educação", que merece ser em parte aqui reproduzido.

Na reivindicação de justiça para a mulher, nenhum instrumento melhor de luta do que a imprensa feminina. Quantas mulheres são escravas e não sabem quais correntes as prendem! Quantas mulheres não conhecem as disposições do Código Civil brasileiro a seu respeito! E como fazer conhecidas aquelas disposições? E como mostrar às mulheres que somente lutando, somente organizadas, somente unidas, poderão livrar-se da pecha de irresponsáveis perante os atos que determinam a existência mulher, que aqui se encontra reunida, numa feliz realização da Federação Brasileira pelo Progresso Feminino, tendo à frente uma das figuras de maior destaque no movimento feminino, a Dra. Bertha Lutz [...]. Considerando a importância da imprensa feminina na luta por justiça, na luta pela emancipação da mulher, pela congregação de esforços em torno de um programa geral para reivindicar aquela justiça e aquela emancipação, como fator preponderante na educação da mulher, para uma participação efetiva na vida pública nacional e internacional, proponho, como delegada de um jornal de mulher [...], que seja MOMENTO FEMININO, além de auxiliado com a colaboração intelectual e moral, o seja também financeiramente, por todas as organizações, por todas as mulheres, na qualidade de fator essencial à educação da mulher, propagador da luta por justiça real e emancipação da mulher, para uma participação efetiva na vida pública nacional e internacional, como trincheira de luta pelo progresso do Brasil e pela paz universal!

(*Momento Feminino*, Rio de Janeiro, ano I, n. 20, p. 9, 5 dez. 1947.)

Em 1956, o jornal alcançou o número 118, o último conhecido, ainda sob a direção de Arcelina Mochel. Os artigos sobre política e assuntos femininos dividiram espaço com matérias sobre cinema, rádio, literatura e figurinos de moda. Mas vale destacar as matérias sobre a Conferência Nacional de Trabalhadoras, realizada de 18 a 20 de maio no Rio de Janeiro; as ótimas análises do painel *Guerra e Paz*, de Portinari, e do filme *Rio 40°*, de Glauber Rocha; e o Pequeno Curso de Jornalismo Feminino, ministrado pela Profa. Gerônima Barberini, já em sua quinta aula.

Fontes: Coleção de 117 exemplares do *Momento Feminino*, Rio de Janeiro, do 1º ao 118, em formato digital no Acervo da Fundação Maurício Grabois. Disponível em: www.grabois.org. br. Acesso em: 8 dez. 2015.

Coleção de *Momento Feminino*, Rio de Janeiro, do 1º ao 118, em formato digital no Acervo da Organização Feminista Sempre Viva SOF. Disponível em: https://www.sof.org.br/biblioteca/. Acesso em: 13 set. 2021.

TORRES, Juliana Dela. *A representação visual da mulher na imprensa comunista brasileira (1945/1957)*. 2009. Dissertação (Mestrado em História Social) – Universidade Estadual de Londrina, Londrina, 2009.

RUBIM, Lindinalva Silva Oliveira. Imprensa Feminista no Brasil. *Textos de Cultura e Comunicação*, Salvador, n. 4, p. 1-39, ago. 1985.

O Idílio
1948-1977

O Idílio, "Revista em quadrinhos com histórias de amor romanceadas", era dedicada a moças e rapazes e circulou de setembro de 1948 a meados de 1977. Foi a quarta revista lançada pela Editora Brasil-América, também no formato estadunidense, chamado "formato americano", com 18,5 por 26,2 centímetros.[113] Supõe-se que seu editor tenha sido Cláudio Hasslocher, que trabalhou por longo período na EBAL e tem seu nome em diversas crônicas e contos.

---

[113] Na dissertação *Os quadrinhos em sua (sub)versão romântica: amor e gênero na Revista O Idílio, 1948-1950*, Renan Reis Fonseca (2013, p. 46-60) afirma que a revista era, na verdade, a versão de duas revistas estadunidenses: *Young Romance* e *Young Love*.

Inspirada no gênero sentimental que fazia sucesso nos Estados Unidos, além de novelas românticas trazia também contos, cartas dos leitores, enquetes e a seção "Com bons olhos te vejo", em que estes podiam estabelecer contato através de correspondência. A partir dos anos 1950, suas capas começaram a exibir artistas do cinema nacional e estadunidense.

Apesar do momento conturbado que o país vivia devido à escassez de papel provocada pela guerra, ainda assim a revista obteve um importante sucesso no mercado editorial, chegando a alcançar o recorde de 150 mil exemplares vendidos mensalmente. Se lembrarmos que a *Revista Feminina*, de enorme popularidade entre 1914 e 1936, teve uma tiragem de 25 mil exemplares por mês, mais expressivos ficam os números registrados por *O Idílio*.

Em uma consistente análise, Adelaine Laguardia e Renan Reis Fonseca (2010) chegaram a conclusões interessantes sobre esta revista: com exceção do primeiro volume, todos os exemplares contêm quatro histórias em quadrinhos que geralmente apresentam como protagonista uma mulher. E as temáticas giram principalmente em torno de namoros, traições, ciúmes, triângulos amorosos, ou seja, dos velhos clichês românticos. "No entanto, para sua época e por se tratar de um produto de massa, a revista levanta alguns temas pouco discutidos, como a emancipação feminina, o trabalho feminino e os problemas nas antigas formas de organização social e familiar" (LAGUARDIA; FONSECA, 2010, p. 36). Os pesquisadores observam ainda que, apesar de incluir nos enredos personagens relativamente bem-sucedidas em suas profissões, a divisão sexual do trabalho que expressava era clara: as mulheres podiam até trabalhar em escritórios ou no comércio, mas raramente ocupavam posições de liderança.

Na seção de aconselhamento do Tio Germano, o problema aparece – ou foi criado – para o cronista se manifestar a respeito. Um leitor teria escrito o seguinte numa carta:

> Por mais que eu me opusesse, minha namorada aceitou, há um ano, um emprego que lhe foi oferecido. Cumprindo a ameaça que lhe fizera, rompi com ela. Desde então ela continua a trabalhar, e eu a amá-la. Que me aconselha, Tio Germano?
> (*O Idílio*, São Paulo, v. 3, p. 2, 1948.)

E tem a seguinte resposta:

Procure outra! Se ela gostasse mesmo de você, Santo, já teria abandonado o emprego. Conhece aquele ditado: "quem não me quer, não me merece". Trate de namorar alguém que o possa fazer feliz, pois é evidente que essa moça não tem o menor amor por você. Não há outra, mais merecedora de sua constância em toda a cidade? Não será muito difícil esquecer a primeira quando encontrar uma "substituta" à altura... Experimente e verá... (*O Idílio*, São Paulo, v. 3, p. 2, 1948.)

Assim, sutilmente a revista condena as jovens que trabalham fora de casa, reforça o comportamento tradicional feminino a partir do foco em protagonistas jovens que se casam por amor e enredos com "final feliz", incentivando a dependência afetiva e emocional das mulheres. A construção da mística feminina, também nesta publicação, estava a pleno vapor.

O Idílio circulou também em Buenos Aires, praticamente nos mesmos período e estilo, com poucas novidades. Uma delas, "El psicoanálisis le ayudará" ("A psicanálise lhe ajudará"), consistia numa seção de interpretação de sonhos enviados pelas leitoras, ricamente ilustrados pela artista plástica Grete Stern (1904-1999) e interpretados pelo professor Gino Germani.

Há vários sites da internet oferecendo exemplares e até coleções da revista para venda. Mas poucos permitem a leitura e o exame de exemplares. As informações contidas neste verbete foram colhidas nos trabalhos aqui citados.

Fontes: FONSECA, Renan Reis. *Os quadrinhos em sua (sub)versão romântica: amor e gênero na Revista* O Idílio, *1948-1950*. 207 f. 2014. Dissertação (Mestrado em Letras) – Programa de Pós-Graduação em Letras, Universidade Federal de São João del Rei, São João del Rei, 2014.

LAGUARDIA, Adelaine; FONSECA, Renan Reis. E o romance constrói o gênero: uma análise da revista *O Idílio. Revista Vertentes*, São João del Rei, n. 36, [s.p.], 2010.

Dicionário Ilustrado: Volume 2 – Século XX (1900-1949)

Jangada
1949-1954

Publicada pela Ala Feminina da Casa de Juvenal Galeno, de Fortaleza (CE), *Jangada*[114] foi editada pela primeira vez em 25 de dezembro de 1949, sob a direção de Maria de Lourdes Pinto e Cândida Maria Santiago Galeno (Nenzinha Galeno), sobrinha de Henriqueta Galeno,[115] a fundadora desse espaço em 1936. Tendo como objetivo divulgar a produção cultural da mulher cearense, a Ala Feminina foi considerada uma iniciativa de vanguarda, tendo em vista os preconceitos que ainda limitavam as mulheres ao espaço doméstico. E, quando surgiu, a *Jangada* foi saudada pela imprensa como sendo "a primeira revista literária, essencialmente feminina, do Ceará e do Nordeste", o que naturalmente era um equívoco, pois outros periódicos com a mesma proposta já haviam circulado com sucesso na região.

Na carta do jornalista e poeta Mauro Mota publicada na edição 2, do 1º trimestre de 1950, é possível conhecer mais a revista, bem como o que os conterrâneos pensavam a seu respeito:

> A Casa de Juvenal Galeno, fundada para um culto permanente
> à memória do conhecido trovador cearense, reafirma essa como-
> vedora finalidade com o lançamento da *Jangada*, revista de sua

---

[114] Em 1885, havia sido publicado em Fortaleza um periódico abolicionista de nome *A Jangada* ("Liberdade Igualdade Fraternidade"), que homenageava o "Iº Aniversário de Ceará Livre", pois o estado havia abolido a escravatura no ano anterior. Além de poemas e textos condenando a escravidão, a folha divulgava notas assinadas por Paulino Guimarães insuflando os leitores, nestes termos: "A nossa pátria com o trabalho escravo está prostituída, é, pois, necessário que pela Evolução ou pela Revolução levantemo-la da letargia que a colocaram nossos antepassados. Para abolirmos a tirania e a escravidão, todos os meios de que usarmos são legais. À obra cidadãos!". Ou: "O século das luzes está a expirar! Tratemos de libertar o escravo que o século da confraternização universal aí vem. Avante!" (*A Jangada*, p. 4, 1885).

[115] Henriqueta Galeno (1887-1964), cearense, filha de Juvenal Galeno (1838-1931), fundou a Casa Juvenal Galeno em 1919, e também a Ala Feminina e a Editora Henriqueta Galeno. Representou o Ceará no Primeiro Congresso Feminista no Rio de Janeiro, presidido por Bertha Lutz, e publicou diversos livros, entre dicionários, antologias e ensaios sobre mulheres, além do clássico *Mulheres admiráveis* (1965).

335

Ala Feminina. A revista é dirigida por mulheres e nela *somente* colaboram mulheres. Eis uma cousa original, sem dúvida, pois não tínhamos ainda transferido para a imprensa um exclusivismo feminista tão absorvente e complexo. Em diversas páginas, o chamado sexo fraco mostra-se forte em crônicas e poemas que aumentam a nossa confiança nas novas gerações. [116]
(*Jangada*, Fortaleza, ano I, n. 2, p. 97, 1º trimestre 1950, grifos do original.)

O corpo redacional da primeira edição era composto por Cândida Maria Santiago Galeno e Maria de Lourdes Pinto, diretoras; Jandira Carvalho e Geraldina Amaral, redatoras; e Ruth de Alencar, Nívea Leite e Otília Franklin, diretoras artísticas. Em sua trajetória, *Jangada* contou com a colaboração de escritoras de todo o país, dentre elas Rachel de Queiroz, Iveta Ribeiro, Hercília Clark, Palmyra Wanderley, Estefânia Rocha, Geraldina Amaral, Maria Laura Mendes, Nívea Leite e Augusta Campos. Além de crônicas e poemas, trazia notícias das atividades promovidas pela Casa de Juvenal Galeno.

Mas entre um texto literário e outro sempre houve espaço para artigos que refletiam sobre as questões mais urgentes, e revelavam o pensamento progressista ou conservador das colaboradoras. O artigo "A mulher e o divórcio", assinado por Maria Adísia Barros de Sá, é exemplar dessa dicotomia. Embora o divórcio só tenha sido instituído oficialmente no Brasil em 1977, já em 1950 havia fortes apelos para que a medida entrasse em vigor. Mas, para a escritora, o divórcio representaria um retrocesso na vida das mulheres:

> A mulher nesse tempo voltou ao seu estado primitivo, quando os pensadores lançaram a tese do casamento civil.
> Vem depois o divórcio, lançando a mulher num plano degradante, vil. O orgulho das filhas de Eva em querer-se igualar ao homem, indo, portanto, contra sua Escritura quando diz – "as mulheres sejam sujeitas a seus maridos, como ao Senhor – porque o marido é a cabeça da mulher", mereceu o que o homem fez – o divórcio, colocando-a num papel decadente e desmoralizador.

---

[116] O jornalista se engana ao afirmar que *Jangada* era o primeiro impresso cearense feito por mulheres. Já tinham circulado em Fortaleza *A Brisa* (1875), *Lírio* (1875), *Orvalho* (1888) e *O Bond* (1890-1891), além de *O Astro* (1903), em Baturité (1902), e *A Estrella* (1906-1921), também em Baturité e Aracati, entre outros, todos de iniciativa feminina.

Todavia ela se esquecia, como hoje ainda esquece, que nunca será igual ao homem.

(*Jangada*, Fortaleza, ano I, n. 2, p. 56, 1º trimestre 1950.)

A revista contou com grandes anunciantes, como a Companhia Itaú de Transportes Aéreos e o Banco do Brasil, o que provavelmente deu alguma tranquilidade às editoras e permitiu que a publicação circulasse até setembro de 1954.[117]

Fonte: *Jangada*, Fortaleza, ano I, n. 2, 1º trimestre 1950, em formato impresso no Acervo de Escritores Mineiros da Universidade Federal de Minas Gerais (UFMG).

---

[117] A Ala Feminina editou outros periódicos, como *O Cearense* (1972) e *Ala* (1984- 1985). Em 1994. foi recuperado o título *Jangada*, por iniciativa da escritora Raimunda Neide Moreira Freire, presidente da Associação, que voltou a circular divulgando a literatura do estado.

Sumário em ordem alfabética

A Abelha, Rio de Janeiro (RJ), 1901 42

A Borboleta, Curvelo (MG), 1902 51

A Camélia, Campinas (SP), 1900 29

A Cigana, São Paulo (SP), 1922-1967 206

A Cigarra, São Paulo (SP), 1914-1975 154

A Escola Doméstica, Natal (RN), 1925-1926 239

A Esperança, Ceará-Miriam (RN), 1903-1909 64

A Estrella, Baturité (CE); Aracati (CE), 1906-1921 92

A Faceira, Rio de Janeiro (RJ), 1911-1917 137

A Flor, Penedo (AL), 1909 115

A Grinalda, Recife (PE), 1908 105

A Jurity, São Paulo (SP), 1904 74

Album Chic, Recife (PE), 1906 91

Altair, Rio de Janeiro (RJ); Recife (PE), 1905-1908 88

Alterosa, Belo Horizonte (MG), 1939-1964 311

Alvorada, Penedo (AL), 1910 124

A Mulata, Rio de Janeiro (RJ), 1901 41

A Andorinha, Campinas (SP), 1929 253

Anima e Vita, São Paulo (SP), 1905 80

Anuário das Senhoras, Rio de Janeiro (RJ), 1934-1958 288

A Paladina/A Paladina do Lar, Salvador (BA), 1910-1917 120

A Palavra, Manaus (AM), 1915 173

A Pétala, Barbacena (MG), 1918 197

A Vida de Minas, Belo Horizonte (MG), 1915 169

A Vida Elegante, Rio de Janeiro (RJ), 1909 108

A Violeta, Belo Horizonte (MG), 1900 31

A Violeta, Belo Horizonte (MG), 1909 112

A Violeta, Cuiabá (MT), 1916-1950 177

A Violeta, Rio de Janeiro (RJ), 1900 39

A Voz da Liga Católica das Senhoras Baianas/A Voz, Salvador (BA), 1913-1920 144

A Voz Feminina, Diamantina (MG), 1900-1901 25

A Vóz Maternal, São Paulo (SP), 1903-1910 71

Boa Nova, Rio de Janeiro (RJ), 1932-1940 274

Boletim da FBPF, Rio de Janeiro (RJ), 1934-1937 279

Borboleta, Teresina (PI), 1904-1906 77

Brasil Feminino, Rio de Janeiro (RJ), 1932-1937 262

Brasil Moda, São Paulo (SP); Paris (FR), 1912-1926 141

Carioca, Rio de Janeiro (RJ), 1935-1954 301

Cinco Pr'as Dez, Belo Horizonte (MG), 1935-1940 296

Cri-Cri, Recife (PE), 1908 103

Filhinha, Caetité (BA), 1900-1901 34

Fon-Fon!, Rio de Janeiro (RJ), 1907-1958 95

Frou-Frou..., Rio de Janeiro (RJ), 1923-1925 211

Futuro das Moças, Rio de Janeiro (RJ), 1917-1918 293

Grande Hotel, Rio de Janeiro (RJ), 1947-1984 323

Jangada, Fortaleza (CE), 1949-1954 335

Jornal das Moças, Caicó (RN), 1926-1932 241

Jornal das Moças, Rio de Janeiro (RJ), 1914-1965 158

Lux, Belo Horizonte (MG), 1935-1936 304

Luzes Femininas, Rio de Janeiro (RJ), 1934 278

Menina e Moça, São Paulo (SP), 1924 225

Modearte, São Paulo (SP), 1927-1929 245

Momento Feminino, Rio de Janeiro (RJ), 1947-1956 326

Mundo Feminino, São Paulo (SP), 1910-1920 132

Myosotis, Araguari (MG), 1900-1905 36

Nosso Jornal, Rio de Janeiro (RJ), 1919-1922 199

Novidades, Belo Horizonte (MG), 1939-1945 316

O Alfinete, Natal (RN), 1915 175

O Astro, Baturité (CE), 1902 49

O Bebê, Belo Horizonte (MG), 1935-1938 293

O Binóculo, Sapucaia (RJ), 1911-1913 139

O Botão do Lyrio, Recife (PE), 1903 62

O Collegial, Araguari (MG), 1935-1937 299

O Collegial, São João del Rei (MG), 1924-1925 226

O Copacabana, Rio de Janeiro (RJ), 1907-1912 99

O Feminista, Maceió (AL), 1902 45

O Idílio, São Paulo (SP), 1948-1977 332

O Leque, Vassouras (RJ), 1909-1910....................................118

O Lyrio, Recife (PE), 1902-1904 54

O Léque, Joinville (SC), 1911 135

O Mensageiro do Lar, São Paulo (SP), 1910-1927.......................133

O Myosote, Arraial (PE), 1910-1912 128

O Nata, Barra Mansa (RJ), 1925-1926 237

O Segredo da Belleza, São Paulo (SP), 1905 83

O Sonho, Ceará-Mirim (RN), 1905-1909 86

O 'Sexo', Rio de Janeiro (RJ), 1900 23

Penna, Agulha e Colher, Florianópolis (SC), 1917-1919 187

Presença, Salvador (BA), 1945-1948 319

Pétalas, Florianópolis (SC),1933-1961.................................277

P'ra Você, Recife (PE), 1930-1950......................................259

Renascença, São Paulo (SP), 1923 216

Revista da Semana, Rio de Janeiro (RJ), 1916-1955.....................183

Revista Elo, Rio de Janeiro (RJ), 1927-1929............................248

Revista Feminina, São Paulo (SP), 1914-1936...........................146

Revista para Trabalho de Senhoras Baptistas,
  Rio de Janeiro (RJ), 1922-1967...209

Revista Pernambucana, Recife (PE), 1902-1904 60

Rio em Flagrante, Rio de Janeiro (RJ), 1914 151

Rosal, Maceió (AL), 1903 69

Rubicon, Barbacena (MG), 1936-1952 306

Sacré Coeur de Marie, Belo Horizonte (MG), 1929-1933..................256

Senhorita X!..., Rio de Janeiro (RJ), 1932 271

Silhueta, Belo Horizonte (MG), 1932 267

Tribuna Feminina, Rio de Janeiro (RJ), 1917-1924 190

Unica, Rio de Janeiro (RJ), 1925-1927.................................233

Via-Láctea, Natal (RN), 1914-1915 164

Vida Capichaba, Vitória (ES), 1923-1960...............................221

Vida Doméstica, Rio de Janeiro (RJ), 1920-1962........................203

Vida Feminina, Recife (PE), 1925 229

Walkyrias, Rio de Janeiro (RJ), 1934-1961 284

Yara, Belo Horizonte (MG), 1927 230

Referências

ALMEIDA, Luciana Andrade de. A Estrella: *Francisca Clotilde e literatura feminina em revista no Ceará (1906-1921)*. Fortaleza: Museu do Ceará; Secretaria da Cultura do Estado do Ceará, 2006.

ALMEIDA, Nukácia M. Araújo de. Revistas femininas e educação da mulher: o *Jornal das Moças*. In: CONGRESSO DE LEITURA DO BRASIL, 16, 2007, São Paulo. *Anais* [...] São Paulo: Associação de Leitura do Brasil, 2007. Disponível em: https://alb.org.br/arquivo-morto/edicoes_anteriores/anais16/sem03pdf/sm03ss14_06.pdf. Acesso em: 4 out. 2022.

ALVES, Branca Moreira. *Ideologia e feminismo: a luta da mulher pelo voto no Brasil*. Petrópolis: Vozes, 1980.

ALVES, Lizir Arcanjo. *Mulheres escritoras na Bahia: as poetisas, 1822-1918*. Salvador: Étera Projetos Editoriais, 1999.

BESSE, Susan Kent. *Modernizando a desigualdade: reestruturação da ideologia de gênero no Brasil (1914-1940)*. Tradução de Lélio Lourenço de Oliveira. São Paulo: Unesp, 1999.

BITTENCOURT, Adalzira. *Dicionário Bio-bibliográfico de mulheres ilustres, notáveis e intelectuais do Brasil*. Rio de Janeiro: Editora Pongetti, 1969.

BUITONI, Dulcília Schroeder. *Imprensa feminina*. São Paulo: Editora Ática, 1986.

BUITONI, Dulcília Schroeder. *Mulher de papel: a representação da mulher na imprensa feminina*. São Paulo: Summus Editorial, 2009.

CADERNOS AEL, Arquivo Edgar Leuenroth, Instituto de Filosofia e Ciências Humanas da Universidade Estadual de Campinas, Campinas, n. 3-4, 1995/1996.

CARVALHO, Alfredo de; TORRES, João Nepomuceno (Orgs.). *Anais da Imprensa da Bahia: 1º Centenário 1811-1911*. 2. ed. Salvador: Instituto Geográfico e Histórico da Bahia, 2007.

CARVALHO, André; BARBOSA, Waldemar. *Dicionário biográfico da imprensa mineira*. Belo Horizonte: Armazém das Ideias, 1994.

CASTRO, Maria Céres *et al.* (Orgs.). *Folhas do tempo: imprensa e cotidiano em Belo Horizonte – 1895-1926*. Belo Horizonte: Editora UFMG; Associação Mineira de Imprensa; Prefeitura Municipal de Belo Horizonte, 1997.

COELHO, Beatriz Amaral Salles *et al. Catálogo de periódicos da Coleção Plinio Doyle*. Rio de Janeiro: Fundação Casa de Rui Barbosa, 1998.

CORREA-LODI, Samantha. *Anália Franco e sua ação sócio-educacional na transição do Império para República (1868-1919)*. 186 f. 2009. Dissertação (Mestrado em Educação) – Faculdade de Educação, Universidade Estadual de Campinas, Campinas, 2009.

COSTA, Carlos Roberto da. *A revista no Brasil*. 292 f. 2007. Tese (Doutorado em Ciências da Comunicação) – Faculdade de Ciências da Comunicação, Universidade de São Paulo, São Paulo, 2007.

CRUZ, Heloisa de Faria (Org.). *São Paulo em Revista*: catálogo de publicações da imprensa cultural e de variedades paulistana, 1870-1930. São Paulo: Arquivo do Estado, 1997. (Coleção Memória, Documentação e Pesquisa. v. 4.)

CRUZ, Heloisa de Faria. *São Paulo em papel e tinta: periodismo e vida urbana, 1890-1915*. São Paulo: FAPESP; Imprensa Oficial; Arquivo do Estado; EDUC, 2000.

CUNHA, Cecília Maria. *Além do amor e das flores: primeiras escritoras cearenses*. Fortaleza: Expressão Gráfica e Editora, 2008.

DEL PRIORE, Mary. *Ao sul do corpo: condição feminina, a maternidade e as mentalidades no Brasil colônia*. 2. ed. Rio de Janeiro: José Olympio, 1995.

DOYLE, Plinio. *História de revistas e jornais literários*. Rio de Janeiro: Ministério da Educação e Cultura; Fundação Casa de Rui Barbosa, 1976. (Coleção de Estudos Bibliográficos. v. 1.)

DUARTE, Constância Lima. A mulher e o jornalismo: contribuição para uma história da imprensa feminista – Capítulo Brasil. In: AUAD, Sylvia M. V. A. V. (Org.). *Mulher: cinco séculos de desenvolvimento na América*. Belo Horizonte: Federação Internacional de Mulheres da Carreira Jurídica; CREA/MG; Centro Universitário Newton Paiva, 1999.

DUARTE, Constância Lima. Feminismo e Literatura no Brasil. *Estudos Avançados*, São Paulo, v. 17, n. 49, p. 151-172, 2003.

DUARTE, Constância Lima. *Imprensa feminina e feminista no Brasil – século XIX: dicionário ilustrado*. Belo Horizonte: Autêntica, 2016. v. 1.

DUARTE, Constância Lima; MACEDO, Diva Maria Cunha Pereira de. (Orgs.). *Revista Via-Láctea: De Palmyra e Carolina Wanderley: Natal, 1914-1915*. Natal: Editora NAC; CCHLA/NEPAM; Sebo Vermelho, 2003.

FERREIRA, Luzilá Gonçalves. *Em busca de Thargélia: poesia escrita por mulheres em Pernambuco no segundo oitocentismo (1870-1920)*. Tomo I. Recife: FUNDARPE, Oficina Espaço Pasárgada, 1991.

FLORES, Hilda Agnes Hübner. *Dicionário de mulheres*. 2. ed. Florianópolis: Editora Mulheres, 2011.

FONSECA, Silvia Carla Pereira de Brito; CORRÊA, Maria Letícia (Orgs.). *200 anos de imprensa no Brasil*. Rio de Janeiro: Contra Capa, 2009.

GOMES, Edna Maria Rangel de Sá. *Adelle de Oliveira: trajetória de vida e prática pedagógica (1900-1940)*. 209 f. 2009. Tese (Doutorado em Educação) – Programa de Pós-Graduação em Educação, Universidade Federal do Rio Grande do Norte, Natal, 2009.

GOMES, Gisele Ambrósio. *Entre o público e o privado: a construção do feminino no Brasil do oitocentos, 1827-1946*. 2009. Dissertação (Mestrado em

História) – Programa de Pós-Graduação em História, Universidade Federal de Juiz de Fora, Juiz de Fora, 2009.

HAHNER, June. *A mulher brasileira e suas lutas sociais e políticas: 1850-1937*. Tradução de Maria Thereza P. de Almeida e Heitor Ferreira da Costa. São Paulo: Brasiliense, 1981.

HAHNER, June. *A mulher no Brasil*. Tradução de Eduardo F. Alves. Rio de Janeiro: Civilização Brasileira, 1978. (Coleção Retratos do Brasil, v. 112.)

HAHNER, June E. O início da imprensa feminina. In: HAHNER, June. *A mulher brasileira e suas lutas socais e políticas: 1850-1937*. Tradução de Maria Thereza P. de Almeida e Heitor Ferreira da Costa. São Paulo: Brasiliense, 1981.

HELLMANN, Risolete Maria. *Carmen Dolores, escritora e cronista: uma intelectual feminista da belle époque*. 864f. 2015. Tese (Doutorado em Letras) Universidade Federal de Santa Catarina, 2015.

LEITE, Márcia Maria da Silva Barreiros. *Entre a tinta e o papel: memórias de leituras e escritas femininas na Bahia (1870-1920)*. Salvador: Quarteto Editora, 2005.

LINHARES, Joaquim Nabuco. *Itinerário da Imprensa de Belo Horizonte: 1895-1954*. Belo Horizonte: Fundação João Pinheiro; Centro de Estudos Históricos e Culturais, 1995.

LYRA, Helena Cavalcanti de. *et al.* (Orgs.). *História de revistas e jornais literários*. Rio de Janeiro: Ministério da Educação e Cultura; Fundação Casa de Rui Barbosa, 1995. (Coleção de Estudos Bibliográficos. v. 2.)

MARINHO, Simone Ramos. *A imprensa e a norma para o* bello sexo*: o periodismo feminino na Bahia (1860-1917)*. 140 f. 2010. Dissertação (Mestrado em História) – Programa de Pós-Graduação em História, Faculdade de Filosofia e Ciências Humanas, Universidade Federal da Bahia, Salvador, 2010.

MARTINS, Ana Luiza. *Revistas em revista: imprensa e práticas culturais em tempos de República – São Paulo (1890-1922)*. São Paulo: FAPESP; EDUS, 2008.

MARTINS, Ana Luiza; LUCA, Tania Regina de. *História da imprensa no Brasil*. São Paulo: Contexto, 2008.

MELO, Manoel Rodrigues de. *Dicionário da Imprensa no Rio Grande do Norte – 1909-1987*. São Paulo: Cortez; Natal: Fundação José Augusto, 1987.

MENDES, Algemira de Macêdo. *A imagem da mulher na obra de Amélia Beviláqua*. Rio de Janeiro: Caetés, 2004.

MOLINA, Matias M. *História dos jornais no Brasil: da era Colonial à Regência (1500-1840)*. São Paulo: Companhia das Letras, 2015. v. 1.

MORAIS, Christianni Cardoso *et al*. Leituras "corretas" para mulheres "ideais": Educação moral do "bello sexo" para instrução da família e formação da pátria no século XIX. *Caminhos do romance*, [s.d.]. Disponível em: http://www.caminhosdoromance.iel.unicamp.br/estudos/abralic/leituras_corretas. doc. Acesso em: 16 mar. 2010.

MORAIS, Maria Luiza Nóbrega de. Presença feminina no jornalismo pernambucano: dos primórdios a regulamentação profissional. *RP-Bahia*, [s.d.]. Disponível em: http://rp-bahia.com.br/biblioteca/hist-midia2005/resumos/R0156-1.pdf. Acesso em: 3 mar. 2010.

MOTT, Maria Lúcia. *Submissão e resistência: a mulher na luta contra a escravidão*. São Paulo: Contexto 1988.

MUZART, Zahidé Lupinacci. Uma espiada na imprensa de mulheres no século XIX. *Revista Estudos Feministas*, Florianópolis, v. 11, n. 1, p. 225-233, jan.-jun. 2003.

NASCIMENTO, Kelly Cristina. *Entre a mulher ideal e a mulher moderna: representações femininas na imprensa mineira – 1873-1932*. 171 f. 2006. Dissertação (Mestrado em História) – Programa de Pós-Graduação em História, Faculdade de Filosofia e Ciências Humanas, Universidade Federal de Minas Gerais, Belo Horizonte, 2006.

NASCIMENTO, Luiz do. *História da Imprensa de Pernambuco (1821-1954)*. Recife: Imprensa Universitária da Universidade Federal de Pernambuco, 1982. Disponível em: http://www.fundaj.gov.br/geral/200anosdaimprensa/historia_da_imprensa_v08.pdf. Acesso em: 14 mar. 2020. (Periódicos do Recife, v. VIII.)

NASCIMENTO, Luiz do. *História da Imprensa de Pernambuco (1901-1915)*. Recife: Imprensa Universitária da Universidade Federal de Pernambuco, 1969. (Periódicos do Recife, v. VII.)

NAZÁRIO, Diva Nolf. *Voto feminino e feminismo*. São Paulo: [S.n.], 1923.

PINTO, Celi Regina Jardim. *Uma história do feminismo no Brasil*. São Paulo: Editora Fundação Perseu Abramo, 2003.

PRIORE, Mary Del (Org.). *História das Mulheres no Brasil*. Coordenação de textos de Carla Bassanezi. São Paulo: Contexto; Editora da Unesp, 2004.

Revista Via-Láctea. Palmyra e Carolina Wanderley: Natal, 1914-1915. Estudo, organização e notas de Constância Lima Duarte e Diva Maria Cunha Pereira de Macedo. Natal: Editora NAC; CCHLA/NEPAM; Sebo Vermelho, 2003.

ROCHA, Olívia Candeia Lima. Escritoras piauienses: pseudônimos, flores e espinhos. *Mafuá*, Florianópolis, n. 0, [s.p.], 2003.

ROCHA, Olívia Candeia Lima. *Mulheres, escrita e feminismo no Piauí (1875-1950)*. Teresina: Fundação Cultural Monsenhor Chaves, 2011.

RODRIGUES, Luciana Varga. A representação da mulher na imprensa feminina. *PORTCOM*, [S.d.]. Disponível em: http://www.portcom.intercom.org.br/pdfs/7611792406784760400172412662704238.pdf. Acesso em: 4 out. 2022.

RUBIM, Lindinalva Silva Oliveira. Imprensa Feminista no Brasil. *Textos de Cultura e Comunicação*, Salvador, n. 4. p. 1-39, ago. 1985.

SAMPAIO, Isabel Silva. *Para uma memória da leitura: a fotonovela e seus leitores*. 287 f. 2008. Tese (Doutorado em Educação) – Universidade Estadual de Campinas, Campinas, 2008.

SANTOS, Francisco Jorge dos. *et al. Cem anos de imprensa no Amazonas (1851-1950): catálogo de jornais*. 2. ed. revisada. Manaus: Editora Umberto Calderaro, 1990.

SCHUMAHER, Schuma. *Gogó de Ema. Participação das mulheres na história do estado de Alagoas*. São Paulo: IMESP, 2004.

SCHUMAHER, Schuma; BRAZIL, Érico Vital. *Dicionário de mulheres do Brasil: de 1500 até a atualidade*. Rio de Janeiro: Jorge Zahar Editor, 2000.

SIQUEIRA, Elizabeth Angélica Santos *et al.* (Orgs.). *Um discurso feminino possível: pioneiras da imprensa em Pernambuco (1830-1910)*. Recife: Editora Universitária da UFPE, 1995.

SOARES, Pedro Maia. Feminismo no Rio Grande do Sul: primeiros apontamentos (1835-1945). In: BRUSCHINI, Maria Cristina; ROSEMBERG, Fúlvia (Orgs.). *Vivência: história, sexualidade e imagens femininas*. São Paulo: Brasiliense, 1980.

SODRÈ, Nelson Werneck. *História da imprensa no Brasil*. Rio de Janeiro: Civilização Brasileira, 1966.

VAZ, Artur Emílio Alarcon *et al. Literatura em revista (e jornal): periódicos do Rio Grande do Sul e de Minas Gerais*. Belo Horizonte: Poslit/FALE-UFMG; Rio Grande: Fundação Universidade Federal do Rio Grande, 2005.

Acervos, arquivos, bibliotecas e sites pesquisados

Acervo da Casa de Rui Barbosa, Rio de Janeiro (RJ)

Acervo de Escritores Mineiros da UFMG, Belo Horizonte (MG)

Acervo de Obras Raras da Biblioteca Municipal Baptista Caetano D'Almeida, São João del Rei (MG)

Acervo de Periódicos do Arquivo Edgar Leuenroth da Universidade Estadual de Campinas (Unicamp), Campinas (SP)

Acervo de Periódicos Raros da Biblioteca Nacional, Rio de Janeiro (RJ)

Acervo do Centro de Documentação e Apoio à Pesquisa – CEDAP/Unesp, Assis (SP)

Acervo do Centro de Informação da Mulher – CIM, São Paulo (SP)

Acervo do Museu Hipólito da Costa, Porto Alegre (RS)

Acervo do SINPRO Minas – Sindicato dos Professores de Minas Gerais, Belo Horizonte (MG)

Arquivo Edgar Leuenroth da Universidade Estadual de Campinas (Unicamp), Campinas (SP)

Arquivo Público da Cidade de Belo Horizonte, Belo Horizonte (MG)

Arquivo Público do Estado de São Paulo, São Paulo (SP)

Biblioteca Ana Maria Poppovic, da Fundação Carlos Chagas, São Paulo (SP)

Biblioteca Central da Universidade Federal do Rio Grande do Norte Zila Mamede, Natal (RN)

Biblioteca da Fundação Pedro Calmon, Salvador (BA)

Biblioteca da Sempreviva Organização Feminista (SOF), São Paulo (SP)

Biblioteca do Conselho Estadual da Mulher de Minas Gerais, Belo Horizonte (MG)

Biblioteca Estadual Luiz de Bessa, Hemeroteca, Acervo de Obras Raras, Belo Horizonte (MG)

Biblioteca Nacional, Rio de Janeiro (RJ)

Biblioteca Pública do Estado da Bahia, Salvador (BA)

Biblioteca Universitária da Universidade Federal de Minas Gerais, Acervos Raros, Belo Horizonte (MG)

Centro de Documentação e Pesquisa Vergueiro, São Paulo (SP)

Centro de Informação da Mulher (CIM), São Paulo (SP)

Conselho Estadual da Mulher (CEM), Belo Horizonte (MG)

Fundação Joaquim Nabuco (FUNDAJ), Recife (PE)

Hemeroteca da Biblioteca Pública Luiz de Bessa, Belo Horizonte (MG)

Instituto Cultural Amílcar Martins, Belo Horizonte (MG)

Instituto Histórico e Geográfico do Rio Grande do Norte, Natal (RN)

Museu da Comunicação Hipólito José da Costa, Porto Alegre (RS)

Museu Histórico Abílio Barreto, Belo Horizonte (MG)

Real Gabinete Português de Leitura, Rio de Janeiro (RJ)

Sites

Arquivo Público do Estado de São Paulo: www.arquivoestado.sp.gov.br

Biblioteca Nacional: www.bn.br

Centro de Documentação e Pesquisa Vergueiro: http://www.cpvsp.org.br

Companhia Editora de Pernambuco (CEPE): www.cepedocumento.com.br

Hemeroteca Digital da Biblioteca Nacional: https://bndigital.br.gov.br

Hemeroteca Digital Catarinense: www.hemeroteca.ciasc.sc.gov.br

Museu Nacional: www.museunacional.ufrj.br

Outras revistas, jornais e boletins

A Borboleta, "Literário, Órgão Comercial e Noticioso", Rio de Janeiro (RJ), 1907. Propriedade da Perfumaria Higiênica de F. Lopez, era distribuída gratuitamente. Responsáveis: J. Newton e D. Ponce.

A Cartilha, "Boletim da Escola Rural Rachel Figner", Natal (RN), 1949. Responsáveis: Iracema Nogueira Coutinho, Elza Pimentel, Maria Dalva Melo, Lírio da Rocha e Lindalva Alves da Silva.

A Família, circulou em Teófilo Otoni (MG), 1913.

A Flor, "Revista Literária Dedicada ao Belo Sexo", Rio de Janeiro (RJ), 1901. Iniciativa de Maria Thomazia Monteiro, Eugênio A. Castro Pereira e Antônio F. Monteiro. O Acervo de Periódicos Raros da Biblioteca Nacional do RJ tem o 1º número microfilmado.

A Idéia, "Periódico dedicado ao Belo Sexo", Cachoeira (BA), 1900 e 1901.

A Noite Ilustrada, Rio de Janeiro (RJ), 1937.

A Norma, "Órgão do Centro Social Normalista", Recife (PE), 1934-1937. Criado por Inalda Tavares, Áurea Pimentel, Gizelda Nunes de Melo, Lúcia Uchoa e Vitória Régia de Góis.

A Normalista, "Órgão de Divulgação Cultural da Escola Normal de Teresina", Teresina (PI), 1927. Fundado por Rosa Cunha, Zilda Santos e alunas do colégio.

A Pérola, "Literatura para o sexo elegante", Rio de Janeiro (RJ), 1901-1902. Dirigido por Pedro Ilídio Pereira e Idelfonso Silva, com a colaboração de Silvino Porto Coelho, Luiz Ribeiro e José Avelino dos Santos. O Acervo de Periódicos Raros da Biblioteca Nacional do RJ tem os microfilmes do 1º ao 4º números.

A Rosa, "Periódico Humorístico e Noticioso", Bonfim (BA), 1900. Propriedade de "Uma Associação de Senhoras".

A Violeta, "Revista Literária dedicada ao Belo Sexo", [s.l.], 1902. Responsáveis: Edelberto Castro, Aristides Brandão e Manoel Vaz Vieira dos Santos.

A Violeta, "Órgão dedicado ao Belo Sexo", Amparo (SP), 1912-1915. Direção de Hamilton Araújo e Antônio Costa.

A Violeta, "Órgão Literário dedicado ao belo sexo", Rio de Janeiro, setembro de 1900. Redator chefe Antonio Soares; Diretor: Gaudêncio Cardoso.

Boletim do ABC, "Órgão da Associação das Normalistas de Mossoró", Mossoró (RN), 1935. Responsáveis: Amices Brasileiro, R. N. Silva, S. W., Jairo e Olegário Mariano.

Revista Elo, "Órgão da Associação da Antiga Aluna do Colégio Imaculada Conceição", Natal (RN), 1959. Responsáveis: Cristina Coelho e Amaurille Bezerra; colaboradoras: Palmira Wanderley, Elenyr Varela, Inês Guerra, Marilda Ferreira de Sousa, Terezinha Vilar, Socorro Santos e Amélia B. Lopes.

Flâmula, "Órgão das Alunas da Escola Normal de Pernambuco", Recife (PE), 1932. Direção: Maria de Lourdes da Costa Barros e Iracema Ferreira Pires. Divulgava eventos escolares e a produção literária das estudantes.

Iracema, "Periódico Literário e Recreativo Dedicado ao Belo Sexo", Rio de Janeiro (RJ), 1902. Dirigido por José Gomes de Almeida, Sátyro Pereira Ribeiro, A. C. Machado. O Acervo de Periódicos Raros da Biblioteca Nacional tem a primeira edição.

Jornal Chic, "Pequeno e Elegante", Recife (PE), 1918. Fundado por Maria das Graças.

Magnólia, Laguna (SC), 1905.

Marilena, Fotonovela, Rio de Janeiro (RJ), 1947. Responsáveis: Hilda Motta e A. J. Monteiro.

Nenê, "Jornal da Infância", São Paulo (SP), 1906. Responsável: João Augusto Pereira Jr. Destinado ao público infantil e às mães, trazia historietas, poemas, contos, passatempos e informes sobre economia doméstica.

Novo Mundo, Guiratinga (MT), 1945. Responsáveis: Eunice Lavenére Reis, Iracema Feijó da Silveira, Creusa Chaves e Antonieta Duarte. Divulgava poemas, ficção e notícias.

O Alfinete, "Crítico, Independente, Noticioso e de Assuntos Gerais", Natal (RN), 1949. Dirigido por Rivanda Soares e Carmem Azevedo, com a colaboração de E. Martins, Arilda, Carmem, M. de Lourdes, Anita, Teresinha e Branca de Neve.

O Alphabeto, "Órgão da Associação Literária Palmério Filho", Assu (RN), 1917-1919. Responsáveis: professora Maria Antônia de Morais e alunas do Grupo Escolar Tenente Coronel José Correia. Lema "A educação da mulher é o futuro da família".

O Beija-Flor, "Periódico Literário, Humorístico e Noticioso", Bonfim (BA), 1900. Era impresso semanalmente na Tipografia d'*O Futuro*.

O Binóculo, "Órgão Literário e Noticioso Dedicado às Gentis Senhoras Sapucaiense", Sapucaia (SP), 1912-1913. Responsáveis: Tulio Scarpa e Gastão Costa.

O Cruzeiro, Rio de Janeiro (RJ), 1928-1975.

O Elegante, Florianópolis (SC), 1923

O Florete, "Órgão Literário, Crítico e Noticioso", Recife (PE), 1913. Dirigido por A. Ferreira e Sebastião Cabral Pontes, com colaboração de Alzira Vidal Guimarães, Guiomar de Carvalho, Mauzolina e Barbosa Neto.

O Jasmim, Laguna (SC), 1905.

O Lar, "Grêmio Lítero-Musical Auta de Sousa", Natal (RN), 1928-1932. Criado por Santa Guerra. Responsáveis: Alix Ramalho, Celina Cavalcanti, Francisca Nolasco, Maria Augusta da Silva, Iracema Galvão e Gizelda Salustiano.

Primícias Literárias, Teresina (PI), 1936. Responsáveis: estudantes do Colégio Sagrado Coração de Jesus. Divulgava poemas, contos e literatura nacional e estrangeira.

Pr'a você, Recife (PE), 1930.

Revista da Associação Cristã Feminina, Rio de Janeiro (RJ), 1936-1938. Responsável: Eugênia Hanann.

Revista da Maternidade A Casa da Mãe Pobre, "Órgão da Associação Maternidade de São Paulo", São Paulo (SP), 1940. Sob a responsabilidade de Galilco Torrano.

Revista das Moças, "Quinzenal Ilustrada", Recife (PE), 1934. Dirigida por Antônio Sales e Cláudio Moura.

Revista Raios de Luz, "Órgão do Grêmio Literário Savina Petrilli", Parnaíba (PI), 1938. Criado pelas estudantes do Colégio Nossa Senhora das Graças: Maria Santana Pinto, Gladis Luffi, Maria Monteiro Sampaio, Nilza Brito, Zélia Fonseca Pinto, Florice Torres Raposo – com a professora Maria da Penha Fonte e Silva, para divulgar literatura e notícias diversas.

Sursum, "Órgão da Juventude Feminina Católica Brasileira de Natal", Natal (RN), 1937-1946. Editado pelo Padre Luiz Gonzaga do Monte e por Berta Guilherme, Zeneide Gomes, Cristina Coelho, Maria Dulce Freire, entre outras jovens. Palmira Wanderley foi colaboradora do jornal.

Este livro foi composto com tipografia Casablanca e impresso
em papel Off-White 70 g/m² na Formato Artes Gráficas.